J. Gordon Melton

ERLEUCHTUNG FINDEN

RAMTHAS ALTE SCHULE
DER WEISHEIT

J. Gordon Melton

ERLEUCHTUNG FINDEN

RAMTHAS ALTE SCHULE DER WEISHEIT

Edition RAMTHA, 86971 Peiting

Impressum
ERLEUCHTUNG FINDEN
RAMTHAS ALTE SCHULE DER WEISHEIT
Übersetzt aus dem amerikanischen:
Zahabi Creations, Inc. (ZCI)
Melton,J.Gordon: Finding enlightment:
Ramtha's school of ancient wisdom
Beyond Words Publishing Inc., 1997
ISBN 3-89539-060-7
Edition RAMTHA Bd. 11
im
In der Tat Verlag, Sonnenbichl 12, 86971 Peiting

1. Auflage 09/98

INHALT

Für

Audrey, Brett, Debbie, Diane, Don,

Gary, Greg, J. O., Melissa, Michele, Michelle,

Molly, Nancy, Pavel, Suzie, Vicky und Zafi.

Vielen Dank für all Eure Hilfe.

EINLEITUNG

Ich stand hinten im großen Auditorium, während lebhafte Musik spielte. An die tausend Leute füllten den Raum; viele standen und wiegten sich mit der Musik. Plötzlich begann in einer Ecke des Raumes ein Jubeln und Rufen, und innerhalb einer Sekunde stimmte der Rest der Anwesenden mit ein. Man hätte denken können, daß ein Star wie Madonna oder Willie Nelson erschienen war. Und genau das geschah, denn die Frau, die erschien, war wichtiger als ein Mick Jagger oder Neil Diamond, denn sie brachte ihnen ihren Lehrer Ramtha, um ihn zu hören, waren sie gekommen.

Die Frau, JZ Knight, hatte ihr Haar zu einem Pferdeschwanz gekämmt, und sie trug ein locker sitzendes Gewand und Stiefel. JZ* ,die ihren Körper an Ramtha, ein nichtkörperliches Wesen, übergeben hatte, ging zum Tonpult, wo ich stand. Er – und es fällt mir jetzt leichter, *er* zu denken, wenn JZ im Trance ist – begrüßte Debbie, die Tonmischerin, die ihn mit einem drahtlosen Mikrophon ausstattete. Dann wandte er sich an J.O. Ault, einem Schüler, der sich bereit erklärt hatte, mir an diesem Tag zu helfen und meine Fragen zu beantworten. Dann wandte er sich zu mir und begrüßte mich. Wie zuvor bei J.O. nahm er nun meine Hände, küßte die Innen- und Außenseiten, und dann neigte er sich vor und küßte meine Stirn. “Sei gegrüßt, Gelehrter!”. “Guten Morgen und vielen Dank dafür, daß ich die Schule besuchen darf”, erwiderte ich. Ramtha lächelte wissend und ging weiter zur Bühne.

Ramtha vollzog dann ein Ritual, das ich dann noch oft miterlebte. Er begrüßte seine Zuhörerschaft: “In der Tat!”. Sie riefen zurück: “In der Tat!” Mit einem Glas in der Hand sagte er: “Laßt uns Wasser trinken.” Sie nahmen ihre Wasserflaschen in die rechte Hand und hielten sie hoch. Nachdem Ramtha jede Zeile gesprochen hatte, wurde sie von den Anwesenden wiederholt:

---

* In diesem Buch bezeichne ich Knight als JZ, um die Kontinuität des Namens in ihrem Leben als Erwachsene zu wahren.

Oh mein geliebter Gott,
Geheimnisvoller,
das, was Du bist,
möchte ich wissen;
das, was ich bin,
möchte ich verstehen.
Segne mein Leben
an diesem schönen Tag.
Öffne mein Herz,
und öffne mein Bewußtsein
Damit ich das Rätsel, das ich bin,
verstehen möge.
Gott, hilf mir dabei!

So sei es!

Auf das Leben!

Als ich diese Worte zum ersten Mal hörte, konnte ich kaum verstehen, was sie bedeuteten; als ich sie dann verstehen konnte, hatte ich in der Tat viel gelernt.

MEINE PILGERFAHRT ZU RAMTHA

Im Jahre 1992 wurde ich von JZs Rechtsanwalt zu Ramtha's School of Enlightenment nach Yelm, Washington gerufen, um ihn im Zusammenhang mit einer Gerichtsverhandlung zu beraten. JZs Ex-Mann hatte das Gericht gebeten, den Scheidungsvergleich noch einmal zu überprüfen auf der Basis, daß er aufgrund einer Gehirnwäsche durch eine Sekte gezwungen worden war, sich mit weniger zufrieden zu geben, als das Anwesen der Familie wert war. Als der Prozeß vorbei war, fragte ich JZ, ob sie mir erlauben würde, ein Buch über sie und die Schule zu schreiben. Wenn das, was ich gesehen und gehört hatte, ein repräsentatives Beispiel des Lehrplans der Schule war, dann hatte sie eine bemerkenswerte Religionsgemeinschaft entwickelt, und ich wollte derjenige sein, der dies dokumentierte. Sie sagte, daß sie darüber nachdenken würde. Ich fuhr zurück nach Santa Barbara und beschäftigte mich mit Vampiren, der Belagerung von Waco und einem Forschungsprojekt über religiösen Pluralismus in Los Angeles. Ich nahm an, daß sie sich gegen das Buch entschieden hatte, und ich hatte genug zu tun.

Einige Monate später rief JZ mich an, als ich gerade zu Abend aß. Sie sagte, daß sie meinen Vorschlag nach dem Prozeß tatsächlich verworfen hatte; vor kurzem habe sie aber noch einmal darüber nachgedacht und würde nun gern darauf eingehen. Ob ich noch interessiert sei? Ich war interessiert genug, um einen Termin für einen ersten Besuch (Februar 1994) zu machen, bevor wir das Telefonat beendet hatten.

So geschah es, daß ich einige Wochen später wieder in Yelm war, um ein Programm für die Studie vorzulegen. JZ war mit all meinen Bedingungen einverstanden. Ich sollte im ersten Jahr den grundlegenden Unterricht wie ein neuer Student mitmachen. Ich hatte uneingeschränkte Freiheit, mit allen Schülern zu sprechen und hatte Erlaubnis, bei den Veranstaltungen einen Fragebogen zu verteilen. Obwohl die Schule keinen geschriebenen Lehrplan hat, so waren doch Tonaufzeichnungen von allen Lehren und Sonderveranstaltungen gemacht worden, und ich konnte Kopien von allen Kassetten bekommen, die ich für wesentlich hielt, insbesondere von den Lehren und Veranstaltungen, an denen ich teilgenommen hatte. JZ versprach mir auch, daß sie sich für mich Zeit nehmen würde trotz ihres vollen Terminkalenders, der sowohl das Channeln von Ramtha als auch die Tätigkeit als hauptverantwortliche Managerin der Schule enthielt.

In den nächsten zwei Jahren fuhr ich nach Yelm, wann immer ich mich von meinem ohnehin schon vollen Terminkalender befreien konnte. Schließlich konnte ich an allen Unterrichtsstufen teilnehmen, und gelegentlich war ich auch bei Sonderveranstaltungen dabei. Manchmal lud JZ mich ein, während der Veranstaltungen in ihrem Haus zu wohnen. So hatte ich die Gelegenheit, ihren Haushalt zu sehen, mit ihr und (was mir wichtig war) mit ihrem Hauspersonal auf inoffizielle Weise zusammen zu sein und sie zu beobachten, bevor und nachdem Ramtha in ihrem Körper war. Als meine Studien Form annahmen und ich mit ihr einige meiner Beobachtungen bezüglich der Schule besprach, erwähnte ich, daß auch andere Wissenschaftler die Gelegenheit, die ich hatte, gern wahrnehmen würden. Nachdem sie einige Monate über diesen Vorschlag nachgedacht hatte, erlaubte sie mir, etwa ein Dutzend meiner Kollegen einzuladen. Das Ergebnis dieses Besuchs war dann eine Konferenz, die im Februar 1997 in Yelm abgehalten wurde. Obwohl der Hauptteil des Materials dieser Konferenz in einem späteren Buch veröffentlicht wird, habe ich einige der wichtigsten Ergebnisse in diesen Text integriert.

Ergebnis einer Studie

Ich möchte mehrere verschiedene Aufgaben mit diesem Buch erfüllen. Vor allem habe ich versucht wie ein Anthropologe, der einem gerade erst entdeckten Volk begegnet, Daten über die Geschichte, die Weltanschauung, die Führung und die Praktiken von Ramtha's School of Enlightenment zu sammeln und zu erfassen. Dabei bin ich wie ein Kirchenhistoriker (ein absolut unpopulärer Beruf) vorgegangen und habe das Leben der Gründerin und die Geschichte der von ihr gegründeten Organisation beschrieben, als ob es eine neue, religiöse Gemeinschaft wäre. Ich habe so geschrieben, als wäre die Schule eine wesentliche und diskrete gesellschaftliche Einheit in einer Welt mit ähnlichen Institutionen – eine Art und Weise Realität zu konstruieren, über die man gewiß diskutieren kann. Aber es hat mir sehr geholfen, eine große Menge Daten für die Analyse zu organisieren.

Ich beginne mit einem einfachen Bericht über JZs Herkunft, von ihrer Geburt im ländlichen New Mexico bis hin zur Gründung ihrer Karriere als Channel. Dann gehe ich über zu Ramtha und seinem Leben von vor 35000 Jahren, als er, wie er sagt, ein Krieger und Eroberer war.

Im Kapitel 3 führe ich eine Diskussion über den Gnostizismus. Die gnostische Weisheit sagt, daß die Menschen nicht nur engelhafte, sondern sogar göttliche Wesen sind, die sich in der Welt der Ablenkungen und des Vergessens, der Begrenzungen und des Mangels, öffentlicher Meinungen und einengenden Traditionen, verloren haben. Dies führt zu der Frage: "Wie wäre es, wenn du dich an deinen göttlichen Zustand erinnern könntest, die Potentiale, die du besitzt, verstehen und anwenden könntest?"

Wie bei den Führern und Anhängern von metaphysischen und esoterischen Organisationen, stellte ich fest, daß JZ und ihre Mitarbeiter sich des Hintergrunds der Ideen, auf die sie sich stützten, größtenteils gar nicht bewußt waren. Während der 90iger Jahre begann JZ sich für Ramthas intellektuelle Wurzeln zu interessieren. In seinen Lehren entdeckte sie Parallelen zur Alchemie, zum spekulativen Freimaurertum und zu den Rosenkreuzern. Sie hatte sogar Bücher zu diesen Themen für ihren Buchladen ausgewählt. Während meines Anfänger-Wochenendkurses erwähnte ich jedoch beiläufig, daß Ramtha etwas zu Grunde legte, was dem klassischen, gnostischen System des Altertums glich. Diese Bemerkung weckte sofort JZs Aufmerksamkeit, und sie begann Fragen zu stellen. Am Ende meines darauffolgenden Kurzvortrages über die westliche Tradition des Gnostizismus fragte sie: "Das ist es also, was wir sind?" Ich war sehr beeindruckt, daß sie Interesse zeigte, denn die meisten Esoteriker sind gar nicht an Geschichte interessiert. Mir war nicht bewußt, daß sie dabei war, das PR-Material der Schule zu überarbeiten, und daß unser Gespräch nicht nur ihren intellektuellen Durst ansprach, sondern ihr auch half, ein kleines Identitätsproblem zu lösen.

Kapitel 4 diskutiert den Anfang des Knight/Ramtha-Phänomens sowie das Channeln im Allgemeinen im Zusammenhang mit der New Age-Bewegung. Kapitel 5 und 6 stellen das Herz dieses Buches dar. Das erste von beiden diskutiert Ramthas gnostische Philosophie – das Fundament seiner Schule – und das letztere bespricht die spirituellen Praktiken, in denen seine Philosophie zur Anwendung kommt.

Während der letzten 10 Jahre der Schule hat sich durch die Annahme der Lehren Ramthas eine religiöse Gemeinschaft entwickelt. Die Gruppe der Schüler hat sich als ebenso interessant erwiesen wie der Lehrer, der sie zusammengebracht hat. Die Schüler bilden eine besondere Subkultur in der großen New Age-Gemeinschaft. Sie haben ihre eigene Variation in Bezug auf moderne New Age-Ideen geschaffen, und was noch wichtiger für die anhaltende Gesundheit einer Gemeinschaft ist, sie haben ein reiches kulturelles Leben geschaffen. Das Leben der Studenten wird in Kapitel 7 untersucht.

Schließlich konnte die Schule trotz vieler Hindernisse ihren 10. Jahrestag feiern. JZ und Ramtha waren vielen anhaltenden Kontroversen ausgesetzt gewesen. Diese Kontroversen brachten auch mich in die Schule und durch diese Studie bin ich immer wieder Ramthas Kritikern begegnet. Skeptiker des Übersinnlichen reduzierten jegliche Behauptung von Kontakt zwischen Menschen und Geistwesen auf imaginäre oder pathologische Aktivitäten der Personen, die solche Kontakte hatten, egal wie außergewöhnlich der Kontakt auch sein mochte. Andere härtere Kritiken, auch von früheren Schülern, behaupteten, daß Ramtha ganz einfach Betrug und JZ tatsächlich der Mittelpunkt eines ausgeklügelten und profitablen Schwindels sei. Der Vorwurf des Betruges gefällt den Reportern (bringt guten Verkauf) und den Anwälten (bringt legale Verantwortung) und ist oft wiederholt worden in den Medienberichten über die Bewegung, die um Ramtha gewachsen ist. Obwohl die Kontroverse außerhalb des Hauptthemas meiner Forschung stattfand, war ihr Einfluß nicht zu vermeiden, und ich wußte, daß ich am Ende zu einer Beurteilung der vielen Beschuldigungen kommen mußte, die gegen die Schule, Ramtha und JZ hervorgebracht wurden. Kapitel 8 ist der Auseinandersetzung mit diesem Thema gewidmet.

Dieses Buch ist die erste systematische Zusammenfassung der Philosophie, der Aktivität und der Welt Ramthas und seiner Schüler. Aus diesem Grund und wegen der vielfältigen Informationsquellen, die ich benutzte, habe ich mit JZ während des Schreibprozesses immer wieder gesprochen, um sicher zu gehen, daß ich die Lehre richtig verstanden hatte. Dann habe ich versucht, das, was ich verstand, mit meinen eigenen Worten auszudrücken und Ramthas Worte so weit wie möglich zu vermeiden. Es wird dann meine Belohnung sein, wenn Ramthas Schüler in meinen Worten eine akzeptable Präsentation ihres Glaubens und ihrer Praktiken wiedererkennen.

Eine Bemerkung zum New Age und Okkultismus

JZ wurde zu Recht als ein integraler Teil eines größeren Phänomens, nämlich der New Age Bewegung gesehen, obwohl sie sich bald davon distanzierte, nachdem sie begonnen hatte öffentlich zu channeln. Die New Age-Bewegung begann in England in den 60iger Jahren mit einer Vielzahl spiritueller und esoterischer Gruppen, die glaubten, daß das Ende des 20. Jahrhunderts ein Übergangspunkt in der Geschichte sein würde. Neue kosmische Kräfte würden der Menschheit zur Verfügung gestellt werden, die in einer Generation zu einem neuen Zeitalter des Friedens, der Gerechtigkeit und des Lichts führen würden. Diese Vision wurde in ganz Europa verbreitet und in den 70er Jahren kam sie nach Nordamerika. Aufgrund dieser Vision nahm in den 80er Jahren die spirituelle und metaphysische Gemeinschaft in den Vereinigten Staaten gewaltig zu.

Die Essenz der New Age-Botschaft war das Versprechen der persönlichen Transformation. Sie würde in vielen Formen kommen, u. a. mit physischer Heilung, Konfliktlösungen und spiritueller Erleuchtung. Es sollte mit kleinen Schritten beginnen und einen kontinuierlichen Fortschritt mit neuen Erkenntnissen im gesamten Leben ermöglichen. Die Erfahrung persönlicher Transformation wurde zur Hoffnung für eine soziale Transformation. Gesellschaftliche Gruppen könnten geheilt werden, nationale Konflikte könnten gelöst werden und die Welt würde mit einer erleuchteten Struktur neu organisiert werden.

Obwohl die New Age-Bewegung in den 60er Jahren wuchs, gab es Konflikte. Kritiker bezeichneten sie als naiv und Journalisten belächelten ihre Verbindung zu Kristallen und zum Channeln. Während der späten 80er Jahre führten ihre Hauptfiguren eine intensive Debatte über die Zukunft der Bewegung. Am Ende dieser Debatte distanzierten sich viele von dieser Vision, auch prominente Personen, wie Jeremy Tarcher und David Spangler. Sie kamen aus welchem Grund auch immer zu der Schlußfolgerung, daß sich die Gesellschaft nicht in Richtung der vorausgesehenen Veränderung bewegte. Die persönliche Transformation vieler Mitglieder der Bewegung war jedoch eine Realität.

In den frühen 90er Jahren bemerkten die Leute langsam, daß die Bewegung starb, und immer weniger betrachteten sich als New Ager. Aber die vielen Millionen Leute, die sich durch diese Bewegung veränderten, verschwanden nicht. Sie kehrten nicht zum gewöhnlichen Leben der vorangegangenen Jahre zurück. Sie paßten sich langsam dem fortschreitenden Leben an und legten ihren Schwerpunkt auf die persönliche Suche nach erweitertem Bewußtsein und spiritueller Erleuchtung.

Wie können wir nun diese neue Phase der Ereignisse nennen? Sie hat keinen wirklichen Namen, und so ist der Begriff New Age geblieben, wenn auch die Hoffnung auf ein neues Zeitalter fast völlig aus der Szene verschwunden ist. In diesem 1.Band wird gelegentlich der Begriff *New Age* und *New Ager* benutzt als Bezeichnung für diejenigen, die durch ihren Kontakt mit metaphysischen, esoterischen, übersinnlichen und anderen mystischen Lehren eine teilweise Transformation erfahren haben. Somit mußte ich mich mit dem naheliegendsten Begriff für diese große und vielfältige Gemeinschaft abfinden.

Das Wort *okkult* gehört zu den widersprüchlichsten Begriffen, wenn es sich um Spiritualität, Gnostizismus und spirituelle Metaphysik handelt. Dieser Begriff wird im modernen Sprachgebrauch etwas abfällig behandelt; viele denken dabei an die fragwürdigsten Aspekte der übersinnlichen Welt, wie z.B. Wahrsagerei und düstere Geheimgesellschaften. Hier aber bezieht sich der Begriff *okkult* einfach auf seine ursprüngliche Bedeutung, nämlich das, was verborgen ist, und speziell diese verborgenen Realitäten öffnen sich nur in inneren übersinnlichen Visionen. Okkultismus, die Philosophie, die von einer Begegnung mit der okkulten Ebene stammt, formte die Substanz, die in den Geheimschulen der Alten Welt gelehrt wurde. Dem praktischen Wissen des Okkultismus folgt oft das disziplinierte Üben zur Entwicklung übersinnlicher Fähigkeiten, gewöhnlich unter Anleitung eines Meisterlehrers.

J. Gordon Melton

1

JZ und die Begegnung mit dem Einen

Sie war eine junge, erfolgreiche Geschäftsfrau in Manhattan Beach, Kalifornien, die keine Wahrsagerin brauchte. Die Freundin von JZ Hensley wollte aber zu einer Wahrsagerin gehen und JZ willigte ein, sie zu begleiten. Als sie die schwach beleuchteten Räume betraten, richtete sich die Wahrsagerin, eine ältere Dame, an JZ. JZs Freundin sagte, daß sie diejenige sei, die den Termin gemacht habe. Die Wahrsagerin lächelte sie an, richtete ihre Aufmerksamkeit aber sofort wieder auf die etwas verwirrte JZ und sagte: "Ich habe auf Sie gewartet." Die Freundin unterbrach: "Ich denke, Sie verwechseln uns. Ich bin diejenige, die den Termin gemacht hat." Dieses Mal ignorierte die Wahrsagerin sie bloß und wies auf JZ: "Ich habe auf diese hier gewartet." Sie führte JZ in den Raum, in dem sie ihre Sitzungen abhielt.

JZ versuchte, die Aufmerksamkeit der Frau wieder umzulenken:" Ich brauche wirklich keine Hilfe. Meine Freundin möchte wissen... ". Die Frau fiel ihr ins Wort und forderte sie auf, eine Faust zu machen und sie über ihren Kopf zu halten. Dann nahm die Frau JZs Hand, und JZ öffnete diese langsam. "Ich werde Ihnen zunächst etwas über Ihre Vergangenheit erzählen", sagte die Frau. JZ war lediglich eine distanzierte Beobachterin geworden. Sie stand über allem, zumindest für einige Minuten.

JZ verging ihre Selbstgefälligkeit sehr schnell, als die Frau sagte: "Sie sind eine unsichere Frau. Sie haben einen Mann geheiratet, den Sie nicht liebten. Sie haben zwei Kinder aus dieser Ehe... zwei Söhne. Sie haben den Mann verlassen. Sie sind nicht von hier. Sie kommen von dort, wo die Kojoten heulen. Sie arbeiten mit Fernsehen ... Kommunikation ... . Sie verkaufen... Sie sind sehr gut." Die Frau hatte recht. Jetzt hatte sie JZs volle Aufmerksamkeit.

"Nun muß ich Ihnen aber etwas über Ihre Zukunft sagen". Sie hielt nur eine Sekunde lang inne. "Sehr bald werden Sie diesen Ort verlassen. Sie gehen dorthin, wo es heiß ist ... sehr heiß. Sie werden Feuer auf Ihrem Rücken haben." Auf diese negative Aussage reagierte JZ: "Sie meinen, ich werde einen Unfall oder so etwas haben?"

"Nein", versicherte die Frau, "nur ihr Rücken wird brennen. Sie werden an diesem heißen Ort nur drei Wochen sein. Dann werden Sie zwei Arbeitsangebote bekommen. Eines davon wird dort sein, wo der Himmel dunkel ist durch die Geschäfte. Das andere ist an einem Ort mit großen Bergen, hohen Kiefern und Seen, die wie Spiegel in den Himmel scheinen. Wenn Sie zu den Bergen und den Kiefern gehen, werden Sie den Einen treffen. Verstehen Sie?"

JZ erwiderte ehrlich: "Ich verstehe nichts von dem, was Sie sagen". Aber jedes Wort blieb in ihrer Erinnerung hängen.

"Sie werden... wenn Sie den Einen treffen, werden Sie großen Einfluß haben... eine großartige Bestimmung. Ich habe auf Sie gewartet. Nun habe ich es gesagt. Es ist getan." Der tranceartige Gesichtsausdruck, den die Frau während der Sitzung angenommen hatte, verschwand und ihr Gesicht entspannte sich. Berührt von dieser unbegreiflichen Aussage hatte JZ jedoch genug Geistesgegenwart, die Frau nach ihrem Honorar zu fragen, doch sie lehnte jegliche Bezahlung ab und bemerkte nur: "Sie sind nur sich selbst etwas schuldig."

Später sprachen JZ und ihre Freundin über die Voraussagen. JZ wunderte sich, wer dieser Eine sein könnte – vielleicht der Mann, den sie sich erhofft hatte, als sie geheiratet hatte.

Am nächsten Tag rief ihr Chef an. Ob sie alles stehen und liegen lassen könne, um nach Waco, Texas zu ziehen und dort ein Kabelfernsehsystem aufzubauen? Sie sagte zu, und drei Tage später war sie auf dem Weg dorthin, "wo es heiß war". Ohne sich bewußt zu sein, was sie wirklich tat, begann JZ eine Reise, die sie zu Ramtha führte: "Dem Einen" . Inzwischen war sie als geschätzte Managerin eines expandierenden Geschäfts bereits weit gereist, fern von ihrer kleinen Stadt in New Mexico, wo ihr gegenwärtiges Leben begonnen hatte.

Ihre Herkunft

Die Frau, die jetzt Ramthas Schule der Erleuchtung leitet, hatte, um das Geringste zu sagen, einen verheißungsvollen Anfang. Sie wurde am 16. März 1946 als Judith Darlene Hampton in Roswell, New Mexico geboren. Ihren Namen Judith erhielt sie nach der Heldin aus dem Buch der Judith.[2] Die Familie lebte in Dexter, New Mexico, unweit von Roswell. Ihre Mutter, die ihre Familie zusammenhielt, erzählte ihr später von einer Yaqui Indianerin, die ihre zwei Wochen alte Judith in den Armen hielt und in gebrochenem Englisch sagte: "Helen, deine kleine Tochter wird etwas sehen, was kein anderer sieht... ihr Schicksal... wichtig."

Judith hatte drei ältere Brüder – Charles Jr., Gayl und Donnie – und eine Schwester Wanda. Später kam noch ein jüngerer Bruder namens Loy Gene hinzu. Ihr Vater Charles war Bauer auf gepachtetem Land, aber man erinnerte sich mehr an ihn wegen seines Alkoholmißbrauchs und seiner Abwesenheit von seiner Familie. Ihre Mutter ließ sich noch vor Judiths Einschulung scheiden und heiratete wieder. Ihr Stiefvater sorgte für sie, blieb ihr aber emotional fern.

Judiths Mutter war keine Kirchgängerin, aber Judiths Babysitter waren beide religiöse Frauen, und sie nahmen sie mit in die Kirche. Zumindest einige der Lehren merkte sie sich, und bevor sie ihre Teenagerjahre erreichte, begann Judith inoffiziell, den Nachbarskindern Bibelunterricht zu geben. Mitunter war sie nicht abgeneigt, feindliche Kommentare über ihren Unterricht mit den Fäusten zu beantworten.

Judiths Mutter sprach nicht viel darüber, aber sie hatte regelmäßig genaue hellseherische Träume und verließ sich oftmals auf diese Informationen. JZ erinnert sich an eine Geschichte, die passierte, als sie eines Tages von Majorette-Proben in der lokalen Schule nach Hause kam. Ihr Zimmer war neu hergerichtet – mit einer neuen Bettdecke, neuen Kissenbezügen aus Satin und einer neuen Spitzengardine. Und, was für einen jungen Teenager vielleicht noch wichtiger war: mit einer Kosmetikausstattung – ihrer ersten. Als sie ihrer Mutter dankte, sagte sie: "Nun, ich sage dir, Judy, ich wußte, daß du heute vorhattest, die Majorette zu proben, denn ich habe davon geträumt. Meine Träume sagen mir die Dinge immer im voraus. Das haben sie mein ganzes Leben getan. Und so hab' ich dich in diesem Traum hier 'rummarschieren gesehen."

Bei dieser Gelegenheit vertraute ihre Mutter ihr an, daß sie durch ihre Träume im voraus wußte, wann Familienangehörige sterben würden. Die Träume wurden nicht nur wahr, sondern sie hatte auch "Vorahnungen" von Dingen (eine Art Hellsichtigkeit), die sie mit etwas gesundem Menschenverstand richtig zu interpretieren gelernt hatte. Einmal, als die erwachsene JZ krank war und im Krankenhaus lag, wußte ihre Mutter von ihrem Zustand ohne irgendein Telefongespräch.

JZs lebendigste Erfahrung während der Jahre ihres Heranwachsens geschah eines Nachts im Haus ihrer Freunde, wo sie sich mit anderen Majoretten traf, um eine Schlafparty zu feiern. Plötzlich, ungefähr um 1.30 Uhr morgens, sahen die Mädchen, als sie aus dem Fenster schauten, blendend rote Lichtblitze. Judith dachte, das Ende der Welt sei gekommen. Sie erinnerte sich an eine Prophezeiung aus der Offenbarung des Johannes, daß sich in den letzten Tagen der Mond blutrot färben würde und Jesus wiederkehren würde, um die Heiligen mit in den Himmel zu nehmen. Dann kamen die Strahlen direkt durch das Fenster. Die Mädchen waren geradezu hysterisch, doch bevor absolute Panik ausbrach, verschwanden die Lichter. Die Mädchen beruhigten sich und gingen schlafen. Keiner erwähnte die sonderbaren Lichter, und am nächsten Tag konnte sich keiner mehr an den Zwischenfall erinnern.

Vier Jahre später war Judith in der Abschlußklasse des Gymnasiums, und sie sprach mit Kelly, die damals die Schlafparty organisiert hatte. Mitten im Gespräch verschwamm Judiths Sicht und in ihrem Kopf sah sie einen roten Lichtblitz. Dann sah sie sich auf das Licht zugehen, in das Licht hineingehen und wie sie eins mit ihm wurde. Als sie von dieser Vision zurückkam, fragte sie Kelly, ob sie sich an die Schlafparty und die sonderbare Lichterscheinung erinnerte. "Warum haben die Mädchen nie darüber gesprochen?", fragte sie. "Es macht einfach keinen Sinn, daß wir über so etwas Seltsames nicht gesprochen haben. Als *sollten* wir uns nicht daran erinnern."

Die sonst so offene Kelly weigerte sich, über diesen Vorfall zu sprechen:

"Hampton, vergiß es, OK?"

Somit hatte Judith ein Problem. Was war geschehen, und warum konnte sich niemand daran erinnern? Hatten es die Mädchen absichtlich vergessen oder war eine fremde Kraft am Werk? Sie konnte diese Frage nicht beantworten, aber ein Gespräch mit ihrem Lehrer für Naturwissenschaften half ihr, es mit UFOs in Verbindung zu bringen und ein lebenslanges Interesse für fliegende Untertassen zu wecken.

EINE NEUE RICHTUNG

Abgesehen von UFOs, Vorahnungen und präkognitiven Träumen hätte Judiths Leben einen ganz anderen Verlauf genommen, wenn es nicht zwei religiöse Zwischenfälle gegeben hätte. Der erste geschah in der Sonntagsschule. Sie war 13 Jahre alt und hatte einige Fragen zur Bibel. Sie begann mit der schwierigeren, dem scheinbaren Widerspruch zwischen den beiden Schöpfungsgeschichten in den ersten Kapiteln im ersten Buch Mose.

Als ob das nicht schon genug wäre, hinterfragte sie die Moral eines Gottes, der Lot scheinbar anstiftete, seine eigenen Töchter zu vergewaltigen, der es gut hieß, daß Abraham Sarah an andere Männer gab, um sein eigenes Leben zu retten, und der es rechtfertigte, daß Jakob Esau um sein Geburtsrecht betrog. Wenn sie die Bibel richtig gelesen hatte, dann wären dies ernsthafte, moralische Vergehen einer Gottheit, die sie verehren sollte.

Natürlich gibt es Antworten auf diese Frage, denn sonst wäre das konservative, biblische Christentum vor vielen Jahrzehnten vom liberalen Protestantentum angegriffen worden. Aber der Lehrer war nicht geschult, diese Fragen zu beantworten. Judith nutzte schnell diese Situation und stellte ähnlich lästige Fragen zum Neuen Testament. Wutentbrannt wandte sich der Lehrer schließlich gegen Judith und attackierte ihren Glauben.

Noch ausschlaggebender war ein Zwischenfall während eines Gottesdienstes. Während der Predigt betraten ihr Halbbruder Marion und seine Frau Tommy die Kirche und setzten sich. Marion hatte Tommy gebeten, Lippenstift zu tragen, obwohl die Kirche das Tragen von Make-up als Sünde betrachtete. Als der Priester Tommys rote Lippen sah, unterbrach er die Predigt und starrte sie an. Er erinnerte jeden daran, daß das Tragen von Make-up eine Sünde sei, die als Versuchung des Fleisches angesehen werden müßte; d.h. es könnte zu verbotenem Sex führen. Er forderte sie auf, mit ihm um Gottes Vergebung zu beten.

Judith sah Tommy in Tränen ausbrechen. Langsam erhob sie sich und ging zum Altargeländer. Der Priester begann für ihre Reue zu beten. Mitten in dieser öffentlichen Rettung der verirrten Seele ging Marion einfach hinaus. Judith war aufgebracht. Gott hatte viel schlimmere Taten der Helden des Alten Testaments zugelassen. Wie konnte er einen kleinen Lippenstift verdammen? Diese Situation machte keinen Sinn. Sie stand auf, und schrie ihre Mißbilligung hinaus. “Ich liebe meinen eigenen guten Gott. Der Gott meiner Seele würde seine eigenen Kinder nicht so verurteilen!” Sie fällte eine klare Entscheidung. “Ich gehöre nicht mehr hierher. Es ist vorbei.” Sie verließ die kleine Kirche und kehrte ihr und ihrer Lehre den Rücken. Trotzdem glaubte sie an die Botschaft Jesu – das Himmelreich ist in dir, und alle Menschen zu lieben bedeutete Gott lieben. Sie überlegte: wenn jemand die Botschaft Jesu akzeptierte, würde er alle Menschen lieben statt sie zu verurteilen, egal welchen Glauben sie haben oder nicht haben. Sie würde Menschen so akzeptieren, wie sie sind.

Ihre Jugend geht zu Ende

Judith beendete das Gymnasium und freute sich aufs College, aber ihr Stiefvater hatte kein Geld in seinem Budget, um die Mädchen der Familie aufs College zu schicken. Ihre Mutter lieh ihr einen kleinen Betrag, um zu sehen, ob sie es allein schaffen würde, wenn sie arbeitete. Sie zog nach Lubbock und versuchte an der Texas Tech Universität zu überleben. Aber die Gebühren waren zu hoch, und so ging sie auf das Lubbock Business College. Jeden Morgen um 9 Uhr begann für sie der Unterricht. Zudem arbeitete sie mehrere Stunden vor dem Unterricht und weitere Stunden am Nachmittag. An zwei Abenden in der Woche sowie den ganzen Samstag und Sonntag arbeitete sie als Aushilfe im Supermarkt des Ortes. Sie fand zwei Mitbewohnerinnen, mit denen sie die Miete teilte, aber das Experiment mißlang, und schließlich landete sie im Krankenhaus mit einem ernsten Fall von Unterernährung. Sie zog wieder zurück nach Hause und gab ihren Traum von einer College-Ausbildung auf.

Es dauerte nicht lange, bis Chris Hensley, ein junger Mann, den Judith in der Hochschule kennengelernt hatte, sich bei ihr meldete. Sie entdeckten einige ihrer gemeinsamen Interessen, vor allem auch Judiths Fähigkeit, mit dem Gewehr umzugehen. Sie sah, daß ihre Beziehung mit Chris das Beste war, was sie aus ihrer schlechten Situation machen konnte. Sie waren erst kurze Zeit zusammen, als sie mit ihm nach Mexico durchbrannte. Ihre erste Nacht als Ehepaar kündigte eine zunehmend unglückliche Beziehung an, die nur durch die Geburt zweier Kinder, Brandon und Christopher, aufrechterhalten wurde. Christopher war erst ein Jahr alt, als die Ehe aufgrund von Chris' Alkoholmißbrauch und Untreue zerbrach. Judith nahm ihre Jungen und lebte mit ihrer Mutter in Hobbs, New Mexico. Judith ließ sich bald in Roswell nieder und wurde Vertreterin für eine neue Kabelfernsehgesellschaft. Diese Tätigkeit führte sie nach Manhatten Beach und zu ihrem neuen Namen.

Als Judith erwachsen wurde, wurde sie von ihren Freunden einfach Judy genannt. In der Geschäftswelt nannte man sie dann Mrs. Hensley. Aber keiner dieser Namen klang richtig, als sie in ihrem Betrieb aufstieg. Ihr Vorgesetzter Ben Mattson (der sie später auch nach Waco schickte) sprach das Thema an: er schlug vor, daß ihr Image nach einer förmlichen Mrs Hensley verlangte, ihr freundlicher, offener Führungsstil jedoch nach einem weniger förmlichen Namen, jedoch nicht Judy. Sie bemerkte, daß man sie mal Zebra nannte wegen ihrer schwarzweißen Kleidung. Sie spielten mit den Möglichkeiten und kamen schließlich zu *JZ*, ohne Punkte geschrieben. Das klang gut und war prägnant.

Die Prophezeiung begann

JZ zog mit ihren Söhnen nach Waco und begann mit der schweren Aufgabe, eine Verkaufs- und Servicegruppe zu trainieren. Drei Wochen später nahm sie sich einen Tag frei. Sie verbrachte den Morgen mit ihren Söhnen im Swimmingpool ihres Apartments. Am Nachmittag, als die Jungen ihren Mittagsschlaf hielten, ging sie zurück zum Swimmingpool, um sich zu sonnen, und sie legte sich auf den Bauch. Sie war sehr müde und so schlief sie ein – bis der Schmerz zu stark wurde, um länger ignoriert zu werden. Im Badezimmerspiegel sah sie, daß ihr Rükken tiefrot glühte. Chris wachte auf, sah ihren Rücken und fragte: "Tut das weh, Mami?" Sie antwortete ohne ihren Worten besondere Beachtung zu schenken: "Weh? Es ist als würde Feuer auf meinem Rücken brennen." Erst nachdem sie es ausgesprochen hatte, erinnerte sie sich an die Worte der Wahrsagerin.

Jetzt hatte sie eine gute Entschuldigung, um einige Tage länger Zuhause zu verbringen. Während sie sich noch davon erholte, rief ihr Chef an und berichtete ihr, daß es eine Veränderung in Waco gab, und daß er sie in ein anderes Gebiet schicken wollte. Sie hatte zwei Möglichkeiten. Als er begann, ihr davon zu erzählen, hatte sie ein unheimliches Gefühl – sie wußte, was er sagen würde. Sie konnte nach Bethlehem, Pennsylvania oder nach Bremerton, Washington gehen. Der letztere Ort in der Nähe von Seattle war laut Ben sehr schön: "Viele Bäume, Berge und Seen."

Bis jetzt hatte die Wahrsagerin Recht: Bethlehem war eine Stadt, die "dunkel war durch die Geschäfte" (industrielle Verschmutzung). Als sie sich entschied, in den Nordwesten zu gehen, sagte sie: "Ben, ich muß dir sagen, daß ich langsam glaube, daß mein Leben irgendwie gesteuert wird." Ben verstand sie nicht, aber er gab ihr eine Nachricht von der Person, die sie mitgenommen hatte zur Wahrsagerin: "Twila sagte mir, ich soll dir etwas sagen von einer alten Frau, die gestorben sei ... und daß sie niemals etwas darüber herausfinden konnte. Ich hoffe, daß du damit etwas anfangen kannst." JZ bat ihn: "Bitte richte Twila aus: ich denke, daß ich den Einen treffen werde."

Ben bemerkte zumindest etwas Seltsames an dieser Nachricht, und er sagte ihr ganz direkt: "Du klingst merkwürdig,

JZ. Es ist besser, wenn wir dich schnellstens dort wegholen." Sie machte einen letzten Versuch zu erklären, worum es ging: "Ich glaube, es ist mein Bestimmung, etwas zu tun, was von großer Bedeutung ist." Er verstand es überhaupt nicht. "Tja, Kleines, das tust du bereits. Bis bald."

Dieser Anruf wurde zu einem Wendepunkt für JZ. Sie akzeptierte jetzt eine Zukunft, die schnell auf sie zukam. In der Vergangenheit hatte Gott eigenartige Botschafter benutzt, um zu seinen Leuten zu sprechen – das wußte sie. In einem kurzen Gebet bestätigte sie die Möglichkeit, daß die Wahrsagerin mit ihren Voraussagen zu ihr geführt worden war, um zu ihr zu sprechen. "Wenn das so ist," betete sie, "dann akzeptiere ich die Veränderungen in meinem Leben und bete nur, daß ich weiß, was richtig ist. Vater, gib mir die Weisheit, die ich brauche, um das Richtige zu tun und die richtigen Entscheidungen zu treffen. Ich danke Dir für mein Leben und das Leben meiner Kinder."

Kurze Zeit später, als JZ über die Berge zum Flugplatz von Seattle-Tacoma flog, bestätigten sich die Worte der Wahrsagerin wiederum. Sie sah viele Seen, die wie Spiegel das Sonnenlicht reflektierten, und sie sah die hohen Tannen und die großen Berge. *Wenn du zu den Bergen mit den Tannen gehst, wirst du den Einen treffen.* Und sie hatte lange als alleinstehende Mutter mit zwei lebhaften Jungen gelebt.

Sie lebte bereits seit einem Jahr in Tacoma, als im Sommer 1973 die Kabelgesellschaft trotz ihres Erfolges im Puget Sound Gebiet zusammenbrach und sie plötzlich ohne Arbeit war. Mit ihrem inzwischen starken Selbstvertrauen und guten Ruf in der Geschäftswelt gründete sie jedoch ihre eigene Firma, die *Mann Communications and Marketing*, und bald setzte sie ihren erfolgreichen Weg fort. Es dauerte nicht lange, bis ihre Mitarbeiter merkten, daß ihr Erfolg nicht nur auf ihrem exzellenten Führungsstil und ihren Trainingsfähigkeiten beruhte. Wie ihre erfolgreichen Zeitgenossen hatte auch sie einige übersinnliche Fähigkeiten in ihre Entscheidungen integriert.[3] Die Mitarbeiter begannen darüber zu sprechen, daß JZ mit irgendeinem Hokuspokus arbeitete. Sie waren sehr beeindruckt von ihrem Wissen, wann und wo sie ihre Verkäufer hinschicken sollte. Frank Smith erkannte, daß sein Erfolg durch ihre Entscheidungen beträchtlich gestiegen war, und er gab zu, daß er sie für übersinnlich hielt. JZ hatte kein gutes Gefühl bei diesem Begriff, denn ihrer Ansicht nach verringerte es das, was sie für das Handeln Gottes hielt.

Eines Tages lud Frank JZ zu seiner Tante ein, die er als übersinnlich beschieb. Nach anfänglichem Zögern willigte sie jedoch ein, als er sagte: "Aber sie sagt, es sei ein Geschenk Gottes." Sie erreichten Tante Beau's Haus am Nachmittag. Sie war gerade von ihrem Mittagsschlaf aufgestanden und war noch nicht ganz wach aber sie begrüßte JZ mit einer herzlichen Umarmung, trat dann aber plötzlich mit zitternden Händen zurück. Sie fing an zu weinen, obwohl ein Lächeln auf ihrem Gesicht war.

Tante Beau hatte sich schnell wieder gefaßt. Sie sagte: "Oh, jetzt verstehe ich. Mein Kind, eine höchst Ehrfurcht gebietende Kraft geht mit dir."

"Eine Kraft," erwiderte JZ, "geht mit mir? Was meinen Sie? Ich verstehe nicht."

Tante Beau wurde noch enthusiastischer: "So etwas habe ich noch nie gesehen... Sie ist mächtig... Sie ist überall um dich herum. Es ist ein sehr helles Licht, eine kraftvolle Energie. Ich hab' schon Energien gesehen, aber so etwas noch nie!"

JZ hatte seit kurzem begonnen, mehr über ihre Fähigkeiten zu lernen, verstand aber Tante Beaus Worte nicht so ganz. "Haben wir nicht alle ein gewisses Licht um uns herum? Vielleicht sogar einen Schutzengel – das steht irgendwo in der Bibel."

"Nein," unterbrach sie Tante Beau, "dies ist ganz anders. Dies ist zeitlose Energie. Es ist einfach mehr, als ich in Worten ausdrücken kann. Es ist wie ein mächtiger Gott."

"Was meinen Sie damit? Meinen Sie, wie Gott der Vater?"

"Nein, sie ist *von* Gott. Als wäre diese Kraft das Leben selbst."

Das Gespräch berührte das Unbekannte und JZs Angst wuchs. "Ist es etwas Bösartiges?"

Tante Beau beruhigte sie sofort. "Oh, nein, nein, nein. Im Gegenteil. Dieses wundervolle, heilige Licht, daß mit dir geht, wird viele Dinge in der Welt verändern."

Ängstlich, aber auch fasziniert, fragte JZ: "Aber was ist das, was mit mir geht?"

Tante Beau wählte ihre Worte sorgfältig. “Ich möchte dich nicht verunsichern, und ich möchte nicht blasphemisch klingen, aber hast du Jesus Christus und seine Lehren studiert?” JZ nickte und Tante Beau fuhr fort: “Nun, mein Kind, es ist eine Kraft auf derselben Ebene... ein großer Lehrer, der der Welt durch seine Lehre helfen wird, Frieden zu finden.”

Tante Beau beschrieb seine Kraft als eine sehr starke, männliche Energie. Wie er seine Mission erfüllen würde, konnte sie nicht sagen. Das war noch ein Mysterium. Sie konnte ihn nicht sehen, nur seine Kraft konnte sie fühlen. Und das Licht, das von ihm ausstrahlte (obwohl weder Frank noch JZ etwas Außergewöhnliches sehen konnten), war überwältigend.

JZ, die bereits mit den Vorhersagen der Wahrsagerin lebte, war tief berührt von Tante Beaus neuer Botschaft: ”Bitte achte auf deine eigene Energie. Du scheinst sehr erschöpft zu sein. Diese Energie, die mit dir ist, kann sehr an deinen Kräften zehren, wenn du nicht völlig ausgeruht bist und in Frieden lebst.”

Zwei Wochen später war JZ im Krankenhaus. Sie litt unter Erschöpfungszuständen. Ein Virus hatte ihr Knochenmark und ihre weißen Blutkörperchen angegriffen. Degenerative Mononucleosis war die Diagnose. Während ihres Krankenhausaufenthalts verlor sie an Gewicht, und ihre Gesichtsfarbe wurde blaß, und als ihr infolge der Medikamente das Haar ausfiel, war der Tiefpunkt erreicht. Da ihre Krankheit anhielt, ging sie nach Hause, um dort ihren Zustand als Halbinvalide fortzusetzen.

Einige Wochen später kam Frank mit seiner Verlobten. Sie waren auf dem Weg zu einem Auferstehungstreffen, daß von einem evangelischen Heiler abgehalten wurde, und er lud sie ein mitzukommen. Sie war davon nicht beeindruckt und auch nicht in der Stimmung, besonders höflich zu sein,

“Das ist Unsinn! Gott hat damit nichts zu tun! Ich werde in keine Kirche gehen, damit mich jemand vor dem Teufel retten kann.” All ihre Erinnerungen an die Kirche waren noch lebendig, besonders der Vorfall mit ihrer Stiefschwester.

Frank blieb beharrlich. “Vergiß die Kirche! Tu’s für mich, damit ich nicht denke, daß ich nicht versucht habe, dir zu helfen.” Widerwillig erklärte sie sich bereit, sie zu begleiten.

EINE EREIGNISREICHE RÜCKKEHR ZUR KIRCHE

Als sie im "Auferstehungszelt" ankamen, überkamen JZ starke Schmerzen– der physische Schmerz in ihrem Rücken und der emotionale Schmerz ihres letzten Kirchenbesuchs vor etwa zwanzig Jahren. Die Lieder waren die gleichen; die Worte waren die gleichen; die gesamte Atmosphäre war die gleiche.

Dann forderte der Pastor die Leute auf, zum Heilungsgebet vorzutreten. Nun war sie es, nicht ihre Stiefschwester Tommy, die zum Pastor ging. Sie hörte, wie er auf den Teufel schimpfte und Satan aufforderte, die Seele eines jeden zu verlassen. Nun war sie an der Reihe. Sie tat dies alles wegen Frank, aber ihre Freundschaft und ihr Respekt vor seinen Gefühlen hatten Grenzen. Sie besann sich auf ihre Autorität als Managerin und sagte zu dem Pastor: "Bevor Sie bei mir anfangen, will ich Ihnen etwas erzählen: Ich liebe Gott mehr als Sie sich vorstellen können und mehr als Sie predigen können. Ich habe dem Satan vor langer Zeit entsagt, denn er existiert nicht.

Er hat nie existiert. Wenn man die Liebe zu Gott versteht, dann gibt es keinen Platz für das Böse oder die Sünde. Jetzt sterbe ich. Wenn Sie Ihre Hände auf mich legen, dann beten Sie für jemanden, der Gott liebt. Erwähnen Sie nicht einmal den Namen Satan. Er gehört nicht hierher. Er hat noch nie hierher gehört."

Als sie sprach, hörte der Pastor konzentriert zu, und es wurde still unter den Anwesenden, nicht einer sprach. Er ging auf JZs Wunsch ein und betete mit gleicher Intensität: "O Gott, Vater unser, schau auf dieses Kind und erhebe ihr Leben, auf daß sie geheilt werde. O Gott, o Gott!"

Dann geschah etwas, was fast jeder einmal erleben möchte. Plötzlich kam ein blauer Lichtblitz aus der Zeltspitze, traf JZ und warf den Pastor und die Frau, die neben ihm stand, zu Boden.

Die Gemeinde hielt den Atem an und war still. JZ schloß die Augen. Ihr war bewußt, daß Gott das Gebet erhört hat.

Es dauerte einige Minuten, bis die anderen sich erholten. Manche reagierten mit Gemurmel auf das, was sie gesehen hatten. Selbst jene, die das Heilen als einen gewöhnlichen Teil ihres kirchlichen Lebens ansahen, mußten jetzt eine neue Ebene von

Wundern verstehen. Schließlich hatte jemand die Geistesgegenwart, der Frau und dem Pastor zu helfen.

“Wer bist Du?” fragte der Pastor. JZ antwortete ohne zu zögern: “Ein Kind Gottes.” Nun waren auch Frank und seine Verlobte an JZs Seite. Sie hatten alles gesehen und beschrieben ihr den blauen Lichtstrahl, den JZ nur gefühlt hatte, als er in ihren Kopf trat. Plötzlich ging es JZ wunderbar. Seit vielen Wochen war sie zum ersten Mal ohne Schmerzen, und ein warmes, leichtes Gefühl erfüllte ihren ganzen Körper. Sie war euphorisch.

Diese dramatische Heilung (die in den nächsten Tagen durch medizinische Untersuchungen bestätigt wurde) brachte JZ weitere theologische Einsichten. Sie hatte sich gewundert, warum dieses mit ihr verbundene göttliche Wesen oder diese Kraft, ihre Krankheit zuließ. Sie verstand jetzt, daß sie nicht geheilt werden konnte, bevor sie nicht mit Gott zusammenarbeitete. Sie drückte es so aus: “Ich habe mich selbst gerettet, indem ich Gott vertraute.” Obwohl sie bereit gewesen war für Gott und seine Heilungen, so war sie doch nicht bereit für die Konsequenzen von Gottes Arbeit in ihr. Sie erzählte Frank: “Ich war vielleicht bereit für Gott, aber ich war nicht bereit für mich. Gott braucht auch Hilfe. Nur durch uns selbst kann sich Gott uns zeigen.” Wenn man glaubt, daß Gott und die Menschen separate Wesen sind, statt davon auszugehen, daß Gott ein integraler Teil der wahren Natur eines jeden Individuums ist, so dachte sie, dann wäre es schwierig, das Wunder zu verstehen, daß jeder Mensch ist. Sie fühlte, daß sie ein neues Verständnis von Gottes Plan hatte.

Die Begegnung mit dem Einen

In den nächsten vier Jahren, die JZ als ereignislos beschrieb, hatte sie Zeit, sich an ihre Einsichten zu gewöhnen. Obwohl sie keine Verbindung zu der allgemeinen metaphysischen und hellseherischen Gemeinschaft hatte, führten ihre Erfahrungen zu einer Übereinstimmung damit. Sie hatte ein pantheistisches, mystisches Weltbild entwickelt – ein Bild, daß die Welt von Gott durchdrungen sieht. Sie hatte das Gefühl, daß Gott in ihr wohnte, und daß sie sich selbst lieben mußte, denn sie war, wie jeder Mensch in ihrem eigentlichen Wesen, identisch mit

Gott. Sie war krank geworden, weil sie zu wenig an sich selbst dachte. Sie stellte fest, daß sie mit den Ideen von Aristoteles übereinstimmte, daß Gott die Aktivität des Geistes ist: "Die reine Selbstaktivität des Verstandes ist Gottes höchst gesegnetes und ewiges Leben." Sie glaubte an Reinkarnation (und wußte, daß sie ihre eigene Schwester gewesen war, die vor ihrer Geburt gestorben war) und an UFOs.

Im weiteren Verlauf ihres Lebens begegnete sie Jeremy Wilder, ein Zahnarzt im Ort. Sein Glaube ähnelte dem ihren, und sie entwickelten eine angenehme, liebevolle Beziehung. Er kam gut mit ihren Söhnen aus und sie heirateten 1977. Aber nein, Jeremy war nicht der Eine, er wurde aber der Katalysator für JZs Begegnung mit dem Einen.

Die Ereignisse begannen auf einer Party. JZ interessierte sich für einen Kommentar über die Kraft der Pyramiden, den sie mitgehört hatte. In den siebziger Jahren waren Pyramiden in der metaphysisch-hellseherischen Welt große Mode. Mehrere Bücher wie *"Die Kraft der Pyramiden"* beschrieben die mysteriösen Eigenschaften von sorgfältig ausgerichteten Pyramiden.[4] Pyramiden sollten Nahrungsmittel konservieren. Wenn man stumpfe Rasierklingen hineinlegte, dann sollten diese in Kürze wieder scharf werden. Manche behaupteten, daß Pyramiden den Prozeß der Mumifizierung bewirken würden. Pyramidenzelte wurden angeboten, in denen die Leute meditierten, in dem Glauben, daß ihre übersinnlichen Energien zunehmen und ihre übersinnlichen Kräfte stärker würden.

Auf dieser Party traf JZ George, der eine Weinflasche in ein Pyramidenzelt gestellt hatte, um herauszufinden, ob der Geschmack verbessert werden konnte. George, ein Kollege von Jeremy, experimentierte mit einigen der Versuche, die den Anfängern unter den Pyramidenforschern vorgeschlagen werden. Er hatte großen Erfolg und war begeistert von seinen Ergebnissen und den letztendlichen Möglichkeiten der Pyramiden. JZs Interessse war ebenfalls geweckt, und am nächsten Tag kaufte sie Bücher über dieses Thema. Jeremy baute eine Pyramide nach der anderen, und am nächsten Morgen war das Haus voller Pyramiden, alle sorgfältig ausgerichtet, und sie enthielten eine Vielzahl verschiedener duftender Gegenstände, von schmutzigen

Tennisschuhen bis hin zu einer Banane. Jeremys Besessenheit drohte die natürliche Ordnung der Dinge in ihrem kleinen Haus zu stören, und JZ reagierte mit Wut und Angst, daß die Nachbarn herausfinden könnten, was sie hier taten.

Jeremy machte den ganzen Tag weiter, und am Sonntagmorgen zierten noch mehr Pyramiden die verschiedenen Räume. Am frühen Sonntagnachmittag wurde aus JZs Verärgerung allmählich Humor. Ihr hingebungsvolles Pyramidenbauen endete mit einem hysterischen Lachanfall. JZ nahm eine unbrauchbare Papierpyramide, setzte sie auf ihren Kopf und verkündete ihrem immer noch lachenden Ehemann mit einer spöttischen Pose: "Achtung, Achtung bitte. Sie werden jetzt Zeuge eines Wunders. Wir werden jetzt diesem willigen Opfer unsere neue Gehirnmaschine aufsetzen, da es von der Natur nicht mit großer Intelligenz versehen wurde. Vorsichtig setzen wir die Pyramide in die ausgerichtete Position, so daß sie den gesamten Kopf und das Gesicht umfaßt. In einigen Minuten, meine Herren, werden Sie eine wahrlich wunderbare Transformation erleben." Sie lachten noch weiter und genossen den lustigen Höhepunkt ihres angespannten Wochenendes.

Und dann passierte es. Zuerst sah JZ ein Licht am anderen Ende der Küche, aber ihre Augen waren vom Lachen mit Tränen gefüllt. Als sie sie wegwischte, sah sie ihn. Sie wußte es nicht sofort, aber er war Der Eine, Der Eine, für den sie in den Nordwesten gekommen war.

Er war ein Riese von einem Mann, dessen Kopf die Küchendecke berührte. Unabhängig von seiner einschüchternden Größe war seine Erscheinung ungewöhnlich. Er glühte vor Licht, war wie blendender violetter Glanz. Seine seltsame Erscheinung beruhigte aber jegliche Angst, daß er bloß ein Eindringling sei. Sein wunderschönes Gesicht hatte eine anziehende Wirkung auf JZ, die von seiner Anwesenheit tief beeindruckt war. Ein Gefühl des Friedens erfüllte den Raum. Erst als sie diese erstaunliche Erscheinung verinnerlicht hatte, begannen sich Worte zu formen.

"Du bist so wunderschön. Wer bist du?"

"Ich bin Ramtha, der Erleuchtete. Ich bin gekommen, um dir über den Graben zu helfen."

Irgendwie schien das Wort *Graben* nicht zu passen. Was für ein Graben? Gibt es ein Problem in der Küche? Dann wurde ihr die Absurdität der Situation bewußt, und JZ begann wieder zu lachen. Sie bemühte sich aus dem, was ein Traum sein mußte, aufzuwachen. Aber der "Traum" ging weiter, und der Fremde sprach wieder. Etwas Leichtes war in seiner Stimme.

"Geliebte Frau, die größten Dingen erreicht man mit einem leichten Herzen. Es ist der Graben der Begrenzung und der Furcht, über den ich dir helfen werde. Denn du wirst in der Tat ein Licht für die Welt werden. Wisse, daß du sehr geliebt wirst, denn der Vater im Himmel weiß von dir und liebt dich in der Tat sehr. Geliebte Frau, ich möchte, daß du weißt, daß du und deine Familie in diesem Haus in Gefahr sind. Ich möchte, daß du diesen Ort verläßt innerhalb von fünf Tagen entsprechend deiner Rechnung und Zahlen. Deine Kinder werden einen Traum träumen von dem, was geschehen wird. Hör auf die Träume. Kinder sind so unschuldig und in der Lage, viele prächtige Dinge zu sehen. Sie sind die Propheten eines neuen Zeitalters. Ich habe euer neues Zuhause für euch vorbereitet. Es gibt in der Tat einen edlen Boten, Wesenheit, der dir helfen wird, es zu finden. Du wirst wissen, wer er ist. In der Tat, geliebte Frau, es werden sich viele Dinge ändern. Bereite dich vor. Wisse, daß du sehr geliebt wirst. Ich bin Ramtha, der Erleuchtete."

Nach diesen Worten verschwand er, und in JZs Küche wurde es wieder normal. Aber von jenem Sonntag im Februar 1977 an war ihr Leben niemals wieder wirklich normal.

2

RAMTHA, DER EINE

Wer ist Ramtha? Nach seiner eigenen Aussage lebte Ramtha vor 35.000 Jahren auf der Erde, in einer Zeit, die heute nur durch archäologische Überreste und Mythen bekannt ist. Er war ein Lemurier. Lemurien war der nördliche Teil des alten Kontinentes von Atlatia (Atlantis).[1] Sein Volk konzentrierte sich auf mentale Kommunikation anstatt auf Technologie.

Im Gegensatz dazu verherrlichten die Atlantianer den Verstand und den Fortschritt, und durch ihren Kontakt zu Außerirdischen hatten sie sogar eine Flugmaschine entwickelt. Die Wissenschaft der Atlanter war sogar weiter entwickelt als die des späten 20. Jahrhunderts. Die Wissenschaftler hatten gelernt, "Licht in reine Energie umzuwandeln". Durch ihre wissenschaftlichen Experimente verursachten sie jedoch einen Riß in der Wolkendecke, die die Erde umgab, und eine große Flut versenkte die nördliche Hälfte von Atlantis, und Lemurien ging vollkommen unter.

Die Lemurier flohen in den Süden, und Ramthas Familie begann, in den Slums der großen Hafenstadt Onai zu leben. Aber zur Zeit von Ramthas Geburt hatte Atlantis seine "wissenschaftliche" Führung durch die Zerstörung seines nördlichen Teils verloren. Dadurch verloren die südlichen Länder nicht nur ihre wissenschaftlichen Errungenschaften und Industrien, sondern auch ihre zivilisiertere Gesellschaftsstruktur. Der Süden wurde zu einem Feudalsystem, dessen tyrannische Herrscher die Flüchtlinge aus Lemurien in die unterste Schicht ihrer Gesellschaftsordnung zwangen. Ramtha beschreibt sein Leben auf anschauliche Weise: "Denk einen Augenblick darüber nach, wie es ist, bespuckt und mit Urin beschmutzt zu werden, und es nur mit den eigenen Tränen abwaschen zu dürfen. Denk darüber nach, wie es ist zu wissen, daß die Hunde auf der Straße mehr zu essen bekamen als du, der nach irgend etwas hungerte, was die Qualen in seinem Bauch beenden würde." [2]

Ramthas Mutter wurde wiederholt vergewaltigt. Verschiedene Männer, alle anonym, zeugten ihre Kinder einschließlich Ramthas jüngerem Bruder und seiner Schwester. Ramtha wuchs damit auf, daß er sich auf den Straßen herumtrieb, um etwas zu essen zu finden. Als seine Mutter und seine Schwester starben, verbrannte er ihre Körper, um sie vor den Aasgeiern zu schützen. Das Begräbnisfeuer schürte seinen Haß auf die Atlantianer und auf Gott, den großen Unbekannten Gott, den unfähigen Gott, den sein Volk anbetete. Der einsame vierzehnjährige Junge floh aus der Stadt und machte sich auf den Weg zu einem nahegelegenen Berg, um Gott zu konfrontieren. Obwohl Gott nicht auf Ramthas Zorn reagierte, erschien eine Frau und gab ihm ein Schwert. Es war ein großes Schwert, so groß wie der jugendliche Ramtha. Und sie sprach tröstende und ermutigende Worte: "O Ram, der du im Geist gebrochen bist, deine Gebete wurden erhört." Dann fügte sie die rätselhaften Worte hinzu: "Nimm dieses Schwert, und erobere dich selbst." Er verstand es nicht, fühlte sich aber irgendwie durch den bloßen Besitz des Schwertes bestätigt.

Obgleich Ramtha mit Gottes Botschafter gesprochen hatte, war sein Zorn nicht vergangen. Als er nach Onai zurückkehrte, schlossen sich ihm andere an. Als er sein Zuhause erreichte, führte er eine ganze Armee an. Die Atlantianer leisteten wenig Widerstand; sie hatten vergessen, wie man kämpft. Er und seine zusammengewürfelte Armee töteten sie und brannten die Stadt nieder. Er übergab die Nahrungsmittelspeicher an die überlebenden Lemurier.

So wurde Ramtha zum Krieger. In den nächsten zehn Jahren wurden seine Anhänger zu einer barbarischen Armee. Aber Ramtha hatte einen Todeswunsch. Er führte seine Armee in einen Krieg nach dem anderen, immer in der Hoffnung, daß sein nächster Gegner ihn töten würde. Statt dessen besiegte er Tyrannen. Nach vielen Kriegsjahren wurde er schließlich in eine Falle gelockt. Er war unbewaffnet, als ihn ein Attentäter niederstach. Um einen langsamen Tod zu sichern, zog er das Schwert aus Ramthas Körper heraus und hinterließ ein klaffendes, blutendes Loch. Aber Ramtha starb nicht. Als er am Boden lag und sein Leben aus ihm floß, befahl eine Stimme: "Steh' auf! Steh' auf!" Langsam reagierte er. Seine Feinde konnten nicht verstehen, wie er aufstehen konnte. Sie kamen zu dem Schluß, daß er unsterblich sei, drehten sich um und flohen. Dieser Zwischenfall wurde der nächste Wendepunkt in Ramthas Leben.

Ramtha hatte einen langen Heilungsprozeß vor sich. Er ertrug das Gefühl der Hilflosigkeit, den Verlust der Privatsphäre, den Gestank der Krankheit. Er sah den Tod und die Vergänglichkeit des Lebens. Er beobachtete wie die Sonne täglich auf- und unterging ohne Berücksichtigung der menschlichen Ereignisse. Da er Zeit hatte, über das Leben nachzudenken, kehrten Ramthas Gedanken zu dem Gott seines Volkes zurück.

Ramthas Transformation

Ramtha beobachtete die Welt um sich herum. Er dachte an die mythologischen Götter und kam zu der Schlußfolgerung, daß sie lediglich Symbole menschlicher Ängste und Wünsche waren. Im Gegensatz dazu war der Unbekannte Gott die immerwährende Essenz, die den Menschen erlaubte, in jedem Moment ihre Illusionen zu erschaffen und zu leben. Folglich müßte der Unbekannte Gott in der immerwährenden Lebenskraft zu finden sein. Gott existierte überall um ihn herum. Ramthas Wunsch zu Sterben verging und wurde ersetzt durch den Wunsch, das Leben in seiner ganzen Fülle zu umfassen. Und eine neue, großartige Idee entstand. Wie wäre es, der Unbekannte Gott zu sein? Dieser verwegene Gedanke gab Ramthas Geist Auftrieb, wurde jedoch vom Wind, der seinen Umhang über seinen Kopf blies und ihn in eine Staubwolke hüllte, wieder in die Realität zurückgeholt.

Jetzt hatte Ramtha einen neuen Fokus in seinen Überlegungen. Er dachte über den Wind nach, eine unsichtbare Kraft, die auf jeden treffen konnte. Selbst der Mächtigste konnte ihn nicht bezwingen. Er war konstant, bewegte sich frei, ohne Grenzen, Einschränkungen oder Form. Er forderte Ramtha auf, größer zu sein als je ein Mensch gewesen war, frei von menschlichen Begrenzungen wie beispielsweise der Tod. Der Wind wurde sein Ideal.

Nachdem er sich sechs Jahre auf den Wind konzentriert hatte, hatte er eine sogenannte außerkörperliche Erfahrung. Sein Bewußtsein trennte sich von seinem Körper, und er flog mit dem geliebten Wind durch den Himmel, während sein Körper weit unten blieb. Aber, wie die Frau des biblischen Lot, schaute er zurück. Plötzlich überkam ihn die Angst, und er fiel in seinen Körper zurück. Es dauerte sieben Jahre, bis er diese Erfahrung wiederholen konnte. Nur mit Mühe lernte er seinen Körper zu verlassen, nach Belieben der Wind zu werden. Er hatte aber einen großen Schritt gemacht in der Erfüllung der Aufgabe, die ihm die Frau mit dem Schwert gegeben hatte. Er hatte sich selbst besiegt.

Als sein Wunsch, der Wind zu werden, jeden seiner Gedanken durchdrang, veränderte sich seine Körperschwingung (was seine Bezeichnung ist). Die langsame, träge Schwingung seines physischen Körpers erhöhte sich. Er wurde leichter und begann zu leuchten. Eines Abends hob er sich dann mit seinem Körper empor: er war *Licht* geworden. Er war begeistert von seiner Erfahrung. Bald darauf schwebte er wieder hinauf. Und wieder. Schließlich, nach mehr als sechzig Abenteuern, bei denen er sich durch den Himmel bewegte, kam er zu dem Schluß, daß seine Arbeit auf Erden abgeschlossen war. Er beendete sein irdisches Leben damit, daß er sich unter seine Leute begab und sie aufforderte, das anzustreben, was er gelernt hatte. Er ermahnte sie, ihr Vertrauen nicht in ihn zu setzen, sondern in den Gott, der sie alle geschaffen hatte. Dann änderte er seine Form zum letzten Mal. Seine Zuschauer beobachteten voller Erstaunen, wie er schwerelos, zeit- und formlos wurde – und in einem pulsierenden, unsichtbaren Licht verschwand. In seinem transformierten Zustand erkannte er vollkommen, wie begrenzt er als eine bloße Person war. Er wurde ein Gott.[3] Jetzt, nach 35.000 Jahren, ist er gekommen, um all das zu lehren, was er gelernt hatte.

Der Ramtha-Mythos

Das ist eine gute Geschichte. Zumindest war das meine erste Reaktion. Aber ist sie wirklich geschehen? Es könnte sein, besonders für jemanden, der die Realität von Atlantis und Lemurien akzeptiert. Spielt es eine Rolle? Vielleicht. Für Ramthas Kritiker kaum. Sie akzeptieren seine Lehren nicht, also besteht für sie kein Grund, diese Erzählung als historisch zu betrachten. Sie nehmen nur einige Elemente heraus, um sie ins Lächerliche zu ziehen. Für jene, die Ramtha akzeptieren, ist die Geschichte wichtig, aber nicht annähernd so wichtig wie die Lehren, die sie bekommen haben und die Beziehung, die sie mit ihm aufgebaut haben. Wie die bibelgläubigen Christen und ihr Glaube an die Schöpfungsgeschichte, so haben die treuen Anhänger mit den Widersprüchen zwischen den von Ramtha dargestellten "Fakten" und den Behauptungen der modernen Wissenschaft zu kämpfen. In den Erkenntnissen der modernen Geographie und Ozeanographie ist wenig Raum für verlorene Kontinente. Aber ebenso wie der Durchschnittschrist nicht viel Zeit damit verbringt, sich Gedanken über die geschichtlichen Tatsachen von Adam und Eva zu machen, so verbringt der Durchschnittsanhänger von Ramtha wenig Zeit damit, die wissenschaftlichen Beweise Lemuriens zu untersuchen. Die Aufmerksamkeit richtet sich vielmehr auf die Lehren und ihre Fähigkeit, die versprochenen Lebensänderungen vorzunehmen.

Für die Mitglieder der Bewegung hat die Geschichte Ramthas einen ähnlichen Status wie die Bewegung der Hebräer im Buch der Mormonen: Sie dient gut als religiöser Mythos. In diesem Zusammenhang hat der Begriff Mythos eine technische Bedeutung, abgesehen von dem populären Gebrauch des Ausdrucks, d.h. eine unwahre Geschichte. Das Wort Mythos bezieht sich auf eine Geschichte, die eine Perspektive von unseren höchsten Anliegen jenseits der wörtlichen Elemente der Geschichte darstellt, wie zum Beispiel die Parabeln von Jesus. Wir versuchen oft über die höchste Wahrheit in abstrakten Begriffen zu reden, z.B. bezeichnen wir Gott als allmächtig, allgegenwärtig und allwissend. Als eine Alternative dazu können jedoch Geschichten, die ungefähr das gleiche sagen, oft auf reichere Weise von göttlichen Realitäten erzählen. Im Endeffekt, was Geschichte und Wissenschaft betrifft, kann ein Mythos ganz oder teilweise wahr oder auch völlig erfunden sein, aber als Mythos kann es wahr sein. Der Mythos erzählt eine Geschichte des menschlichen Lebens, die einen Zusammenhang hat mit der Lebenserfahrung vieler Leute, die sie akzeptieren. Sie erzählt von realen Emotionen und Gefühlen; sie projeziert Hoffnungen und Bestrebungen. Sie betont eine Art von Beziehung zum Universum, die dem Leben Bedeutung gibt, was immer die anderen Stufen von Wahrheit und Unwahrheit auch sein mögen.

Ramtha hat seine Lehren auf seiner eigenen Lebensgeschichte aufgebaut mit der impliziten Annahme, “wenn ich es tun kann, kannst du es auch”. Und oftmals hat er den Mythos mit zahlreichen Geschichten aus seinem Leben erweitert, die sofort Parabeln werden und den Schülern seine Ermahnungen auf subtile Weise veranschaulichen. Diese Geschichten wurden auch ein integraler Teil in dem Prozeß, den unsichtbaren Ramtha für seine Schüler zu einer realen Person zu machen. Zu seinen bewegenderen Geschichten gehört eine mit dem Titel “Ein Geschenk der Freiheit”.

Ein junges Mädchen wurde zu Ramtha gebracht. In dem Land des vor kurzem von ihm besiegten Feindes war sie seit ihrem vierten Lebensjahr sexuell mißbraucht worden. Sobald sie alt genug war, war sie schwanger geworden und hatte einen Sohn geboren. Sie erschien schlecht gekleidet und weinte ununterbrochen, was für Ramtha sehr unangenehm war. Im Verlauf seines Verhörs fiel ihr Kind, das sie unter ihren Kleidern versteckt hatte, zu Boden. Ramtha hob das Kind auf. Er war sofort von der Schönheit des Kindes angetan. Vorsichtig zog er ihm seine Kleidung aus und hielt das nackte Kind hoch. Das Kind lachte und antwortete mit einem sehr kindlichen Akt: Er urinierte auf Ramtha. Ramtha faßte sich und verhörte die sehr junge Mutter weiter.

“Wir sind hier frei. Du mußt niemandem gehören.”

“Aber Herr, was soll ich tun? Ich habe kein Talent für ein Handwerk oder fürs Schreiben oder für die Kunst des Kochens.”

“Aber du hast Talent für die Kunst der Babys.” (Als er sprach, hatte das Baby seinen Spaß damit, Ramthas Ohrläppchen zu erforschen.)

“Herr, ich bitte Euch darum, meinen geliebten Sohn in Euren Armen aufzuziehen.”

“Frau, das ist doch deine Freiheit. Nun kannst du deinen Sohn wieder nehmen und mit ihm tun, was du willst. Es gibt niemanden, der dein Leben elend macht.” (Ramtha begann jetzt zu verstehen, daß sie nicht in seine Welt paßte.)

“Nein. Nein. Mein Leben ist vorbei. Ich bin eine alte Frau, Herr.”

Ramtha fragte verdutzt: “Was bedeutet dir deine Freiheit?”

"Es ist nicht mehr meine, sondern die Freiheit meines Sohnes. Das ist meine Freiheit."

"Was soll ich mit deinem Sohn machen?"

"Ihn nehmen und in Eurem Haus aufwachsen lassen." (Während Ramtha weiter über die Situation nachdachte, untersuchte das Kind noch immer sein Gesicht, ohne sich der Folgen dieser Worte bewußt zu sein.)

Schließlich fand Ramtha eine Lösung: "Ich werde deinen Sohn nur unter einer Bedingung annehmen: daß du das Wesen bist, das diesen Sohn in meinem Haushalt beaufsichtigt, ich werde ihn *meinen* Sohn nennen, und er wird mutterlos sein. Du wirst seine Hüterin sein." Die Frau war begeistert, und er gab ihr das Kind zurück.

Was lernen seine Schüler aus dieser Geschichte?

Freiheit bedeutet ... sich freuen zu können, und sei es für das Selbst eines anderen Wesens, mit dem größten Bewußtsein, das man haben kann. Und das ist es, was dieses kleine Mädchen mit ihrem kleinen Jungen tat.

Die Geschichte der Freiheit – du würdest mir sagen: "Ja, aber die größte Freiheit ist, dein Baby zu haben, ohne ... daß dich der Barbar mißbraucht und ohne Angst, daß das Kind mißbraucht würde." Aber ihre Freiheit war, das Kind Teil werden zu lassen... von etwas, das ihr die Freiheit gegeben hatte, zu entscheiden und mit ihrem Kostbarsten das zu tun, was sie wollte. Und es war ihr Wunsch, es mir zu geben.

Die Geschichte illustriert auch ein in Ramthas Geschichten häufig anzutreffendes Thema, wo Ramtha, der Eroberer, Leute aufnahm, die eigentlich seiner Machtposition ausgeliefert waren, und er wurde ihr Lehrer und half ihnen, ihre Wünsche im Leben zu verwirklichen. Diese Situation war aber irgendwie das Gegenteil der folgenden Geschichte.

Nach der Zerstörung von Onai wurde Ramtha von Armenus konfrontiert, einem älteren Bürger der Stadt. Ramtha lud ihn ein, sich seiner Armee anzuschließen. Der alte Mann antwortete: "Junger Mann, ich muß gemeinsame Sache mit dir machen, denn ich finde, daß es bei dem gegenwärtigen Stand der Dinge höchst unheilvoll wäre, mich jemandem zu widersetzen, der so ungeheuer mächtig ist wie du. Und ich bin absolut nicht so dumm, daß ich das Ende meiner Tage sehe, noch nicht."

Ramtha fragte ihn, ob er mit der Zerstörung der Stadt einverstanden sei. Er antwortete wiederum diplomatisch: "Ich bin nicht so sicher, ob ich einverstanden sein kann oder nicht, aber eins kann ich nicht bestreiten, daß es geschehen ist, und aus den Folgen des Geschehens, muß ich schließen, daß es sein sollte. Und da ich ein Mann bin, der gern seinen Kopf behalten möchte, würde ich gern teilnehmen an dem, was noch kommen wird."

Ramtha mochte Armenus sofort und nahm ihn als seinen eigenen Lehrer und Berater. Der alte Mann lehrte Ramtha über die Welt und all ihre Weisheit. Seine Fähigkeit, seine weisen Ansichten darzustellen, ohne dabei emotional zu werden , machte ihn zu einer geschätzten Vertrauensperson.[4]

RAMTHAS GEGENWART DAUERT AN

Am Morgen nach Ramthas erstem Erscheinen in JZs Küche erzählte ihr Sohn Chris von einem lebhaften Traum, in welchem Hippies in das Haus einbrachen, seinen Stiefvater und seinen Bruder umbrachten. JZ reagierte sofort. Innerhalb weniger Tage zog die Familie in ein anderes Haus. Am nächsten Tag kehrten sie in ihr altes Haus zurück und sahen, daß es aufgebrochen und geplündert worden war. Chris' Traum war Wahrheit geworden und aufgrund der Prophezeiung, nahm Ramthas Glaubwürdigkeit enorm zu.

Ramtha begann nun JZ grundlegende Informationen über sich selbst mitzuteilen und sie Konzepte zu lehren, die er später öffentlich lehren würde. Aber er mußte auch lernen. Er hatte so lange in seiner unbegrenzten Existenz gelebt, daß er die Sprache wieder beherrschen mußte, das begrenzte Kommunikationsmittel, daß er hinter sich gelassen hatte. Er lernte Englisch, damit JZ (und später andere) ihn verstehen konnte.

Ramtha wurde einer der Ungewöhnlichsten unter den nichtverkörperten sprechenden Wesen – ein weiterer Faktor, der ihn zu einer separaten Persönlichkeit machte, ganz anders als die seiner Gastgeberin. Seine Sprache war übersäht mit den

Worten "in der Tat" (was man noch oft hört, wenn er mit seinen Schülern spricht), ein Mittel zur nachdrücklichen Betonung, ähnlich wie das Wort *Amen* in manchen Kirchen. Als wäre er unsicher über den korrekten Wortgebrauch, fügte er häufig Phrasen hinzu wie "wie man es nennt" und "sozusagen". Als Ramtha eine öffentliche Persönlichkeit wurde, wurde seine Sprache schnell sein erkennbarstes Merkmal. Seine Art und Weise zu sprechen ist deutlich beschrieben in diesem Absatz aus einer frühen Geschichte:

> Und ich schickte sie in das, was man die Legion der Frauen nennt, und dort wurde sie, wie es in der Tat war, in Obhut genommen und schnell zum Arbeiten gebracht. Und dort gab es, wie es in der Tat war, eine alte Frau, die ihr das Weben beibrachte. Sie lehrte sie, in der Tat, das Handwerk des Webstuhls und das Handwerk dessen was man nennt: Feines Leinen, ein Webevorgang, der unter Wasser stattfindet. Die Frau fing an zu leuchten und aufzuleben. Und ich beobachtete sie, ihr Kommen und Gehen, und immer wenn sie in der Tat in die Sonne hinausging und sozusagen ihre Kapuze zurückzog und ihr wunderschönes Haar frei im Wind wehen ließ. Sie war schön.[5]

JZ begann nach jemandem zu suchen, der ihr erklären konnte, was mit ihr los war. Am Anfang dachte sie, daß Ramtha vielleicht ein Teufel sei, und sie suchte Hilfe bei mehreren Geistlichen, was eine sehr enttäuschende Angelegenheit war. Unglücklicherweise werden die meisten Geistlichen selbst im fortgeschrittenen Beratungstraining für Pastoren einfach nicht gelehrt, mit Leuten umzugehen, die intensive übersinnliche Erlebnisse gehabt haben. Das Training für pastorale Beratung hilft den Geistlichen, viele Arten der Pathologie zu erkennen, und oftmals ist die Pathologie die einzige Kategorie, in die sie jemanden einordnen können, der mit paranormalen Erlebnissen zu kämpfen hat. Obwohl diese Ereignisse ungewöhnlich sind, sogar außergewöhnlich, sind sie keinesfalls symptomatisch für eine Krankheit, selbst wenn die Person, die sie erlebt, ansonsten gesund oder nicht gesund sein mag. Schließlich fand JZ den Weg zu Rev. Larraine Graham, ein Medium an einer lokalen Spritisten-Kirche. Während ihres Zusammentreffens ging JZ in Trance, und Ramtha begann durch sie zu sprechen. Als er erschien, bemerkten beide, Graham und Jeremy (der JZ begleitet hatte) die Veränderung in JZs Körper. Ihre Haltung änderte sich und ihr ganzer Körper, ganz besonders ihr Nacken, schien sich auszudehnen. Ein seltsames Lächeln erschien auf ihrem Gesicht. Ramtha wiederholte, was er JZ bei ihrer ersten Begegnung gesagt hatte: daß sie ein "großes Licht für diese Welt werden würde." JZ kam aus der kurzen Trance heraus ohne zu wissen, was geschehen war. Jeremy und Graham erklärten ihr, daß Ramtha durch sie gesprochen hatte, und für JZ begann eine Phase, in der sie damit konfrontiert wurde, daß Ramtha ihren Körper "in Besitz nahm."

Graham gab Jeremy und JZ eine kurze Lektion über Medien und verwandte Phänomene. Sie sagte, daß JZ ein außergewöhnliches Medium sei. Ihre Verständnis hatte sie aus der Beobachtung anderer Medien der spiritistischen Bewegung gewonnen. Sie sah auch Ramtha als ein mächtiges Wesen. "Ich habe noch nie jemanden wie Ramtha erlebt. Die meisten Geistwesen manifestierten sich nicht am hellichten Tag, und sie öffnen ihre Augen nicht. Und das Berühren ... mein liebes Kind, es ist bekannt, daß man ein Medium in Trance nicht berühren darf; es verzerrt das Ektoplasma des Geistwesens und kann das Medium leicht töten. Aber Ramtha hat mich berührt." In einem späteren Interview schlug Graham vor, JZ nicht als Medium zu bezeichnen, sondern viel treffender als Channel. "Wie ich es verstehe", sagt sie, "verläßt ein Channel seinen Körper, wie im Tod, und erlaubt dem Wesen, seine eigene Persönlichkeit auszudrücken. Ein Medium dient nur als Brücke zwischen Dimensionen, verläßt aber den Körper nicht ganz. Es ist ein seltenes Phänomen, daß jemand zuläßt, so benutzt zu werden."[6]

Da Graham Ramtha akzeptierte, gab sie JZ in diesen ersten Monaten die dringend notwendige gesellschaftliche Unterstützung. Aus einer historischen Sicht der Medien scheint Grahams Verständnis von diesem Thema jedoch ziemlich begrenzt. Der Spiritismus schuf eine seltsame Lehre über das Wirken eines Mediums im Dunkeln und den möglichen Schaden,

den das Berühren eines Mediums in Trance verursachen kann. Vieles von der Ansicht des Spiritismus über Medien wurde aufgebracht und fortgesetzt, um die Praxis betrügerischer Medien zu schützen und Beobachter davon abzuhalten, gefälschte Séancen zu unterbrechen und die Tricks zu offenbaren. Der Versuch paranormale Erscheinungen zu fälschen, etablierte sich in den ersten Jahren der Bewegung, obwohl es nie die vorherrschende Praxis des Spiritismus war. Führer der Bewegung, selbst solche die niemals an einer gefälschten Veranstaltung teilnehmen würden, haben wenig getan, es zu unterdrücken.[7]

Ganz abgesehen vom Arbeiten in gedämpftem Licht und der Weigerung, berührt zu werden, verfolgen Medien oft exzentrische Praktiken. Manche ziehen ihre Schuhe aus; andere verlangen, daß eine Schüssel mit Wasser neben sie gestellt wird, während sie arbeiten. Solche Praktiken sind für das Wirken eines Mediums oder Channels nicht wesentlich. Sie beruhen auf dem Prozeß, durch den sie lernten ein Medium zu sein und durch das Festhalten des Mediums an Ideen, von denen ihr Lehrer gesagt hatte, daß sie notwendig seien, oder die eine Stütze waren, bis sie eine gewisse Beherrschung und Sicherheit in ihrer Arbeit als Medium erreicht hatten.

Forscher der Parapsychologie, die objektiv Medien und Channels beobachten, schaffen es nicht, einen wesentlichen Unterschied zwischen ihnen zu entdecken.[8] Es gibt jedoch eine Menge medialer Aktivität, d.h. Aktivität die versucht, Kontakt zwischen dieser Welt und nicht verkörperten Wesen zu ermöglichen. Alle Wesen – der Geist von Verstorbenen, Gottheiten, aufgestiegene Meister, Meisterlehrer, und Weltallbewohner – sprechen und handeln durch Medien und Channel. Medien und Channel wirken im gleichen Spektrum von Zuständen der Loslösung, von völliger Wachheit und Bewußtheit bis hin zur vollen Übernahme, wo an die Zeit, in der der Kontakt stattfand, keine Erinnerung vorhanden ist. Die Besonderheiten der Medien und Channel sind oft stark von ihren ersten Lehrern beeinflußt, die ihr exzentrisches Verhalten bewußt oder unbewußt weitergeben, als ob es integrale Aspekte metaphysischer Wahrheit wären.

Wenn Ramtha erscheint, übernimmt er vollständig das Funktionieren von JZs Körper. Sie weiß nicht, was er tut oder sagt. Die Veränderung ihrer Körperhaltung und ihres Gesichtsausdrucks ist für alle wahrnehmbar, die sie beobachtet haben, wenn sie im Wachbewußtsein ist und wenn Ramtha die Kontrolle hat. Der konstante Persönlichkeitsunterschied zwischen den beiden wird von Leuten, die sie kennen, immer als Hauptfaktor für ihren Glauben angeführt, daß Ramtha eine separate Person ist. Marry Redhead, die von Anfang an bei Knight/Ramtha war und die Entwicklung vieler Medien in ihren ersten Jahren gesehen hatte, bemerkte, daß JZ einen langen Prozeß durchmachte, bis sie sich mit Ramthas Gegenwart wohlfühlte. Sie sagte, daß einige Leute, die mit dem Vorgang nicht vertraut waren und ihre Bemühungen aus der Entfernung beobachteten, diese vielleicht mit dem Einüben einer Rolle verwechselten. Laut Mary Redhead machte JZ Phasen von Zweifel und sogar Ärger durch. Sie hatte ein starkes Ego und kämpfte darum, ihre Persönlichkeit vor einer Auflösung oder Unterdrückung zu bewahren. Sie war mitunter (und sogar bis heute) auch verärgert darüber, daß sie so viel bewußte Zeit verlor, und in ihren Überlegungen fragte sie sich manchmal, ob der Zweck den Preis wert war. In der Privatsphäre ihrer eigenen Beziehung kämpfte sie, wie Jakob und der Engel, mit Ramtha, um die Wahrung ihres Gefühls von sich selbst und mitunter auch um ihre Zurechnungsfähigkeit.

Ramtha manifestierte sich als eine vollständige zweite Persönlichkeit, die von JZs Leben viel mehr verlangte als die durchschnittliche Kontrolle des Mediums. Er weckt Erinnerungen an einige wenige herrausragende Persönlichkeiten in der Geschichte des Paranormalen. William Sharp (1856-1905) war zum Beispiel ein schottischer Dichter, der wegen seiner Beteiligung an der Wiederbelebung der schottisch-keltischen Literatur des späten neunzehnten Jahrhunderts bemerkenswert war. Viele, die seine Bücher lasen, wußten jedoch nichts von seinem zweiten Leben. Gegen Ende der 80er Jahre begann sich eine zweite Persönlichkeit zu offenbaren, eine Frau, die Fiona MacLeod hieß. Sie war Schriftstellerin wie Sharp, aber ihre Schrift sah weiblich aus und sie hatte einen eigenen literarischen Stil. Sie hatte auch eine andere Persönlichkeit und ein anderes Auftreten, das Sharps Frau und die wenige Freunde, die davon wußten, ohne Schwierigkeit von Sharp unterscheiden konnten. Sein Freund

William Butler Yeats, ein Dichter, hielt ihn für eine Persönlichkeit mit den außergewöhnlichsten paranormalen Fähigkeiten und war davon überzeugt, daß "Fiona MacLeod" eine zweite Persönlichkeit war – eine ebenso andersartige zweite Persönlichkeit wie diejenigen, über die man in Büchern der parapsychologischen Forschung liest. Zeitweise war er (Sharp) wirklich ein ganz anderes Wesen." Er beschrieb weiter, wie Sharp "zu mir kam und an meinem Kaminfeuer saß und sprach, und ich glaube, wenn 'Fionna MacLeod' das Haus verließ, dann konnte er sich nicht daran erinnern, was er mir gesagt hatte." Sharp glaubte, daß sie eine entfernte Cousine sei. Im Laufe von mehreren Jahrzehnten schrieb Fiona MacLeod neun Bücher, die kritischen Beifall fanden und bdeutende Werke des keltischen Wiederauflebens wurden. Wenige Leser oder Kritiker kannten ihren ungewöhnlichen Ursprung. Fiona MacLeod wurde sogar separat in dem jährlichen britischen Literaturverzeichnis "Who is Who" genannt.[9]

MacLeod hatte eine Erinnerung an Sharp, wenn sie erschien, aber Sharp konnte sich nicht an sie erinnern, nur an die fehlende Zeit. Sie führte Briefwechsel mit Leuten, die Fans ihrer Bücher waren, und entwickelte Beziehungen zu Briefpartnern, die nicht zu Sharps Leben gehörten.

Die Forschung der Parapsychologie dokumentierte mehrere Vorkommen, in denen Personen das Vehikel für eine zweite "Person" waren. Patience Worth begann zum Beispiel durch Peorl Leuore Curran zu sprechen, eine Hausfrau in St. Louis, die mit einem Ouija-Brett spielte. Worth schrieb mehrere Novellen, Gedichte und viele andere Texte. Sie sprach zuerst ein veraltetes Englisch, das mit der Zeit "moderner" wurde. Diejenigen, die jahrelang mit Patience zusammensaßen, waren überzeugt von ihrer separaten Existenz als Person des 17. Jahrhunderts, die den großen Wunsch hatte, Schriftstellerin zu sein. Obwohl Curran nicht den Beweis lieferte, den die Forscher der Parapsychologie suchten, überzeugte sie zweifellos diejenigen, die sie kannten, daß sie nicht Patience Worth war.

Für die, die Ramtha kennenlernen, hat Ramtha die gleiche überzeugende Präsenz, aber es besteht kaum oder überhaupt keine Möglichkeit, der parapsychologischen Forschung gemäß seine Existenz zu "beweisen". Der bekannte Forscher Walter

Franken Prince scheint jedoch in seiner Beschreibung von Curran die Frage zusammengefaßt zu haben, die Wesen wie Fiona MacLeod, Patience Worth und Ramtha aufwerfen: "Entweder müssen wir unsere Vorstellung vom Unterbewußtsein radikal ändern, um Kräfte einzubeziehen, von denen wir bisher nichts wissen, oder es muß eine Ursache anerkannt werden, die durch das Unterbewußtsein von Mrs. Curran wirkt, aber dort nicht ihren Ursprung hat."[10] Viele Parapsychologen haben sich für das Erste entschieden und haben demzufolge ihre Forschung darauf konzentriert, das Unterbewußtsein kartographisch darzustellen.

EIN RELIGIÖSER MYTHOS BEGINNT

Wenn man die Frage nach Ramthas objektiver Realität aber einen Moment beiseite stellt, so hatte etwas Wichtiges begonnen: ein neuer religiöser Mythos. Auf den ersten Blick scheint es ein Mythos zu sein, den Gelehrte als weltfremd bezeichnen, und mehrere oberflächliche Beobachter haben es so aufgefaßt. In Ramthas Geschichte wurde das alte Atlantis zur Metapher für die moderne westliche Gesellschaft: verliebt in die Technologie, ist es eine Gesellschaft, die wenig Wert auf die Entwicklung des Bewußtseins legt. Es schikanierte die Lemurier (einige leiden schweigend). Ramthas Familie verkörpert verschiedene Antworten. Ramthas Mutter war, wie viele Leute heute, ein Opfer und litt, ohne eine Alternative zu kennen. Ramtha fand eine Alternative, allerdings erst nach dem Tod seiner Mutter und seiner Schwester: er entwickelte einen Haß auf die Art und Weise der Atlanter und zog sich eine Zeitlang davon zurück. Er zog sich aber nicht einfach aus der Gesellschaft zurück, sondern benutzte seine Zeit in der Ferne um zu reifen.

Ramthas Geschichte bestätigt die weitverbreitete Ansicht, daß der westliche technologische Fortschritt eine nicht ganz willkommene Realität ist. Das moderne Leben und das Streben alles zu besitzen, um glücklich zu sein, kann, wie eine tyrannische Regierung, rücksichtslos über persönliche Werte und den Versuch der Leute, ihr eigenes Glück zu finden, hinweggehen. In den 50er Jahren entdeckten Psychologen, daß Eltern, Lehrer, der Klerus und sogar Freunde gemeinsam versuchten, Erwachsene mittleren Alters in ein Leben zu drängen, das sie im tiefsten Inneren gar nicht wünschten. Hausfrauen sehnten sich nach Büroarbeit, Akademiker wollten mit ihren Händen arbeiten. Lehrer wollten malen, und Leute die an Kopien schrieben, wollten die großartige Novelle schreiben. Und so reagierten sie Ende der 70er Jahre schnell auf die Geschichte von jemandem, der eine neue Lebensweise gefunden hatte und die moralische Basis für eine anscheinend unverantwortliche Entscheidung besaß wie, sein Leben neu zu gestalten.

Aber zu der Zeit , als JZ diesem mysteriösen Wesen, das nur unter dem Namen Ramtha bekannt war, erlaubte, durch sie zu sprechen, hatte niemand die geringste Ahnung von der Macht, die in der Geschichte enthalten war, die er erzählen würde und die Arbeit, die er beginnen würde. Um dies zu verstehen, müssen wir uns zuerst einer Diskussion über den Gnostizismus zuwenden.

3

MODERNER GNOSTIZISMUS

Zur Zeit der Gründung und in den folgenden Jahren suchte JZ nach einer passenden Bezeichnung, um Ramthas Schule zu beschreiben. Sie benutzte oft Begriffe wie *Esoterik* oder *Mysterium*. Schließlich nannte sie die Schule aber "eine moderne gnostische Schule". Durch diese Bezeichnung betont sie die frische, einzigartige Philosophie und Praxis, die Ramtha lehrt, und sie behauptet, daß die Schule ihre Wurzeln in der ursprünglichen alternativen religiösen Tradition hat, die den Platz mit dem Christentum in der westlichen Kultur teilte.

Der Gnostizismus hat seinen Ursprung im Mittelmeergebiet des Altertums und wurde von einer Gruppe an die nächste weitergegeben. (Viele ihrer Repräsentanten wurden aufgrund der Verfolgung durch christliche Autoritäten in den Untergrund getrieben.) Er wurde wieder lebendig in der relativen Freiheit der Zeit nach der Reformation, und hat seither seine einst erreichte Position innerhalb der größeren, religiösen Gemeinschaft immer mehr verstärkt. Um Ramtha zu verstehen, ist es notwendig, eine gewisse Kenntnis von der Tradition zu haben, die er repräsentiert. Diejenigen, die sich nicht für die gnostischen Gedanken von drei Jahrhunderten interessieren, können dieses Kapitel überspringen und nach der Diskussion über Ramthas Lehren und die Praktiken seiner Schule weiterlesen.[1] Ein Überblick der alten und mittelalterlichen gnostischen Gruppen befindet sich im Anhang.

DER NEUBEGINN DES GNOSTIZISMUS

Die gnostische Bewegung verbreitete sich von ihrem Ursprungsgebiet über Europa und Asien und fand neue Ausdrucksformen in populären Lehrern wie Valentinus, Basilades und ganz besonders Mani. Manis Form des Dualismus breitete sich über Südeuropa bis nach China aus und überlebt bis heute in Teilen Südasiens. Er wurde durch die Bogomilen und Katharser ins mittelalterliche Europa gebracht und erreichte neue Höhepunkte unter den Hermetikern, den jüdischen (und christlichen) Kabbalisten und den Alchimisten. Jede Bewegung blühte eine Weile auf, aber alle wurden von der jeweils herrschenden gesellschaftlichen Kultur angegriffen.

Durch die Reformation wurde die europäische Gesellschaft umstrukturiert. Dies schuf eine neue Situation, die reif war für neue Weisheit. Columbus entdeckte die Neue Welt und bewaffnet mit der Eigentumserklärung des Papstes begannen die Spanier und Portugiesen ihre Invasionen. Die Hoffnung auf weitere Reformen und Entdeckungen lag in der Luft. Im 17. Jahrhundert bot ein moderner Gnostizismus – das Rosenkreuzertum – eine Antwort auf die Weltveränderungen. Der gnostischen Tradition wurde durch das Rosenkreuzertum ein neues Element zugefügt

Früher galten die Schriften ihrer Gründer als Autorität der gnostischen Bewegung. Die Rosenkreuzer beriefen sich nicht auf einen zeitgenössischen Gründer, sondern behaupteten, Zugang zu einem wiederentdeckten alten Wissen zu haben. Die modernen Gnostiker beriefen sich im allgemeinen auf zeitgenössische Lehrer, die eine moderne Version der alten Weisheit erläutern konnten. Ihre Berichte hatten eine der drei Formen:

1. Eine Person behauptete, direkten Kontakt zu den zeitgenössischen aber verborgenen Trägern einer alten Weisheit zu haben. Dieser Kontakt fand an einem Ort statt – der für die moderne westliche Anhängerschaft in einer entfernten und irgendwie romantischen Gegend der Welt lag. Arabien und Ägypten waren bis zum 20. Jahrhundert beliebt, aber im 19. Jahrhundert erwies sich Tibet als der beliebteste Ort. Nachdem es die alten Lehren aufgenommen hatte, kehrte die Person als eine Fackel der Weisheit zurück, zum Beispiel reiste angeblich ein Christian Rosenkreutz nach Arabien und kam mit den Lehren der Rosenkreuzer zurück.

2. Irgend jemand entdeckte alte Texte (echt oder gefälscht), die ältere Weisheiten enthielten, die jetzt wieder aufgegriffen wurden. Auf diese Weise wurden solche Texte die Quelle des Hassidismus, der modernen Bewegung alter jüdischer Weisheit.

3. Am häufigsten wurde die geheime Weisheit aus einem nichtkörperlichen Bereich vermittelt, der Heimat okkulter Meister, die für Durchschnittspersonen unzugänglich war. Im Okkultismus ist die Große Weiße Bruderschaft eine häufig angewandte Bezeichnung für die aufgestiegenen Meister, die noch auf der Erde leben und Glaubensinhalte über die Jahrhunderte gehütet haben. Zu bestimmten Zeiten und Orten erscheinen sie, um die alte Weisheit neu mitzuteilen. Seit der Gründung der Theosophischen Gesellschaft im Jahre 1875 (die später in diesem Kapitel besprochen wird) nehmen die Kontakte zu den Meistern ständig zu.

Die Rosenkreuzer

Wir werden wahrscheinlich nie die wahren Gründe erfahren, die den wenig bekannten lutherischen Pastor Valentin Andrea dazu bewegten, unter seinem Namen eine Reihe von Werken zu veröffentlichen und zu verteilen, die angeblich das Produkt von Christian Rosenkreutz (C.R.)[2] waren. Jedenfalls veröffentlichte Andrea 1614 ein bescheidenes Werk, die *Fama Fraternitatis* oder *Die Aufdeckung der Bruderschaft des höchst löblichen Ordens des Rosenkreuzes.* Es erzählte die Geschichte eines Christian Rosenkreutz, der im Alter von sechzehn Jahren begann, durch die Welt zu wandern. Auf seinen Reisen durch das Heilige Land, die Türkei und schließlich durch Arabien, lernte er die alte heilige und geheime Weisheit des Nahen Ostens kennen. Seine Pilgerschaft brachte ihn nach Marokko, und in Fez erreichte er die Meisterschaft in der Weisheit, die er zuvor bekommen hatte.[3] Er versuchte, diese Weisheit an die Gelehrten der Welt weiterzugeben, wurde aber nur verspottet. Gemäß der *Fama* las nur einer, der in der Schweiz geborene Alchimist und Physiker Paracelsus, die lateinische Übersetzung von allem, was Christian Rosenkreutz gelernt hatte. So erlangte Paracelsus die Weisheit von Christian Rosenkreutz.

Christian Rosenkreutz ließ sich dann in Deutschland nieder und führte ein zurückgezogenes Leben. Er besaß den hochgeschätzten Stein der Weisen, den die Alchimisten suchten und konnte nach Belieben Gold und Juwelen herstellen. Er nahm nur drei Schüler an, später akzeptierte er vier weitere, die er sein ganzes Wissen lehrte. Die Schüler stimmten folgenden Punkten zu:

- Sie erklärten, nichts weiter zu tun als die Kranken zu heilen, ohne eine Gegenleistung zu erwarten.
- Sie würden keine besondere Kleidung tragen.
- Sie würden sich jährlich einmal im Haus Sancti Spiritus treffen.
- Sie würden ihre Nachfolger aussuchen.
- Die Initialen R.C. würden ihr einziges Siegel und Kennzeichen sein.
- Sie würden hundert Jahre lang geheim bleiben.

Fünf Schüler (die sich nun Brüder eines Ordens nannten) erarbeiteten ein philantropisches Werk. Sie reisten durch Europa und taten gute Werke.

Christian Rosenkreutz starb 1484 im Alter von 106 Jahren. Im gleichen Jahr verkündete der Papst seine Enzyklika, mit der der Krieg gegen Hexen und Zauberer begann. Er wurde an einem geheimen Ort beigesetzt, der selbst vor anderen Brüdern geheimgehalten wurde. Einige Jahre später entdeckte ein Bruder "zufällig" das Grab von Christian Rosenkreutz, das die lateinische Inschrift trug: "Nach 120 Jahren werde ich zurückkommen." Die Brüder interpretierten die Inschrift dahingehend, daß der Orden im Jahre 1604 eine öffentliche Organisation werden sollte und mit der Aufnahme würdiger Bewerber beginnen sollte. So wurde 120 Jahre später der Orden wiederbelebt und bekam seine ersten neuen Mitglieder. Im Jahre 1614 wurde dann die *Fama* veröffentlicht. Sie kündigte für das nächste Jahr ein Fortsetzung an.

Diese Fortsetzung, die *Confession*, erschien ebenfalls anonym. Er bot Kommentare zum Krieg zwischen Katholiken und Moslems um die Kontrolle über Europa. Die Schlachtlinie lag zu der Zeit zwischen Wien und Budapest. Ferner griff er auch die dekadente Philosophie an, die, wie er sah, die Welt dominierte, versprach aber eine Wiederbelebung der Erleuchtung mit kommender Weisheit.

Diese Broschüre stellt den Orden als ein gutgehendes Geschäft dar. Er teilte bald selbst den Einfachsten seine Geheimnisse mit, die er entdeckt hatte. Sie sind eigentlich natürlich und jedem Beobachter zugänglich. Zu ihnen gehörte auch der alchemische Transformationsprozeß und die Herstellung universeller Medizin. Beides kann durch natürliche Mittel geschaffen werden, aber traditionsgemäß soll das Wissen nicht mißbraucht werden von denen, die nur einfach neugierig und geldgierig sind.

Der dritte Band der ursprünglichen Trilogie, *Die hermetische Romanze* oder *Die chemische Hochzeit*, geschrieben in hoch-holländisch von Christian Rosenkreutz, erschien 1616. Es war eine allegorische Autobiographie von Christian Rosenkreutz. Für jene, die den Code kannten, verriet Andrea seine Autorenschaft, indem er Christian Rosenkreutz das traditionelle Wappen der Andrea-Familie tragen läßt. Nach den ziemlich trockenen Texten der Fama und der Confession beschrieb *Die Chemische Hochzeit* eine herrliche imaginäre Welt, die von alchemischen Symbolen durchdrungen war.

Am Anfang befindet sich Christian Rosenkreutz in einem Kerker. Er und einige der Mitgefangenen erlangen ihre Freiheit, indem sie an einem in den Kerker heruntergelassenen Strick hochklettern. Daraufhin setzt er das Andrea-Rosenkreuzer Emblem auf und beginnt seine Reise zum Palast, in dem die Hochzeit von Silber und Gold stattfinden soll. Er trägt Salz, Wasser und Brot mit sich. Er reist durch ein Phantasieland mit schönen Mädchen, symbolischen Schlössern und Goldtafeln mit geheimnisvollen Inschriften. Er erreicht schließlich den Palast und die Banquethalle, wo sich andere zuvor für die Hochzeit versammelt haben. Am nächsten Tag werden alle Anwesenden gegen das Gewicht von sieben Steinen gewogen. Die meisten werden als unwürdig angesehen und weggeschickt. Christian Rosenkreutz und andere, die als würdig angesehen wurden, dürfen an der Hochzeit teilnehmen.

Der Anfang der seltsamen Begebenheit wird durch das Erscheinen der alchemistischen Tiere angekündigt: ein Schwert schwingender Löwe und ein weißes Einhorn. Sie steigen 365 Stufen hinab und werden mit Gewändern geschmückt, die die goldene Sonne und den silbernen Mond repräsentieren. Schließlich werden sie dem König vorgeführt und sehen ein symbolisches Drama, das die sieben Stufen der verborgenen Weisheit schildert. In dem Drama versucht der König, die Königin aus verschiedenen Notlagen zu retten, bis schließlich auf der siebten Stufe die Hochzeit beginnt. An diesem Punkt treffen sich Drama und Realität. Als die Audienz ein Gefühl des Grauens überkommt, werden der König und die Königin enthauptet. Die Gäste müssen nun an der Auferstehung des Paares arbeiten, was mit dem Blut eines Phönix erreicht wird. Das Königspaar wird in Samt eingehüllt und zur Hochzeitskammer getragen, wo ihre Vereinigung vollzogen wird. Dann treffen sie die anderen in einem Spiel, in dem sich Tugenden und Laster (feindlich) gegenüber stehen.

Unglücklicherweise endet die Novelle abrupt nach diesem Spiel, als ob die letzten Seiten herausgerissen waren oder die Novelle unbeendet blieb. Das allerletzte Schicksal des Königs, der Königin und besonders des Christian Rosenkreutz blieb der Vorstellung des Lesers überlassen. Man kann sich die Bestürzung vorstellen. Viele Leute lasen den Text wieder und wieder, und suchten nach jeglicher Nuance oder Hinweis, der auf eine Methode des Kontaktes hinwies.

Der Text faszinierte viele, die an einer Mitgliedschaft in der Bruderschaft interessiert waren, die ebenso interessiert war, neue Bewerber aufzunehmen. Obwohl die Leute in ganz Deutschland und auch im übrigen Europa suchten, fanden sie keinen Orden. Unter denen, die am meisten das Erscheinen des Ordens erwarteten, war der englische Alchimist Robert Fludd (1574-1637). Da er den offiziellen Kontakt nicht abwarten konnte, veröffentlichte er *A Compendius Apology for the Fraternity of the Rosy Cross* im Jahre 1616, dem gleichen Jahr in dem *Die Chemische Hochzeit* veröffentlicht wurde. Er wurde bald von seinem deutschen Landsmann Michael Meier, dem selbsternannten Sprecher des Ordens, unterstützt.

Als der Versuch mißlang, die Rosenkreuzer, die Autoren dreier Bücher, ausfindig zu machen und auch die Schriftwerke von Fludd und anderen Zeitgenossen keine Reaktion der verborgenen Brüder hervorrief, schrieben mehrere Personen Bücher für die Rosenkreuzer, und einige gründeten sogar Orden und behaupteten Kenntnisse der Rosenkreuzer zu haben. Nach den ursprünglichen drei Texten war es offensichtlich, daß die Rosenkreuzer gedanklich den Alchimisten sehr nahe standen, obgleich sie natürlich die Scharlatane, die an den europäischen Fürstenhöfen arbeiteten, anprangerten. Einige der neuen "Orden" betonten das alchemistische Element, andere betonten die Möglichkeit einer sozialen Reform und den Beginn eines neuen Zeitalters. Unter den vielen Schriftstellern befand sich auch Abbé de Montfaucon de Villars (1635-1673), der 1670 *Comte de Gabalis*, einen der berühmteren Titel in der Geschichte des Okkultismus veröffentlichte. Er zirkulierte als ein Angriff gegen die Rosenkreuzer, verwirkte bei den pariser Lesern allerdings ein wachsendes Interesse an okkulten Dingen. Der Abt verließ das Priesteramt kurz nach der Veröffentlichung und Gerüchten zufolge wurde er einige Jahre später von den Rosenkreuzern ermordet als Vergeltung dafür, daß er viele Geheimnisse der Gesellschaft enthüllt hatte.

In Deutschland vermischten sich die Ideale der Rosenkreuzer mit Pietismus. Am Ende des 17. Jahrhunderts unternahmen Pietisten den Versuch, persönliche Spiritualität in die trokkene, ritualistische Verehrung der lutherischen Pastoren zu bringen und sahen dem Ende der Welt entgegen. Das pietistische Rosenkreuzertum war die Wiege der ursprünglichen Rosenkreuzergruppe in Amerika, einer kleinen Gruppe von Okkultisten, die sich in Germantown, Pennsylvania im Jahre 1694 ansiedelten. Bekannt als The Woman in the Wildernis gründete die Gruppe unter ihrem Leiter Joannes Kelpius das erste astrologische Observatorium in den Kolonien. Dadurch konnten sie am Himmel nach Zeichen für Jesus' baldige Rückkehr suchen und die astrologischen Berater der Lutheraner sein, die günstige Momente für den Beginn wichtiger Aktivitäten wissen wollten. Aber als Jesus nicht erschien und Kelpius krank wurde und starb, löste sich die Gruppe langsam auf, gab aber ihr Wissen an ihre Nachbarn weiter. Ihre Anschauungen überlebt noch als Volksmagie der Deutsch-Amerikaner des südöstlichen Pennsylvaniens.[4]

FREIMAUREREI

In der Geschichte des modernen Gnostizismus wird die Freimaurerei häufig vernachlässigt. Sie ist eine populäre, größtenteils säkularisierte Bruderschaft geworden, deren Erscheinen als eine okkulte Organisation im 17.Jahrhundert größtenteils belanglos und wahrscheinlich auch der Mehrheit ihrer Mitglieder unbekannt ist.

Die Freimaurerei führt ihren Ursprung auf die Steinmetze des Mittelalters zurück. Sie benutzten den alten Weisheits-Mythos von Hiram im Alten Testament, eine bedeutend akzeptablere Quelle christlicher Kultur als die behaupteten arabischen und mohammedanischen Quellen der Rosenkreuzer. König Salomon beauftragte Hiram am Tempel von Jerusalem zu arbeiten. Danach verschwand er aus der Bibel und aus der Geschichte. Die Freimaurer entwickelten jedoch seine Biographie. Sie kamen zu dem Schluß, daß Hiram während seiner Arbeiten am Tempel auf "Gottes Wort", eingraviert in seinen geheimen Teilen, aufmerksam wurde. Er wollte nicht enthüllen, was er aus ihnen lernte und seine Handwerkerkollegen ermordeten ihn. Sein Tod wurde ein Bestandteil der rituellen Einweihung der Mitglieder, die symbolisch sterben und in die Freimaurerei wiedergeboren werden.

Im 17. Jahrhundert jedoch erlebte die Bewegung eine bedeutende Veränderung, als Nicht-Steinmetze Gesellschaften gründeten, die teilweise auf den alten Steinmetzzünften basierten. Diese Idee mag aus der Praxis einiger Zünfte stammen, Ehrenmitglieder zu nehmen, die keine Steinmetze waren. Mehrere Organisationen, deren Mitglieder ausschließlich aus so aufgenommenen Freimaurern bestanden, traten Mitte des 17. Jahrhunderts in Schottland auf. Einige dieser Freimaurer bewunderten Aspekte der mittelalterlichen kontinentalen Architektur, die sie gerne in Gebäuden einführen wollten, die sie erbauen ließen. Einige, wie Elias Ashmole (1617-1692), verbanden ihre Liebe zur Architektur mit einem Interesse an Alchemie, Hermetismus und Rosenkreuzertum. Während sie versuchten, die architektonischen Formen wieder aufleben zu lassen, bezogen sie das Okkulte in den Inhalt ihrer Logen mit ein. Diese Logen bildeten wiederum die Grundlage für das spekulative Freimaurertum, jene Form des Freimaurertums, das keinerlei Verbindung mehr zu einer Zunft hatte und sich auf die freie Diskussionen okkulter Metaphysik konzentrierte. Das Einzige, was von der Tätigkeit eines Steinmetzes übrigblieb, war die Anwendung der Baukunst als eine Metapher für spirituellen Fortschritt, der symbolische Gebrauch des Handwerkzeugs der Steinmetze (Quadrat, Bleilot, Winkelmesser und Wasserwaage) und das Tragen des Schurzes.

Im Jahre 1717 schlossen sich vier spekulative Logen in London zusammen, um die Große Loge von England zu gründen, deren Einfluß sich schnell über ganz Großbritannien bis nach Irland und Europa ausbreitete. Unabhängige Logen in Schottland und Irland formten die konkurrierende *Ancient Grand Lodge*, die sich im Jahre 1818 mit der *British Grand Lodge* zusammenschloß, wodurch die heutige *United Grand Lodge* entstand.

Die spekulativen Freimaurer behaupteten, die alte Religion der Menschen zu präsentieren. Die Freimaurer meinten, daß einst zwei Religionen existierten: eine für die Gelehrten und Erleuchteten, die andere für die Massen. Die Religion für die Erleuchteten wurde die Grundlage, auf der die Religion für die Massen (die verschiedenen historischen Glaubensformen) errichtet wurde. Jahrhundertelang hielten Adepten (Meister) die ursprünglichen Lehren intakt, und sie wurden schließlich in ihrer Reinheit an die Freimaurer-Führung weitergegeben. Durch die Entwicklung der Menschheit waren nun mehr Menschen in der Lage, diese Weisheit, die ursprünglich aus dem alten Osten und Mittelosten kam, zu erhalten und sicher zu handhaben.[5]

Wie andere gnostische Lehren, so nimmt auch die Freimaurerei das Konzept der sieben Stufen oder Existenzebenen an, die vom rein Spirituellen bis zum Physischen reichen. Ebenfalls glaubten sie, daß Menschen diese Ebenen besitzen und daß alle Menschen durch alle Ebenen gehen, wenn sie aus dem unendlichen Unbekannten zur Erde hinuntersteigen.

So wichtig wie die Lehren der Freimaurerei für die gnostische Tradition gewesen sind, so bedeutend ist auch ihre Organisation gewesen. Freimaurergruppen waren in Logen organisiert, und ihre Sitzungsräume waren in der Form geschmückt, wie ihre Mitglieder sich die alten Tempel vorstellten. Tempel waren häufig mit Wandgemälden von der Großen Pyramide von Ägypten versehen, dem Monument alter Baukünste. Ihre 72 Steine repräsentieren die 72 möglichen Kombinationen der vier hebräischen

Buchstaben des Namen Gottes (YHWH), ein Echo auf die kabbalistischen Traditionen.[6]

Sie führten auch ein System von Einweihungsgraden ein, durch das die Mitglieder Schritt für Schritt in die innere Arbeit der Loge gebracht wurden. Anfangs gab es drei Grade, aber so wenig Grade konnten niemals einen wahren Gnostiker zufriedenstellen. Komplizierte Systeme von Graden wurden entwickelt, um die Ebenen zu veranschaulichen, die aus dieser Welt zu Gott führen und den Weg einer wissenden Seele nach Hause symbolisieren. Wegen seines Erfolges und seiner Langlebigkeit war das 33-Grade-System des *Alten und Akzeptierten Ritus* das berühmteste, das ein fester Bestandteil des vorherrschenden amerikanischen Freimaurertums wurde, dem *Alten und Akzeptierten Schottischen Ritus,* wie Albert Pike, ihr intellektueller Leiter, im 19. Jahrhundert erklärte.

Das ganze 18. Jahrhundert schloß sich die Freimaurerei der Erleuchtung und den anti-monarchistischen Idealen der Revolutionäre des späten 18. Jahrhunderts an. Die Ideale der Freimaurer und der Rosenkreuzer überschwemmten die schöngeistigen Treffpunkte Frankreichs und lieferten entscheidende, ideologische Komponenten für die französische Revolution. Die Freimaurerei Europas war äußerst politisch. Durch ihre Aktivitäten in Frankreich und Italien (Garibaldi war ein Freimaurer) – und eigentlich überall – zogen sie die Feindschaft der römisch-katholischen Kirche auf sich. Die Gegner der Freimaurer genossen Versuche, ihre Position gegen den Katholizismus als ein Resultat der Teufelsanbetung darzustellen, das "wahre" Geheimnis der Freimaurerei.[7]

Zu den Freimaurern in Amerika gehörten James Madison, James Monroe, Benjamin Franklin und auch George Washington. Der Einfluß der Freimaurer auf die Gründerväter zeigt sich auf der U.S. Ein-Dollar-Note, die den Beginn der *novus ordo seclorum*, der "neuen Weltordnung der (nächsten) Jahrhunderte" begrüßt, und durch die Pyramide mit dem allsehenden Auge als Spitze (symbolisch).

Im postrevolutionären Amerika sollen die Freimaurerei absolut unpolitisch geworden sein, wodurch sie wuchs und weltlich werden konnte. Während der gesamten Geschichte der U.S.A.

zog die Freimaurerei viele an, die später politische und kulturelle Führer wurden. Als die Kirchen im 19. Jahrhundert ihren Einfluß vom Land auf die Städte verlegten, wurden viele Kämpfe gegen die Freimaurer ausgetragen. Die Gesetze gegen geheime Gesellschaften wurden langsam gelockert und dann aufgehoben. Römische Katholiken, von Seiten ihrer italienischen Führung mit einer antifreimaurerischen Haltung belastet, gründeten die *Knights of Columbus*, die zumindest einige der Vorteile lieferten, die die Freimaurer den Protestanten boten.

Die meisten Männer traten den Freimaurern wegen der Kameradschaft und den günstigen Geschäftsmöglichkeiten bei. Aber die Freimaurerei lehrt auch ein sehr klares System des Gnostizismus, und viele Freimaurer absorbierten es, vielleicht ohne zu wissen, was sie taten. Waren sie ebenfalls Kirchenmitglieder, begannen sie langsam, die christliche Lehre gnostisch zu interpretieren und fanden einen Weg in beiden Welten zurechtzukommen: in der Loge und in der Kirchengemeinde.

Der Gnostizismus im 19. Jahrhundert

Während des 18. Jahrhunderts und der ersten Hälfte des 19. Jahrhunderts waren die Freimaurer die Hauptträger der gnostischen Tradition, insbesondere in den englisch-sprachigen Ländern. Logen der Rosenkreuzer erschienen im vorrevolutionären Frankreich, aber die Bewegung litt stark unter der Revolution. Auch waren die Rosenkreuzer niemals eine wirkliche Kraft in England oder seinen Kolonien. Manchmal floß die Lehre der Rosenkreuzer mit ein in die der Freimaurer, und die Freimaurer Logen boten Rosenkreuzern gelegentlich einen Rosenkreuzer-Grad in ihren spekulativ höheren Stufen an. Das Fehlen von Rosenkreuzer-Organisationen bewirkte in der Mitte des 19. Jahrhunderts ein Vacuum, was der Anlaß für die Geburt einer neuen Generation okkulter Denker war.

Der Erste, der sich für die Belebung des Rosenkreuzertums verantwortlich zeigte, war ein afrikanisch-amerikanischer Spiritist namens Paschal Beverly Randolph (1825-1875). Eingangs entwickelte er eine Variation des Spiritismus und behauptete, Kontakt zur überlebenden Rosenkreuzer-Bewegung in

Frankreich zu haben und von ihr eingeweiht worden zu sein. 1858 gründete er seine erste amerikanische "Loge" in San Francisco, aber die Rosenkreuzer-Bruderschaft hatte während Randolphs Leben eine unsichere Existenz, die häufiges Umziehen, instabiles Einkommen und zumindest ein Feuer, das ihre Bücherei zerstörte, beinhaltete. Der Organisation wurde durch Randolphs Selbstmord nicht geholfen. Mit seinen Nachfolgern wurde sie langsam stabil und ist ein starke Organisation geworden, die sich stolz die älteste in Nordamerika nennt.[8]

Eine wesentliche Wiederbelebung wurde von britischen Okkultisten eingeleitet, die Mitglieder eines sekularisierenden Freimaurertums waren. Dieses Bemühen könnte direkt auf einer deutschen Freimaurer-Gruppe beruhen, den "Brüdern des Goldenen und Rosaroten Kreuzes". Auch mußten Mitglieder der "Societas Rosicruciana in Anglia" Freimaurer sein. Diese Gruppe wurde der Ursprung ähnlicher Organisationen in Schottland und in den Vereinigten Staaten. Die "American Societas Rosicruciana in Civitatibus Foederatis", gegründet von Freimaurern im Jahre 1878, wurde der Ursprung der "Societas Rosicruciana in America", der zweiten amerikanischen Rosenkreuzer-Gruppe, die Nicht-Freimaurer als Mitglieder aufnahm.

1909 wurden die Rosenkreuzer-Gruppen durch eine von H. Spencer Lewis gegründete neue Rosenkreuzer-Gesellschaft verstärkt. Er behauptete, von einander unabhängige Empfehlungsschreiben zu haben, um einen neuen Orden in Amerika einzuführen. Lewis öffnete seinen Orden nicht nur Nicht-Freimaurern, sondern entwickelte auch eine aktive Werbekampagne (die noch bis heute weitergeht), um so viele neue Mitglieder wie möglich zu rekrutieren. Um die Mitte des 20. Jahrhunderts wurde es die größte Rosenkreuzer-Gruppe und ist nun größer als alle anderen zusammen. Der *Ancient and Mystical Order of the Rosa Crucis* nimmt Ägypten als Ursprung ihrer alten Weisheit in Anspruch. Obgleich die wortgetreue Wiedergabe dieser Behauptung fraglich sein mag, baute der Orden ein prächtiges, ägyptisches Museum in San Jose, Kalifornien. Es dient den Bürgern von Kalifornien und der Westküste und unterstützt einige qualifizierte Ägyptologen und deren Forschung.[9]

Rosenkreuzer-Gruppen von Randolph bis Lewis entstanden aus der westlichen Gnostikertradition über die Alchimie und den Hermetismus. Andere Gruppen -wobei die Rosicrucian Fellowship die erste war- wurden alle im 20. Jahrhundert gegründet. Obwohl sie den Namen der Rosenkreuzer beanspruchten, stammen diese Gruppen aus einer getrennten, okkulten Tradition, einer neuen Philosophie, die am Ende des 19. Jahrhunderts auftrat, um die östlichen Lehren mit der westlichen Esoterik zu verbinden – der Theosophie.

Die Theosophie und die Meister

Der Spiritismus regierte auf den religiösen Skeptizismus des 19. Jahrhunderts, indem er behauptete, eine der Hauptwahrheiten der Religion, das Leben nach dem Tode, wissenschaftlich zu demonstrieren. Während sich spiritistische Medien auf den Kontakt mit Geistern konzentrierten, waren andere Führer in der Bewegung mehr daran interessiert, eine allumfassende Philosophie aus dem, was die Geister enthüllten, zu entwickeln. Aus ihren Kontakten zu Wesenheiten, die sie als Meister beschrieb, hat die russische Immigrantin Helena P. Blavatsky die gemeinsamen Kenntnisse der östlichen Philosophie und des westlichen Gnostizismus in eine neue Synthese zusammengebracht, informiert durch die neue Wissenschaft. Es wurde im Westen das einflußreichste esoterische System des 20. Jahrhunderts.

Die Theosophie besteht aus einem erkennbaren gnostischen System, das mit dem Absoluten, dem unbekannten, unmanifestierten Schicksal beginnt. Wenn das manifestierte Universum schließlich existiert, umfaßt es die sieben Stufen oder Ebenen der Existenz. Sie unterscheiden sich durch die Dichte der Materie, die auf jeder Ebene vorhanden ist.

Madame Blavatsky, oft einfach als HPB bezeichnet, wird ein Rätsel für die okkulte Welt bleiben. Sie trat als Teilnehmerin einer vorgetäuschten Spiritisten-Sitzung an die Öffentlichkeit. Ihre blühende Karriere als Gründungsmitglied der Theosophischen Gesellschaft wurde aber fast zerstört, durch die Enthüllung andauernder vorgetäuschter medialer Tricks, die sie fortsetzte in dem Bemühen, die Leute von der Natur und Existenz der Meister zu überzeugen, deren Dienerin sie zu sein behauptete. Ihr System, das immer wieder Leute inspiriert, die ihre umstrittene Vergangenheit nicht kennen, hat eine Gültigkeit bekommen, die ganz unabhängig von den behaupteten physikalischen Manifestationen der Meister ist. Blavatskys System wurde in einer etwas chaotischen Art und Weise präsentiert und ihr Hauptwerk *The Secret Doktrin* ist schwierig zu lesen. Ihre intellektuellen Nachfolger wie Curuppumullage Jinarajadasa, Annie Besant und Charles W. Leadbeater haben jedoch ihre Lehren systematisiert ausgelegt und eine deutliche theosophische Theologie ausgearbeitet.[10]

Die Theosophie ist aus mehreren Gründen wichtig. Zum einen wurde sie die durchdringendste Form des gnostischen Okkultismus in der westlichen Welt. Mehr als 100 okkulte Organisationen können unmittelbar auf die Theosophie zurückgeführt werden, und sie setzen die theosphischen Lehren oder leichte Variationen davon fort. Die Namen der überwältigenden Mehrheit beziehen sich nicht auf die Theosophie, und viele Anhänger scheinen sich der theosophischen Herkunft, in der ihre Gruppe verwurzelt ist, nicht bewußt zu sein. Die Gnostische Tradition ist aber durch die vielen Bücher der Theosophischen Gesellschaft an die moderne Welt weitergegeben worden, wo der Gnostizismus in der heutigen Atmosphäre religiöser und intellektueller Freiheit wiedergeboren wurde.

Zweitens ist die Theosophische Gesellschaft auch der Hauptgrund in der Vorbereitung des Westens auf den Zufluß und die Akzeptanz östlicher Ideen und spiritueller Übungen gewesen. Die Zunahme an Akzeptanz führte dazu, daß sich der Glaube an die Reinkarnation verbreitete, und daß das Interesse an Astrologie wieder geweckt wurde. Beispielsweise stellte man in den 70er Jahren fest, daß etwa 20-30% der Menschen im Westen an Reinkarnation glauben. Dieser Glaube hat sich stetig über mehrere Jahrzehnte aufgebaut. Zur gleichen Zeit förderte auch die Theosophie die Astrologie. Viele der frühen leitenden Astrologen begannen in theosophischen Logen.

Drittens führten die theologischen Lehren zur New Age-Bewegung. Eine Linie der theosophischen Entwicklung wurde von der theosophischen Gesellschaft an Alice Bailey (1880-1947) zur Entwicklung der Theosophie weitergegeben. Als Mitglied der

Gesellschaft in Kalifornien begann Bailey Material von einem Meister, mit dem Madame Blavatsky Kontakt gehabt hatte, zu channeln. Die Leitung der Gesellschaft hat ihr Channeln aber nicht akzeptiert. Sie verließ die Gesellschaft und gründete ihre eigene Organisation, die *Arcane School*. Sie vertrat die Idee, daß Ende des 20. Jahrhunderts eine Veränderung – ein neues Zeitalter – bevorsteht.

Die daraus resultierende New Age-Bewegung verhalf mehreren theosophischen Ideen, populär zu werden: beispielsweise die Vorstellung, daß jede Person Gott ist. Für einen Theisten, der den einen allmächtigen Gottheit verehrt, ist dies eine Gotteslästerung, für einen Gnostiker hat diese Vorstellung aber eine ganz andere Bedeutung und ein ganz anderes Grundmotiv. Die Bewegung hat auch eine Gemeinschaft geschaffen, in der das Channeln angeregt wird und die Channel gefördert werden. Da der theosophische Gnostizismus die intellektuelle Basis der New Age-Bewegung war, ist es nicht überraschend, daß neue Channel ihre Variationen lehren, wenn sie eine führende Positionen innerhalb der Bewegung einnahmen.

Theosophie und das neue Zeitalter sehen die Wissenschaft als eine Authorität für ihren Glauben. Da eine positive Reaktion auf die neuen Auswirkungen eines sich ausdehnenden Universums, das die Astronomie, die neuen Psychologien und die Quantenphysik aufzeigen, die grundlegende Weltbetrachtung der traditionellen Theosophie untergraben würde, gab es nur wenige, die die Aufgabe übernehmen wollten, sie neu zu erschaffen. Wie wir sehen werden, hat Ramtha genau diese Aufgabe übernommen. Seine Lehren können als der nächste Schritt in der Entwicklung des Gnostizismus angesehen werden, was man zum Teil daran erkennen kann, daß er ständig für einige gnostische Aspekte in der Gestaltung des Lebensstils der Glaubensgemeinschaft und des Individuums eintritt – was andere gnostisch orientierte Gruppen vermieden haben.

4

DIE ENTWICKLUNG DES RAMTHA MYTHOS

Bald nachdem JZ mit dem Channeln begonnen hatte, traf sie Mary Readhead, die die Szene des Übersinnlichen im pazifischen Nordwesten gut kannte. Sie mochte JZ sofort und war in der Lage, JZ durch die Subkultur des Übersinnlichen zu führen. Da Mary Redhead kein Medium war, konnte sie JZs Mentor werden ohne die Ablenkung, ihre Konkurrentin zu sein. Mary Redhead übernahm die Organisation von JZs Sitzungen, und innerhalb weniger Monate hatte JZ einen Erfolg, von dem die meisten Medien nur träumen können.

> “Kurz nach unserem Debüt im Rama-Center fand in meinem Leben ein unglaublicher Wechsel vom Normalen zum Chaotischen statt. Das Telefon klingelte ständig: Leute baten um Ratschläge für ihre Probleme. Andere, die gerade “zufällig in der Nähe” waren, kamen unange kündigt und zu jeder Tageszeit. Oft brachte Mary Leute, die Ramtha und sein Phänomen diskutieren wollten. Mitten in all dem versuchte ich fiebernd, mein Haus in Ordnung zu halten, jedem Essen zu servieren und mich um meine Familie zu kümmern. Gott sei Dank gab es Mary; sie half mir, wo sie nur konnte.“[1]

Einerseits war die Reaktion willkommen, andererseits rief sie auch eine größere Krise hervor.

EIN NEUES VERHÄLTNIS ZUM GELD

JZ dachte über die vielen Leute nach, die sich nun um sie scharten. Sie kam zu dem Ergebnis, daß diejenigen, die Zeit mit Ramtha verbringen wollten, Vampire waren. Sie erklärten, daß sie Hilfe suchten, aber sie machten keinen Fortschritt. Sie gingen von einer medialen Sitzung zur nächsten Meditationsgruppe mit der alleinigen Absicht, einen Geschmack von spirituellem Blut zu bekommen, das durch die Adern der Medien fließt. Sie übernahmen keine Verantwortung, nahmen aber JZs Zeit und Energie, die ihrer Familie gehörte.

JZ war geneigt, ihre Beziehung zu Ramtha und zu der Welt der spirituellen Sucher abzubrechen. Eines Nachmittags, als sie sich einige Minuten Ruhe gönnen wollte, spitzte sich die Situation zu. Ramtha erschien ihr plötzlich, und in dem darauf folgenden Gespräch bot er ihr eine alternative Lösung an. "Wenn die spirituellen Schmarotzer das nächste Mal wiederkommen", schlug er vor, "mußt du um etwas Gold bitten, wenn sie in der Tat kommen, um zu lernen."

JZ kam zu der Frage, die sich alle professionellen Hellseher, Channel und Medien irgendwann stellen: Will ich es hauptberuflich machen und wenn ja, wie werde ich die Bezahlung für meinen Dienst handhaben? Es gibt mehrere Möglichkeiten. Sie können Amateure bleiben und ihre übersinnliche Aktivität auf ihre Freizeit beschränken. Sie können es halbberuflich tun und freiwillige Zahlungen für ihre gelegentlichen Tätigkeiten annehmen. Sie können es zur ihrem Hauptberuf machen. Manche können für eine Organisation arbeiten wie beispielsweise eine spiritistische Kirche und so ein Gehalt beziehen. Aber dies ist äußerst schwierig, denn es gibt fast keinen festbezahlten Posten, der nicht an Leistung gebunden ist. Einige Medien finden einen reichen Gönner, aber solche Beziehungen halten selten mehr als ein paar Jahre. Aus praktischen Gründen sind Medien dazu gezwungen, selbständig zu sein und entweder einen festen Betrag oder freiwillige Spenden zu akzeptieren, indem sie Beiträge für ihren Dienst "vorschlagen".

Indem JZ sich entschied, ein Honorar zu nehmen, setzte sie sich wie alle religiösen Hauptberufler den Diskussionen ums Geld aus. Dies gilt besonders in einer Kultur, die angeblich das populäre biblische (falsche) Zitat "Geld ist die Wurzel allen Übels" anerkennt. Die Tatsache, daß Geld zum Überleben und für die Verwirklichung vieler Ziele notwendig ist, aber auch eine Versuchung ist, hat in der westlichen Welt zu einer gewissen Schizophrenie geführt. Einerseits schätzen wir es, der Kirche zu geben und haben zugelassen, daß einige traditionelle Religionsorganisationen wegen der Steuerbefreiung zu einigen der reichsten Unternehmen des Westens gehören, andererseits reagieren wir negativ darauf, wenn religiöse Führer ihren Reichtum zeigen oder Macht im weltlichen Bereich ausüben, die sie durch ihre Kontrolle über Geld bekommen.

Innerhalb der metaphysischen und der New Age-Gemeinschaft gibt es ein unterschiedliches Verständnis von Geld. Viele Praktizierende lehren das sogenannte Wohlstandsbewußtsein. Sie glauben, daß ihre wirtschaftliche Situation größtenteils davon abhängt, ob sie bestimmte metaphysische Richtlinien befolgen oder nicht. Jeder hat sein Bewußtsein, und das diktiert, ob man ein Leben in Armut oder Wohlstand lebt. Leute mit Armutsbewußtsein haben zum Beispiel Jobs und ein geringes Einkommen. Diejenigen mit Wohlstandsbewußtsein haben eine Tendenz Karriere zu machen, und ziehen auf verschiedene Weise finanzielle oder andere Vorteile an, je nach dem, was sie vom Universum fordern. Die Perspektive eines Wohlstandsbewußtseins als eine philosophische Grundlage hat sich für junge Geschäftsleute und Selbständige als besonders attraktiv erwiesen, weil es sie in ihren mageren Anfangsjahren motiviert und ihnen erlaubt, den zunehmenden Erfolg voll zu genießen. Das Wohlstandsbewußtsein – der Gedanke, daß Lehrer, die ihre Lehre leben, finanziell gedeihen und das andere arm sind, weil sie nicht ihre Lehre leben – hat viele Aspekte für metaphysische Lehrer und Leiter des New Age. Einerseits ist Wohlstand ein Zeichen des Erfolges, andererseits führt jedes nach außen gerichtete Zeichen von Erfolg zu Kritik von seiten vieler, die nicht die Perspektive des Wohlstandsbewußtseins teilen oder weniger erfolgreich sind.[2]

DIE ERSTEN DIALOGE

Als JZ beschloß, es beruflich zu tun und für ihre Dienste einen Preis zu berechnen, bekam ihr Leben eine Struktur, die leichter zu handhaben war. Mit Mary Readhead als ihre informelle Managerin war JZ in der Lage, ihre öffentlichen Kontakte auf diejenigen zu beschränken, die ernsthafter an ihren Fähigkeiten interessiert waren.

Im November 1978 stellte JZ Ramtha der Öffentlichkeit vor. Er ließ eine kleine Gruppe seine Anwesenheit spüren, indem er zuerst ihre Tonbandaufnahme ruinierte und dann jede Person lehrte, was um so beeindruckender war, weil er die Situation jeder Person zu kennen schien. Am 18. Dezember 1978 veranstaltete sie dann in Seattle in Mary Readheads Haus die ersten Dialoge, die später Ramtha Dialoge genannt wurden. Dialoge bestanden aus einem von Ramtha gehaltenen Vortrag, mit anschließenden Fragen und Antworten. Während des folgenden Jahres verbreitete sich die Nachricht von Ramtha in der gesamten metaphysischen Welt, und JZ reiste an die Ostküste, um Dialog-Sitzungen abzuhalten. Zu der Zeit fing sie an, die weiten Hosenanzüge und Tuniken im indischen Stil zu tragen, in denen sie während der 80er Jahre meistens fotografiert wurde. Mit ihrer Pferdeschwanzfrisur wurde sie zum Image des unsichtbaren Ramtha. Sie erschien auch zum ersten Mal in der Zeitung; der Artikel über ihren Dialog in New York erschien zuerst im *The Philadelphia Inquirer*, wurde aber später telegrafisch weitergegeben und in anderen Zeitungen im Land abgedruckt. Autor Fawn Vrazo beschrieb JZ als "eine ziemlich junge Frau mittlerer Größe mit hellblondem Haar und dunklem Ansatz. Sie trägt ein tiefblaues Samtgewand mit goldener Bordüre. Sie hat einen typisch amerikanischen Charme und eine entfernte Ähnlichkeit mit Debbie Reyholds und Elizabeth Montgomery." Sie berichtete über Ramthas ermutigende Botschaft, die die New Ager so ansprechend fanden:

> Gott ist der Schöpfer des Lebens. In der Tat! Eine vielsagende, gewichtige Aussage, die Gutes über die Menschheit sagt...Ihr seid nicht die angeblichen Bastarde eines ungewissen Universums, sondern Schöpfungen des Universums. Engel großartiger als ihr? So ist es nicht. Es gibt nichts Niedrigeres als ihr und gewiß nichts Großartigeres als ihr...Lange seid ihr durch Rassen, Konfessionen, Religionen voneinander getrennt gewesen. Der Vater ist eine Einheit; ihr seid eine Einheit. In der Tat! Die Herrlichkeit Gottes hat euch niemals verlassen. Die göttliche Quelle drängt alles zu euch hin, was ihr jemals haben wolltet. Ihr braucht es nur mit eurem Gefühl ins Leben zu rufen.

> Ihr wollt! Gewiß. Ihr braucht! Gewiß. Ihr wünscht! Gewiß. Was glaubt ihr, wie die Schöpfung entstanden ist ohne diesen Wunsch, ohne brauchen, ohne wünschen? Was ist ein Geschenk, wenn man den Schenkenden nicht versteht? In der Tat! Ihr könnt den Vorrat nicht erschöpfen, den man Wissen nennt. In der Tat! Wenn ihr das könntet, dann gäbe es keine Ewigkeit. Alles was ihr denkt, macht ihr durch euer Fühlen zur Realität. Ihr seid Gott. Einfach. Die Quelle ist Gott. Ihr denkt es; Er erschafft es... Ihr seid ewig... Ihr werdet eins werden mit der Quelle... der Retter eures eigenen Reiches.[3]

Noch ehe das Jahr zu Ende war, führte JZ überall im Land Ramthas Dialoge durch. Ramtha begrenzte seine Anwesenheit auf zwei bis drei Stunden. Wenn es länger dauerte, war JZ danach erschöpft und in einem unangenehmen Zustand, den sie als Dämmerzustand bezeichnete.

Als die Zahl der Dialoge zunahm, ergab sich die Notwendigkeit, ein Unternehmen zu gründen. Wegen der Art ihrer Arbeit gründete JZ die Kirche ICH BIN, eine gemeinnützige religiöse Körperschaft, die häufigste Form organisierter Religionen in Amerika. Es ist jedoch für esoterische und metaphysische Gruppen ein Weg voller Schwierigkeiten. Die Gesetze für gemeinnützige religiöse Körperschaften einschließlich der wichtigsten Steuerregelungen und die Richtlinien dafür, was eine legitime Religion ist, sind im Grunde christlich ausgerichtet.[4] Außerdem verstehen sich viele metaphysische Gruppen nicht als Religionen. Sie setzen Religion gleich mit abgelehnten Ideen der Kirche, etablierten konfessionellen Strukturen und akademisch geschulter religiöser Führung. New Age-Gruppen unterscheiden im allgemeinen zwischen einer Religion (einer Kirche) und ihren spirituellen Organisationen. Außerdem ist Gottesdienst in metaphysischen und esoterischen Gruppen bestenfalls eine zweitrangige Aktivität. Ihre Theologie hat wenig Raum für einen theistischen Gott (oder Göttin) d.h. ein höheres Wesen, das von der Schöpfung getrennt ist und über ihr steht, das in der Lage ist, Verehrung entgegenzunehmen und diese Anerkennung auch wünscht.

Schließlich wollen viele spirituelle Gruppen ihr Geld anders als durch freiwillige Spenden beziehen, was sie als ständiges Betteln um Geld betrachten. Sie lehnen es auch ab, während Gruppenveranstaltungen eine Kollekte durchzuführen, wie es in vielen Kirchen geschieht. New Ager verbinden das freiwillige Spenden mit der populären Annahme: Was nichts kostet, ist auch nichts wert.

Die Ramtha-Organisation zog diese Faktoren für ihre Einscheidungen in den frühen 80er Jahren in Betracht. Die Idee einer Kirche vertrug sich nicht mit ihren Lehren, und nach einigen Jahren löste sie die Kirche ICH BIN auf. JZ erstetzte sie durch eine einfache gewinnbringende Körperschaft. Diese Struktur schien den älteren Gedanken vom Wohlstandsbewußtsein und Ramthas Ermahnungen zu Selbstvertrauen und Selbstverantwortung zu entsprechen. Die neue Firmenstruktur etablierte sich auch als eine gesellschaftlich verantwortliche Organisation. Sie zahlte Steuern und leistete so ihren Beitrag zu der (nationalen und lokalen) Gemeinschaft.

MEHR ÖFFENTLICHKEIT

Ramtha erschien in der Öffentlichkeit gerade als die New Age-Bewegung begann. Ramtha wurde einer der Stars dieser Bewegung.[5] JZ mangelte es nicht an Teilnehmern für die Ramtha-Dialoge, denn viele Leute suchten genau das, was sie anbot. 1984 schrieb Jesse Stern dann ein Kapitel über Ramtha in seinem Buch *Soul Mates* (Seelengefährten). In dem Buch erzählt Stern die Geschichte, wie JZ Klavier spielte. Eines Nachts, kurz nachdem JZ sich einen Flügel zugelegt hatte, ging sie, von Schlaflosigkeit geplagt, zum Flügel und begann zu spielen. Jeremy und die Kinder hörten die Musik, die durch das Haus klang, und sahen sie spielen. Jeremy rief einen Nachbarn, der Pianist war. Als er JZ zuhörte, die bisher keinen Unterricht gehabt hatte, meinte der Nachbar, es sei das Großartigste, was er je gehört hätte. Für JZ wurde das Klavierspielen eine Lektion von der unbegrenzten kreativen Macht Gottes. Stern erzählte auch die Geschichte von Ramthas Begegnung mit der Schauspielerin Joan Hackett. Er sprach zu ihr über einen Aufschwung in ihrer Karriere. “Du wirst mehr Filme drehen und hohe Ehren in deinem Beruf erlangen. Ich werde dir in drei Tagen drei Angebote schicken. In einem wirst du die Rolle einer Frau spielen, die dir sehr ähnlich ist. Hab keine Angst. Ich werde es manifestieren, und es wird so geschehen, wie ich sage.”[6] Bald darauf bekam sie die Rolle in Neil Simons “Nur wenn ich lache”, wofür ihr sowohl der Oscar als auch der Golden Globe verliehen wurde.

Shirley MacLaine sprach auch begeistert von Ramtha. MacLaine beschrieb ihre anfängliche Suche nach spirituellem Verständnis in ihrem Buch *“Zwischenleben”*, und sie hatte auch Gespräche mit Ramtha, während sie daran schrieb. Im Gegensatz zu dem Rat vieler ihrer Bekannten, hatte Ramtha sie ermutigt, das Buch zu schreiben; er sprach sich aber gegen die Negativität des Manuskripts aus. Er sagte, daß sich negative Prophezeiungen oftmals erfüllen würden. Später stellte sie fest, daß diese Erkenntnis eine ihrer tiefgreifendsten Lehren seit Beginn ihrer metaphysische Suche war. In ihrem nächsten Buch *Tanz im Licht* bemerkte sie, daß ihre spirituelle Suche sie zu vielen bemerkenswerten Orten gebracht hatte, wo sie eine Anzahl “akkreditierter Medien” traf. “Aber”, fügte sie hinzu, “einer war tiefgreifender als alle anderen. Sein Name war Ramtha.” Bei ihrem ersten Zusammentreffen hatte Ramtha sie auf den Arm genommen und durch den Raum getragen. Während der nächsten Monate sprach sie separat mit ihm. Ramtha erzählte ihr, daß sie sein Bruder gewesen war, als er in Atlantis lebte, und er erzählte Geschichten aus ihrer gemeinsamen Zeit. “Er sagte auf humorvolle Weise persönliche Ereignisse in meinem Leben voraus – die sich immer bewahrheiteten... Ich stellte Fragen zu allem, von dem persönlichen Leben Jesu Christi bis hin zur Frage, ob ich meinem Seelengefährten in dieser Inkarnation begegnen würde. Was ich von Ramtha lernte, würde ein weiteres Buch füllen. Aber egal wie viel ich von ihm lernte, er erinnerte mich ständig daran, daß ich bereits alle Antworten kannte.” Ramtha hatte ihr auch geraten, zwei Angebote abzuschlagen und auf das dritte zu warten. “Du wirst nicht nur die höchste Auszeichnung für den nächsten Film bekommen, sondern du wirst mit deinen Büchern große Erleuchtung in die Welt bringen. Der Film war *Zeit der Zärtlichkeit,* eine ihrer meistgepriesenen Rollen.[7]

Die Nachricht, daß JZ der von Hollywood-Stars bevorzugte Channel war, brachte mehr Leute zu Ramtha. 1984 hatten sich die früheren Dialoge zu Wochenend- Intensivseminaren entwikkelt, und die ersten Seminare fanden im gleichen Jahr in der Wüste im Yucca Valley, Kalifornien, statt. 1986 fand das erste fortgeschrittene Intensivseminar statt, wo Ramtha ausführlich über Themen von besonderem Interesse sprach. Es wurde eine Vielfalt von Programmen angeboten, einschließlich der Workshops und der informelleren "Tage mit Ramtha". Einige Intensivseminare wurden als Videoserie veröffentlicht und sind immer noch in New Age-Buchhandlungen zu finden. Es wurde auch eine Serie von Büchern veröffentlicht, die zumeist auf übertragenen Texten aus verschiedenen Veranstaltungen basierten.

Die erste Reaktion der weltlichen Presse auf Ramtha war beherrscht von der Ungewöhnlichkeit des Channelns, dieser (für Durchschnittsreporter) neuen exotischen Form von Religion. Man begegnete dem Channeln im allgemeinen und JZ im besonderen mit einer gewissen Skepsis und Humor. Zum Beispiel informierte das Wochenblatt eines Selbstbedienungsladens *Weekly World News* vom 24. Mai 1983 seine Leser: "Ein 35.000 Jahre alter Geist aus einer untergegangenen Zivilisation lebt wieder im Körper einer gewöhnlichen amerikanischen Hausfrau." Als sich das Channeln aber verbreitete und berühmte Personen sich damit identifizierten, und als einige Channel dann deutlich an der Spitze der Popularität und des finanziellen Erfolgs lagen, nahm die Ausfmerksamkeit, die man ihnen schenkte, proportional zu. 1987 war Beobachtern bewußt, daß Channeln mehr als eine vorübergehende Mode war. Sie waren nicht vorbereitet auf die Reaktion, die der Fernsehfilm von Shirley MacLaines autobiographischem *Zwischenleben* hervorrief. Channeln und die New Age-Bewegung waren nicht mehr nur eine interessante Kuriosität am Rande; sie rückten auf die Titelseite des Magazins *Time* und drohten ein neuer Spiritismus zu werden, eine neue religiöse Bewegung, die ein weitaus größeres Potential hatte, Geist und Herz der Öffentlichkeit zu gewinnen als die Religionen aus dem Osten.

Robin Westen sprach in ihrem Buch *Channelers: A New Directory* von JZ als "einer der berühmtesten gegenwärtigen Channel." Sie bemerkte, daß sich Ramthas Worte in den frühen

80er Jahren wie ein Lauffeuer verbreiteten und an der Spitze der gegenwärtigen Channelbewegung standen.[8] Das erste öffentliche Image von Knight / Ramtha war das eines New Age-Channeler und eines gechannelten Wesens. Dieses Image führte 1985 zu einem Auftritt in der *Merv Griffin Show*, und im Jahre 1990, unter vielen anderen Referenzen, zur Erwähnung von Knight / Ramtha in meiner *New Age Encyclopedia*. Es ist ein Image gewesen, das schwer zu brechen war.

Was ist Channeln?

Channeln, ein Prozeß, in dem Information aus einer anderen Quelle als dem gewöhnlichen Bewußtsein und der Erinnerung von jemandem (dem Channel) empfangen und ausgesprochen wird, hat sowohl im Westen als auch im alten Ägypten, in Griechenland und im Nahen Osten eine alte und verehrte Tradition. Obwohl die meisten Juden und Christen nur sehr ungern die biblischen Propheten als Channel betrachten, trifft diese Bezeichnung genau auf sie zu. Der Prophet (oder der Channel) empfing Worte von dem transzendenten Wesen (das dann das gechannelte Wesen wird) und sagte dem wartenden Publikum die Worte. Das Neue Testament lieferte das, was viele New Ager fast als ein Paradebeispiel für das Channeln betrachten: Das Buch der Offenbarung. Johannes, der das Buch schrieb, behauptete, daß er nicht der Autor sei. Stattdessen erklärte er:

> Der Geist kam über mich am Tage des Herrn, und ich hörte hinter mir eine große Stimme wie von einer Posaune, die sprach: Ich bin das Alpha und Omega, das Erste und Letzte: und, was du siehst, das schreibe in ein Buch und sende es zu den sieben Gemeinden, die in Asien sind... (Offenbarung 1:10-11)

"Der Geist kam über mich" scheint das zu sein, was wir heute den Übergang in einen veränderten Bewußtseinszustand nennen. Johannes hörte eine Stimme, die zu ihm sprach und in dem Rest der Offenbarung berichtete er, was er sah, während "der Geist" in ihm war. Jahrhundertelang hatte Channeln eine wechselvolle Karriere. Nachdem es seinen vielleicht tiefsten Punkt im achtzehnten Jahrhundert erreicht hatte, kam es im Spiritismus des neunzehnten Jahrhunderts wieder stark zum Vorschein. Vieles von den Schriften von Andrew Jachson Davis, dem Begründer der Spiritisten, bestand aus gechanneltem Material. Als der Spiritismus sich weiterentwickelte, erschienen zwei hervorragende gechannelte Werke.[9] Channeln existierte außerhalb der ersten Welle des Spiritismus, der sich darauf konzentrierte, – durch Medien – Kontakt zwischen Mitgliedern und den Verstorbenen zu ermöglichen. Obwohl viele spiritistische Medien auch als Channel wirkten, war es für die meisten eine zweitrangige Aktivität. Von den 1880er Jahren bis Mitte des zwanzigsten Jahrhunderts studierte die parapsychologische Forschung aktiv den Spiritismus und drängte auf gültiges "Beweismaterial", um die Behauptungen von Kontakt mit Geistwesen zu konkretisieren. Channeln, das eine Tendenz hatte, philosophische Lehren durch höhere Wesen zu unterstützen, produzierte kein Material oder Aktivitäten, was leicht nachprüfbares Material gewesen wäre; abgesehen von einigen prominenten Ausnahmen hat die parapsychlogische Forschung es auf die Dauer nie ernst genommen.

Während des ganzen zwanzigsten Jahrhunderts haben viele verschiedene Channel (viele mögen diesen Ausdruck nicht oder benutzen ihn nicht) Information von unterschiedlichen Wesen hervorgebracht. Einige bildeten ganz beträchtliche Organisationen, der berühmteste ist Edgar Cayce. Alice A. Bailey channelte den theosophischen Meister Djwal Khul, und Guy W. Ballard gründete die religiöse Aktivität ICH BIN, indem er Botschaften von Saint Germain und anderen aufgestiegenen Meistern channelte.[10]

Eine neue Welle des Channelns begann in den 50er Jahren innerhalb der Bewegung der Kontakte mit Fliegenden Untertassen. Obwohl die ersten Personen, die angeblich Kontakt mit Fliegenden Untertassen hatten, anscheinend über einen Kontakt von Angesicht zu Angesicht mit Piloten der Fliegenden Untertassen sprachen, so wurden Kontaktpersonen zunehmend Channel, die metaphysische Botschaften durchgaben. Tatsächlich wurde der moderne Begriff "channeln" zuerst von den Kontaktpersonen benutzt. Die Kontaktpersonen dienten der New Age-Bewegung als Brücke, indem sie die älteren theosophischen Meister mit der Führung des Intergalaktischen Raumkomandos identifizierten.[11]

Wegen der anscheinend passiven Rolle (Kontrollverlust während der Trance), die ein Medium in dem Kommunikationsprozeß mit Geistwesen einnahm, bekam die mediale Tätigkeit in den 50er Jahren für viele Leute ein negatives Image. Viele Medien (oder Channel) reagierten darauf, indem sie Formen medialer Tätigkeiten entwickelten, die keinen Trancezustand oder Bewußtseinsverlust erforderten, was in den 60er und 70er Jahren die Vorbereitung für eine neue Generation von Suchenden wurde, die sich weniger um das Thema der Kontrolle kümmerten und sich mehr für die dramatischen und verblüffenden Effekte der Trancephänomene interessierten.

Medien wirken in einem Spektrum von veränderten Bewußtseinszuständen. Auf der einen Seite ist eine gewisse Bewußtheit von dem, was geschieht, offensichtlich, und auf der anderen Seite ist totale Bewußtlosigkeit. Einige Channel sind hellwach, hören aber eine Stimme, die zu ihnen spricht, was sie dann ihrerseits den Zuhörern übermitteln. Diese Art des Channelns ist wie die Inspiration, die Künstler oder Musiker bekommen, die farbenprächtige Visionen auf die Leinwand bringen, oder ihre Kompositionen "hören", ehe sie sie niederschreiben. Channel können in diesem leicht veränderten Zustand manchmal Fragen an die Wesen stellen, die sie channeln. Andere Channel begeben sich in einen losgelösten Zustand und kommunizieren durch automatisches Schreiben. Obwohl sich ihre Hände durch unbewußte Kontrolle bewegen, können sie ansonsten völlig bewußt sein.

Auf einer tieferen Ebene können Channel in einen Zustand gehen, der am besten als Dissoziation (ein leichter Trancezustand) bezeichnet werden kann, und während sie wach und bewußt sind, erlauben sie den gechannelten Wesen, direkt durch sie zu antworten ohne verbal zu intervenieren. Andere gehen in einen vollen Trancezustand und geben die Kontrolle über ihre Körper an die gechannelten Wesen ab, obwohl sie bei Bewußtsein bleiben. Ihr Bewußtsein kann in ihren Köpfen sein, ein wenig außerhalb ihrer Körper (dahinter oder darüber), von wo sie beobachten, was geschieht, oder sie können völlig entfernt sein von ihren Körpern. Channel haben berichtet, daß sie im Trancezustand die Channelsitzung von verschiedenen Punkten im Raum gesehen haben oder (wie in der klassischen Astralprojektion oder außerkörperlichen Erfahrung) weit weggebracht worden sind von dem Ort, wo das Channeln stattfindet. Viele Channel berichten, daß ihr Bewußtsein während der Channelsitzung woanders hingeht, und daß sie Instruktionen von Kollegen der gechannelten Wesen erhalten. Viele Channel sind während der Channeltätigkeit einfach bewußtlos.

Eine neue Ära des Channelns begann in den 70er Jahren mit der Herausgabe des *Seth Materials*, ein Band von Lektionen, die in Elmira, New York, durch die Hausfrau und Schriftstellerin Jane Roberts (1929-1984) gechannelt worden sein sollten. Jane Roberts (Pseudonym für Jane Butts) und ihr Mann hatten schon 1963 mit einen Ouija-Brett experimentiert. Seth, ein körperloses Wesen, kommunizierte durch das Brett. Bald darauf entdeckte Roberts ihre Fähigkeit, in Trance zu gehen, und Seth durch sie sprechen zu lassen. Ihr Mann nahm die Sitzungen auf Tonband auf. Sie wurden später abgeschrieben und in ihrem ersten Sachbuch "How to Develop Your ESP" veröffentlicht. Aber erst durch *The Seth Material* im Jahre 1970 fanden Seth und Jane Roberts Anklang.

Seth wurde ein beliebter spiritueller Lehrer, obwohl es Jane Roberts widerstrebte, eine allgemein bekannte Persönlichkeit zu werden. Sie setzte ihre Channeltätigkeit in aller Stille fort, nahm fast nie Einladungen an, und unternahm keine Schritte, die vielen Schüler des Seth-Materials zu organisieren. Durch sie entstand aber ein Publikum, das sich nach persönlichem Kontakt mit einem Channel sehnte, und bis Ende der 70er Jahre waren viele erschienen, einschließlich JZ.[12]

JZ als Channel

Wenn JZ channelt, ist sie während der Zeit, in der Ramtha ihren Körper benutzt, völlig bewußtlos. Wie Ramtha seinen Schülern mitteilte: "Meine Tochter JZ, die mir gütigerweise gestattet, ihren Körper zu benutzen, ist ein sogenannter reiner

Channel für die Essenz, die ich bin. Wenn ich zu euch spreche, ist sie nicht mehr in ihrem Körper. Ihre Seele und ihr Geist haben ihn vollständig verlassen."[13] Nach den Sitzungen weiß sie nicht, was Ramtha gesagt hat und ist auf den Bericht von anderen angewiesen, besonders wenn er etwas gesagt hat, für dessen Durchführung sie verantwortlich sein wird. Auf dem Höhepunkt ihrer Reisen in den 80er Jahren verlor sie nicht weniger als 150 Tage im Jahr, während Ramtha sprach. Aber sie glaubt auch, daß sie manchmal in der Zeit, während Ramtha sprach, Anweisungen erhielt, hatte aber keine bewußte Kenntnis von dem Unterricht.

JZ ist also das, was manche einen Gesamtkörper-Channel nennen, in dem Ramtha die Kontrolle über ihren gesamten Körper übernimmt. Viele Leute berichten von Veränderungen, die sie an dem Körper sehen, wenn sie ihre Kontrolle an Ramtha abgibt. Ihr Körper scheint anzuschwellen und sie berichtet, daß er Wasser staut.[14] Die eindeutige Veränderung im Gesichtsausdruck und in der Stimmlage ist für jeden offensichtlich, der JZ kennt, wenn Ramtha nicht anwesend ist. In den Jahren, seit ich sie kenne und Ramtha beobachtet habe, habe ich weitere Unterschiede festgestellt. JZ ist z.B. sehr feminin, obwohl sie sehr bestimmt sein kann, wenn es um das Verfolgen wichtiger Ziele geht. Eine große Vielfalt von Emotionen, die sich am deutlichsten in ihren Neigungen und Abneigungen zeigen, liegen nahe an der Oberfläche, bereit jeden Moment hervorzukommen. Und sie kann sehr direkt sein mit Lob und Tadel gegenüber ihren Mitarbeitern. Diese Emotionen treten besonders deutlich zutage, wenn sie von ihrer Kindheit spricht oder den gemeinen Angriffen, die in der Presse erschienen sind.

Ramtha hingegen ist eine dominante, patriarchalische Figur. Ob er in weiße fließende Gewänder gekleidet ist, die er allgemein in den 70er Jahren trug, oder lockere Kleidung, Baseball-Mütze und Stiefel trägt, die er heute bevorzugt, er ist immer eine gebieterische Figur. Er betritt das Lehrzentrum unter dem Jubel seiner Schüler und unterrichtet sie wie jemand, der im Besitz der Wahrheit ist. Er wird im Laufe einer drei- bis vierstündigen Sitzung seinen Schülern gut zureden, sie beschämen und ihnen gratulieren. Obwohl er sie manchmal scharf kritisiert, ist er noch großzügiger mit seinem Lob. Er hat einen guten Sinn für Humor und macht häufig Witze, um auf einen allgemeinen Fehler hinzuweisen oder die Aufmerksamkeit derjenigen wiederzugewinnen, die sich in seinen philosophischen Abstraktionen verloren haben.

RAMTHAS LEHREN

Ramthas Bücher und Videos geben auch ein umfassendes Bild der ursprünglichen Gedanken, die er mit seinen ersten Schülern teilte, sowie eine Beschreibung seiner Rolle. Er sagte, sie hätten ihr Erbe vergessen, und müßten aufstehen, die Fesseln ihrer Begrenzungen abwerfen und ihr Leben als göttliche Wesen zurückfordern. Er erinnerte sie an die Wahrheit ihres Lebens. Obwohl er die Geschichte seines Lebens und seiner Erleuchtung erzählte, um damit seine Autorität zu festigen, wiederholte er häufig:

> "Ich bin nicht hier um verehrt oder angebetet oder gesucht zu werden. Ich sollte geliebt werden. Ich wünsche nicht, daß man zu meinen Füßen sitzt, sondern daß man mir in die Augen sieht. Ich möchte alle Menschen erhöhen, so wie ich erhöht worden bin. Ich wünsche keine Anhänger, nur Führer. Und ich werde euch nicht befreien, sondern ihr werdet euch selbst überzeugen, daß ihr es seid und das wird in der Tat besser sein.
> Ich bin kein Weiser, ich bin kein Wahrsager, ich bin kein Priester. Ich bin nur ein Lehrer, Diener, Bruder für euch."[15]

Die Wahrheit dieser Einstellung ist für viele Beobachter schwer zu verstehen. Amerika ist die Heimat vieler Gurus und Messiasfiguren geworden, die versuchen, ihren Anhängern Glaubenshaltungen und, was noch wichtiger ist, Verhaltenssysteme aufzudrängen. Daher haben Beobachter – besonderes solche, die nicht die Gelegenheit haben, Gruppen direkt zu untersuchen und den Unterschied zu sehen – eine Tendenz, neue Gruppen nach einem Glaubenskatalog und einer Liste von Verhaltensregeln einzuordnen. Sie können nicht mit einem offenen System umgehen, in dem die Lehren den Anhängern nicht sagen, wie sie handeln sollen, sondern vielmehr einen Zusammenhang schaffen, in dem man seinen Lebensstil wählen kann. Ramthas Schüler schätzen die Fähigkeit zu wählen, aber die Art der Wahl wird weder vorgeschrieben noch beurteilt.[16]

Viele sahen Ramtha aber als eine Quelle der Weisheit, die ihnen sagen konnte, wie sie leben sollten. Die grundlegenden theologischen Alternativen gefielen ihnen, und sie lasen die Bücher, sahen die Videos, und nahmen an den Intensivseminaren teil. Sie erwarteten, daß Ramtha jede Frage beantwortete, und Ramtha hat Leuten gelegentlich geholfen, indem er ihre Situation diskutierte. Viele waren erstaunt über die akkuraten Voraussagen, die er gelegentlich machte. Ramtha nahm jedoch davon Abstand, die Wahl vorzuschreiben. Seine hauptsächliche Vorgehensweise kommt in dem folgenden Dialog zwischen Ramtha und einem frustrierten jungen Mann (dem Meister) klarer zum Ausdruck:

Meister: "Also, ich habe eigentlich keine Fragen, die ich dir stellen könnte. Ich habe tatsächlich gemischte Gefühle, weil ich hier bin. Ein Freund erzählte mir von dir und wie wichtig es ist, zu dir zu kommen. Aber ehrlich, ich finde das alles ziemlich langweilig. Ich habe nichts gehört, was ich nicht schon weiß, nur eine Menge schlagfertige Antworten auf banale Probleme. Manchmal denke ich, daß hier jeder absolut verrückt sein muß."

Ramtha: "Warum bleibst du dann hier?"

Meister: "Das ist eine gute Frage. Ich glaube, weil ich darauf warte etwas zu hören, was mich betrifft."

Ramtha: "Meister, geh niemals gegen deine Gefühle gegenan und tue nichts, was dich langweilt, wenn du stattdessen das Leben und seine Abenteuer erleben könntest. Wenn du dich langweilst und trotzdem dableibst, lebst du in einem Zustand großer Dualität und Disharmonie, was man niemals tun sollte. Wenn du dich langweilst, solltest du diesen Ort sofort verlassen und eine Herausforderung suchen, die dir Freude bringt. Wenn man bei etwas bleibt, was langweilig ist, ist man ein Dummkopf.

Wenn du gerne ein Dummkopf sein willst, sei glücklich, daß du als solcher bekannt bist und beschwere dich nicht."[17]

Ramtha wirkt für Menschen wie ein Katalysator, damit sie ihre eigene Meisterschaft entdecken und manifestieren. Demütige Verehrer, die an jedem seiner Worte hängen, würden den Zweck seiner Lehren verfehlen. Wenn die Leute Ramthas Weltanschauung verstehen, respektieren sie ihn aus Dankbarkeit für die Erkenntnisse, die er ihnen vermittelt. Ihre zunehmende Autonomie läßt jedoch wenig Raum für die Art der Verehrung, die unter Anhängern der östlichen Gurus üblich ist.

Religion und Gott

Ramtha stellte seine Lehren auch denen des Christentums gegenüber. JZ kam zu der Schlußfolgerung, daß das Christentum sich ernsthaft geirrt hatte, besonders in seinen Vorstellungen von Sünde, Hölle und Verdammnis, und Ramtha hatte ihre Ansicht bestätigt. In einer seiner ersten Sitzungen erklärte er:

> Das Größte, was die sogenannten religiösen Orden oder die Kirche getan haben, um diese Ebene *nicht* zu erleuchten, ist, daß sie Gott aus den Menschen herausnahmen, ihn außerhalb ansiedelten, weit, weit weg. Sie trennten den Menschen von seiner Göttlichkeit, um ihn zu versklaven. Ihr seid ein Produkt davon.

Ramtha klagte darüber, daß die Kirche Menschen durch ihre Unwissenheit, Grundsätze und Verordnungen und die falsche Weltanschauung versklave. Mitunter wies er darauf hin, daß die Kirche wissentlich ihre Mitglieder unterdrücke, wie z. B. durch ihre Lehre der Armut:

> Die Kirche ist eine Form großer Tyrannei gewesen; denn sie hat die Leute jahrhundertelang unterdrückt und unwissend gehalten. Durch ihr Dogma hat sie gelehrt, daß ein reicher Mann Gott nicht finden kann. Diese Lehre war ein schlauer Plan, um der Kirche große Macht zu

> verleihen. Wenn man einen Menschen unterdrückt, indem man ihm sein Geld wegnimmt, ihm ein wenig Boden zu bearbeiten gibt, und ihn dann zwingt, seine besten Erträge der Kirche zu geben, wird man immer Macht über ihn haben, immer. Dann wird der Mensch, der Gott, das Geschöpf, das in Freiheit geboren wurde, um in Freiheit zu leben, zum Sklaven, zur elenden Kreatur.

Seine härtesten Worte richteten sich gegen die kirchliche Manipulation der Angst als ein Mittel, die Gesellschaft zu kontrollieren:

> Ich erzähle euch eine große Wahrheit: Der Mensch hat Bilder von Gott geschaffen, die er benutzen konnte, um seine Brüder zu kontrollieren. Religionen wurden geschaffen, um Leute und Nationen zu beherrschen, wenn die Armeen versagten, und Angst war das Instrument, daß sie in Schach hielt. Wenn man einem Menschen die Göttlichkeit wegnimmt – Gott aus ihm herausnimmt – dann kann man ihn leicht beherrschen und kontrollieren.
>
> Gott hat keine Hölle und keinen Teufel geschaffen. Das waren schreckliche Kreaturen des Menschen, um seine Brüder zu quälen. Sie wurden durch religiöses Dogma geschaffen mit der Absicht, die Massen in eine kontrollierbare Organisation zu nötigen. Das ist eine große Wahrheit.[18]

Man kann mit Ramthas Verständnis von dem Ursprung und der Funktion der Lehre von der Hölle oder dem Teufel im christlichen Denken streiten, oder den Gründen für die Identifizierung der Kirche mit den Armen. Es ist jedoch nicht zu leugnen, daß viele Geistliche die Angst vor dem Teufel oder der Hölle benutzt haben, um Kirchenmitglieder zu halten und verschiedene Verhaltensweisen durchzusetzen. Es ist ebenso wahr, daß negative Reaktionen auf solche Manipulationen nicht nur ein wesentlicher Faktor in der Gründung alternativer religiöser Gruppen im 20. Jahrhundert gewesen sind, sondern auch die Meinungsverschiedenheit über die Wichtigkeit, die der Hölle und dem Teufel gegeben wird, spielte eine entscheidende Rolle in der Spaltung zwischen Fundamentalisten und Modernisten innerhalb Konfessionen.

Traditionsgemäß vertritt das Christentum eine transzendente Gottheit, die die Welt geschaffen hat, einschließlich der Menschen, von denen erwartet wird, daß sie den Allmächtigen durch Anbetung und Gehorsam anerkennen. Die Kraft Gottes erhält die Welt in jedem Moment. Sünde, das menschliche Problem, wird als Trennung von Gott und Gottes Plan für die Menschheit angesehen. Menschen werden durch ihr Vertrauen in das vereinende Werk von Jesus dem Messias gerettet und in eine persönliche Beziehung zu Gott zurückgebracht. Der Heilige Geist wohnt in Christen und offenbart die unmittelbare Anwesenheit Gottes.

Ramtha ist in fast allen Punkten anderer Meinung als das traditionelle orthodoxe Christentum, angefangen damit, daß er Gott als einen persönlichen Schöpfer ablehnt, der von der Schöpfung getrennt existiert. Vielmehr behauptet er: "Gott ist eine alles-umfassende Kraft, die alles ist... Gott ist kein einzelner Charakter, der auf einem Thron sitzt und über das ganze Leben richtet. Gott ist das ganze Leben – *jeder pulsierende Augenblick.* Er ist die Kontinuität und die Ewigkeit von allem, was ist." Ramtha sprach in seiner Geschichte von dem Unbekannten Gott, den er mit dem Wind verglich. "Ich wurde nicht der Wind, sondern das Ideal, das der Wind für mich darstellte... Ich wurde das unsichtbare Prinzip, das frei ist und allgegenwärtig und eins mit allem Leben. Als ich das Prinzip wurde, verstand ich den Unbekannten Gott und alles was er ist – und alles was er nicht ist – denn das ist es, was ich verstehen wollte."[19]

Ramtha erklärte sein Verständnis von Gott in seinem Schöpfungsmythos. Am Anfang, sofern von einem Anfang gesprochen werden kann, existierte nur die Unendlichkeit des Gedankens, den Ramtha als Gott, den Vater bezeichnet. Gedanke ist die Ursache und Grundlage des Lebens. Gott war Gedanke ohne Form, aber dann dachte Gedanke über sich nach. Als Gedanke über Gedanke nachdachte, *dehnte* sich Gott in eine einzigartige Form seiner selbst aus. Laut Ramtha dehnt jedes Nachdenken, wenn immer man einen Gedanken betrachtet, den Gedanken aus – der Gedanke wird *mehr*, er wird größer. Der Akt der Kontemplation geschah aus *Liebe*. Liebe kann man am besten verstehen als Gottes Wunsch, sich in der andauernden Schöpfung auszudrücken. Der Gedanke dehnte sich durch die Kontemplation seiner selbst aus in das Prinzip des Gedanken, das man *Licht* nennt. Wenn immer über Gedanke nachgedacht wird, dehnt er sich erst aus und wird dann in eine Vibrationsfrequenz *hinabgesenkt*, die Licht ausstrahlt.

Die Menschheit entstand in der Geburt des Lichts. Das Licht kam als eine Vielzahl von Lichtpartikeln (Protopartikel, die in den ersten Schöpfungsstufen erscheinen) wurde ein Individuum, ein Sohn Gottes, ein Lichtwesen. Alle wurden zur gleichen Zeit geschaffen als eine Lichtform, die an der Essenz des Gedankens beteiligt war. Jeder ist das göttliche Licht, der ursprüngliche und permanente Körper, der Geist Gottes in singulärer Form. Die Seele wurde geschaffen, um den Gedanken und die Liebe festzuhalten, die aus Gott dem Vater hervorströmten und sie in Form von Gefühlen zu erinnern. Die Seele jeder Person befindet sich in seinem Geist und befähigt das Individuum , ein schöpferisches Prinzip zu sein. Gott der Vater bekundet seine Liebe, indem er jedem den freien Willen gibt, die Gesamtheit des Denkens zu erforschen.

Die Lichtpartikel wurden so die Schöpfer des Universums. Zuerst dachten sie über sich nach, und dann dachten sie das Ideal des Lichts hinein in die Materie. Das Resultat war die Entstehung von Milliarden von Sonnen (Sternen). Die Schöpfung läuft immer in einem ähnlichen Prozeß ab. Die individuelle Seele betrachtet einen Gedanken. Der Gedanke dehnt sich aus zu Licht von sehr hoher Frequenz. Dieses wird dann abgesenkt oder verlangsamt, wodurch es erst zum Elektron wird (Existenz in einem elektromagnetischen Feld mit einer positiv-negativen Polarität), was sich dann als grobe Materie koaguliert. Grobe Materie koaguliert sich dann wieder als Molekül und Zellstrukturen – Grundformen. Diese Formen folgen den Gedanken, die die Lichtwesen ursprünglich kontempliert haben.

Die Lichtwesen erschufen alles, was wir heute als Universum kennen, von allen Elementen bis hin zu allen Lebensformen, die existiert haben und jetzt existieren. Es ist daher angemessen, jedes Lichtwesen als einen "gott" mit einem kleinen "g" zu verstehen. Es ist richtig zu sagen, daß Gott mit einem großen "G" nicht das Universum erschaffen hat. GOTT *ist* vielmehr das Universum. Wir, die Götter, schufen alle Dinge des Universums durch Gedanken und Kontemplation. Die Kontinuität des Universums ist der Prozeß der sich fortsetzenden Ausdehnung Gottes durch die "götter".

Zu einem Zeitpunkt kamen viele Götter – Lichtwesen – zur Erde, und sie schufen und entwickelten alle ihre Lebensformen. Wie Ramtha es ausdrückt: "Über Millionen Jahre, wie ihr die Zeit kennt, habt ihr von dem Gedanken, der der Vater ist, genommen und habt durch eure höhere Intelligenz und kreative Kraft eure Ideale von der Schöpfung entworfen." Was wir heute als geologischen Bericht kennen, ist eine Darstellung der Evolution von Gedanken, die anfingen, bloße Klumpen einfacher Formen zu erschaffen, die dann zu Bakterien, einfachen Pflanzen und Tieren und schließlich zu komplexeren Lebensformen wurden. Nachdem eine Art von Geschöpfen entstanden war, entwickelten sich daraus viele Variationen. Farben und Gerüche wurden eingeführt. Neuen Arten wurden die Muster von genetischer Erinnerung gegeben, die jeder Art erlaubte, sich fortzupflanzen und weiterzuentwickeln.

Als sich das Leben entwickelte und eine Nahrungskette geschaffen war, beschlossen die Lichtwesen, ein Vehikel zu erschaffen, durch das sie ihre Schöpfung direkt erleben und ihre Kreativität weiter ausdrücken konnten. Sie waren mit der ursprünglichen Schöpfung auf ein Problem gestoßen; obwohl sie sozusagen die Blume werden konnten, konnten sie keine Beziehung als physische Wesen zu ihr haben. Sie konnten sie nicht riechen oder einen Baum anfassen oder die Schönheit der farbenfrohen Landschaften genießen, die sie herstellten. Das Resultat war das erste menschenähnliche Tiergeschöpf, ein Vehikel aus Materie für die Götter. Sein Körper konnte die Seele unterbringen und vom Geist umgeben sein. Die Seele konnte dann die Erfahrungen des Körpers als Gefühle aufzeichnen und speichern, eine permanente Aufzeichnung seines lebendigen Experiments. Als die Götter Körper in Form von grober Materie annahmen, wurden sie Gottmenschen oder Menschengötter - "Gott", der sich in der menschlichen Form ausdrückt. Der Körper entwickelte sich ständig weiter. Während 10½ Millionen Jahren wurde er vervollkommnet (eine Aufzeichnung ist in fossiler Form gefunden worden). Er ist somit relativ jung, ein Produkt von nur einigen Millionen Jahren der Evolution. Aber die Lichtwesen, die wahre Essenz der Menschen, sind sehr alt, denn sie existieren seit dem Anfang der Zeit.

Aus dieser Schöpfungsgeschichte erkennen Ramthas Schüler die wesentliche mystische Wahrheit, daß jedes Individuum Gott ist, der sich manifestiert als Mensch, um die Ausdehnung des Gedankens (Gott oder Vater) in die Ewigkeit fortzusetzen. Im Menschen ist nicht nur die Fähigkeit und der Drang zu Erschaffen angelegt, sondern die Welt auch ständig neu zu erschaffen.

Die schöpferische Kraft

Kein Gedanke hat die New Age-Bewegung so durchdrungen wie die Ansicht, daß wir unsere eigene Realität erschaffen. Dieser Gedanke kann eine Vielfalt von Bedeutungen und Auswirkungen haben, aber auf seiner grundlegenden Ebene wird er in gesellschaftlichen Beziehungen erfahren – in der Art und Weise, wie wir unsere gesellschaftliche Welt konstruieren, und in den mitunter dramatischen Veränderungen, die eintreten, wenn wir unsere Meinung über das Leben anderer Leute und über die Natur des Universums ändern. Ich sah zum ersten Mal, wie Leute ihre soziale Umwelt aktiv rekonstruieren, als ich das Leben in einer kleinen Heiligkeitskirche in Illinois Mitte der sechziger Jahre beobachtete. Woche für Woche berichteten Mitglieder über ihr neues Leben, seit sie in ihrem Leben das empfangen hatten, was sie als Heiligen Geist verstanden. Ich hörte Geschichten von veränderten Beziehungen, speziell Arbeitsbeziehungen. Die Leute merkten den Unterschied: Sie waren pünktlich, arbeiteten den ganzen Tag, und gingen erst, nachdem der Arbeitstag zu Ende war. Bald bekamen sie Gehaltserhöhungen und Beförderungen. Ihre Selbstachtung besserte sich, und sie befanden sich in einer Aufwärtsspirale, in der ihre inneren Einstellungen zu positiven Veränderungen führten, die wiederum ihre inneren Einstellungen stärkten, was zu weiteren Veränderungen führte.

In den metaphysischen Kirchen wie die *Unity School of Christianity* und die *Church of Religions Science*, macht man sich über den Prozeß zur Veränderung seiner Welt viele Gedanken. *The Declaration of Principles of the International New Thought Alliance* bestätigt z. B. den Glauben: "daß die mentalen Zustände des Menschen sich in der Manifestation fortsetzen und durch das kreative Gesetz von Ursache und Wirkung zu seiner Erfahrung werden." Somit werden negative Erfahrungen wie Krankheit, Armut und Unglücklichsein in dem Maße verschwinden, wie wir uns mit Gott in Einklang bringen können.[20]

Ramtha begründete vor allem am Anfang sein Verständnis von unserer Fähigkeit, unsere Welt neu zu erschaffen, auf sein Verständnis, daß menschliche Wesen eigentlich Lichtwesen sind, die sich in und durch grobe Materie ausdrücken. Der Zweck des Körpers ist, die umfassende Natur Gottes vollständiger zu verstehen. Und Ramtha feiert das Individuum. Er oder sie

> *ist* das Ebenbild Gottes, das Duplikat von dem, was der Vater ist. Die Essenz, die du bist, *ist* das, was weitergeht, sich immer weiter entwickelt, sich immer verändert, immer erschafft, immer ist. Du bist Gedanke, du bist Licht, du bist Elektrum, du bist Form. Du bist reine Energie, beeindruckende Macht, pulsierende Emotion, erhabener Gedanke. Was du als höchste Stufe der Intelligenz, der Macht, der Würde, der Heiligkeit und Güte betrachtest, ist das, was du bist. Wer bist *du*? Du bist "der identifizierbare Gott".[21]

Sünde oder Unwissenheit ?

Bald nachdem sich die Lichtwesen in Materie verkörpert hatten, entwickelte sich jedoch ein Problem. Anfangs verstanden sie ihren göttlichen Zustand und lebten tausende von Jahren in einem einzigen Körper. Die Reinheit des unbegrenzten Gedankens gab dem Körper Unsterblichkeit. Durch das Vergnügen, das neue Spielfeld der Materie zu erleben, begannen die Individuen jedoch, ihre Göttlichkeit zu vergessen. Während sie das Leben genossen und neue Dinge erschufen, die den Verstand und die

Sinne erfreuten, begannen sie, Begrenzungen zu erfahren und zu kontemplieren und begrenzende Ideale wie Eifersucht, Überlebensdrang und Besitzgier zu haben. Der Körper begann die begrenzten Gedanken und Sorgen auszudrücken, die den Verstand des verkörperten Wesens beschäftigten. Ramtha beschrieb diesen Prozeß als eine Abwärtsspirale.

> Als der Gottmensch begann, den Überlebensdrang zu erfahren, da begann er, die Macht des Gedankens zu schwächen, die eine ewige Lebenskraft im Körper entfachen konnte. Somit begann der Körper zu versagen, verminderte sich die Fähigkeit des Menschen, mit Hilfe des Gehirns nachzudenken. Als der Mensch anfing, seine Fähigkeit des Nachdenkens zu verlieren, begann Angst sein Bewußtsein zu füllen. Als das Element der Angst zu einer Einstellung im Denkprozeß des Menschen wurde, fing der Körper an zu leiden unter der Gewalt und den Auswirkungen der Angst, Unwohlsein, Krankheit... Tod.

Die Erfahrung der Begrenzung hielt die Wesen in der körperlichen Erfahrung gefangen. Nach dem Tod gab es für sie nur einen Weg zur ständigen Weiterentwicklung im Leben: durch die Rückkehr zur körperlichen Erfahrung. Wesen kamen als Nachkommen ihrer eigenen Kinder zurück. Der Prozeß, durch den sie immer tiefer in die Begrenzung fielen, hielt jedoch an, und allmählich vergaßen sie ihre Göttlichkeit. Diese Ebene wurde zu ihrem ganzen Lebenskonzept. In ihrer Begrenzung wurden sie ängstlich und einer Herde ähnlich. Die Folge davon war, daß sie von Leuten abhängig wurden, die behaupteten mystisches Wissen und spirituelle Kenntnis zu haben. So entstand die Religion, die die Trennung zwischen Gott und der Menschheit predigte und die Leute mit ihren tyrannischen Ideen beherrschte und regierte. Da die Seele sich an die Gedanken der Begrenzung erinnerte, mit denen sie über viele Lebenszeiten gefüttert worden war, wurde Begrenzung ihre Realität, das feststehende Denkmuster, das in der Seelenerinnerung fest verankert war. Solche tief eingeprägten Muster sind nicht leicht zu ändern. Inkarnation, die als Spiel gedacht war, wurde zur Falle. Da sie das Wissen von ihrer göttlichen, unbegrenzten Natur verloren hatten, waren die Menschen dazu verdammt, immer weiter in Unwissenheit wiedergeboren zu werden, oder zumindest bis die Erinnerung an die Göttlichkeit wieder hergestellt werden kann.

Ramthas Grundlehren passen gut in den größten Teil der New Age-Welt, obwohl es einige geringfügige Konfliktpunkte gab. Zum Beispiel spielte er Karma und Astrologie herunter: langfristig waren sie einfach zusätzliche Systeme der Begrenzung, ebenso entfremdet wie die Religion. Menschen waren nur hier, um das Leben in der materiellen Welt zu erfahren und ihre Kreativität anzuwenden. Diese Grundbotschaft wurde immer wieder in leicht veränderter Weise wiederholt, und sie fand eine bedeutsame Reaktion in der New Age-Gemeinschaft. Seine fortgeschrittenen Intensivseminare erforschten die Auswirkungen auf das Leben der Schüler von der Sexualität bis zu künftigen Weltveränderungen. Einige Schüler begannen ihre eigene Karriere als Channel und Lehrer, nachdem sie an Vorträgen und Arbeitskreisen teilgenommen hatten. Die meisten der gläubigen Anhänger gingen zu ihrer mehr oder weniger weltlichen Existenz zurück, während sich ihr Leben nur leicht aber nicht wesentlich verändert hatte. Viele blieben aus Gründen, die man als falsch bezeichnen könnte – sie mochten Knight/Ramtha, oder sie bejahten die grundlegenden Lehren der Philosophie, oder sie hatten eine ihnen entsprechende Gruppe von Freunden gefunden, mit denen sie gesellschaftlich verkehrten. Aber sie machten sich wenig Gedanken über die entscheidenden Aspekte der Lehren.

Die reale Welt, die von allen möglichen Begrenzungen beherrscht wurde, kontrollierte immer noch ihre Wahrnehmungen. Sie war so tief verwurzelt, daß nur die Akzeptanz von Ramthas Gedanken allein wenig dazu beitrug, die Schüler zur Meisterschaft zu führen. Meisterschaft blieb eine Karotte, die sich kurz vor dem Arm bewegte, wenn jemand es mitunter wagte, die Hand auszustrecken, um sie zu ergreifen.

Die Geschichte des Ramtha-Mythos

1987, fast ein Jahrzehnt nachdem sie Ramtha begegnet war, schrieb JZ *A State of Mind – My Story,* womit sie mehrere Ziele verfolgte. Sie wollte ihre Seite der Geschichte erzählen, die äußerst kontrovers geworden war. Sie wurde von der Presse angegriffen, und sie wollte, wie die meisten von uns, zumindest verstanden werden, auch wenn man sie nicht mochte. Sie glaubte absolut an die Realität von Ramtha und wollte den Lesern mitteilen, daß sie weder naiv noch verrückt war, sondern eine sorgfältig überdachte vernunftmäßige Erklärung hatte, die auf außergewöhnlichen Ereignissen beruhte, die sie davon überzeugt hatten, das Ramtha genau das war, was er sagte. Sie erkannte nicht, daß sie mit der Schilderung ihres Lebens eine moderne Illustration des Ramtha-Mythos lieferte, was noch wichtiger war.[23]

Sie schien alles zu haben. Sie war die Ehefrau eines gut situierten Zahnarztes. Sie hatte zwei Kinder, für die sie starke mütterliche Gefühle hatte. Aber sie war dennoch unglücklich und unerfüllt, bis Ramtha kam, um ihr "über den Graben" zu helfen. Durch alles, was nach seinem Erscheinen in ihrem Leben geschah, hätte sie manchmal versucht sein können zu sagen, daß Ramtha sie "gepackt und durch den Graben gezogen" habe, anstatt die Rolle des Sir Walter Raleigh zu spielen und ihr einen Schutzumhang zu geben, um ihr den Übergang zu erleichtern. Sie konnte aber nicht leugnen, daß Ramtha ihr einen Punkt gab, von dem aus sie ihre Existenz neu strukturieren konnte.

Ebenso wie Ramthas Mutter war JZ ein Opfer gewesen. Wie Ramtha hatte auch sie Hilfsmittel, "lemurische" Hilfsmittel. Sie hatte eine gewisse Offenheit für eine innere Welt von ihrer Mutter geerbt. Selbst ohne eine College-Ausbildung, die sie sich gewünscht hatte, verwirklichte sie erfolgreich den amerikanischen Traum, anstatt wie viele, die in Armut aufwachsen, sich vom Leben erdrücken zu lassen. Aber der Traum brachte ihr keine Erfüllung. Sie wollte etwas mehr. Ramtha schien sie zu etwas mehr zu führen, zu diesem zusätzlichen Etwas, das so wertvoll ist, daß man gewillt ist, seinen ganzen Besitz zu riskieren, um es zu haben. Die Geschichte ist fast biblisch in der Art, wie sie einen anspricht - egal welchen sozialwirtschaftlichen Status man hat - wenn man sich durch ein Idol gefangen fühlt, einen falschen Gott, der alles anbietet aber letztlich nichts liefern kann.

Egal ob sie auf JZs Botschaft eingehen oder nicht, diejenigen, die religiöse Biographien lesen, werden in den kommenden

Jahren JZs Bericht gleichsetzen mit den Geschichten von anderen starken amerikanischen Frauen, einschließlich Anne Hutchinson von der Massachusetts Kolonie und der Shaker-Leiterin Anne Lee und aus der moderneren Zeit: Mary Backer Eddy, Emma Curtis Hopkins, Alma White, Aimee Semple McPherson und Kathryn Kuhlman. All diesen Frauen wurde ein Platz in der Religionsgemeinschaft ihrer Kindheit versagt; alle führten ein Leben, das mit allen Vieldeutigkeiten die Botschaft verkörperte, die sie später aussprachen und alle sprachen vehement zu einer Gruppe von Zeitgenossen in einer Art und Weise, die von der Allgemeinheit kaum verstanden wurde. Alle wiesen auf die anhaltende Anziehungskraft der Mythen hin, auf die man sich bezieht und bestätigten die grundlegende Geschichte, nach der wir unsere persönliche Welt gestalten.

Die Gründung der Schule

Mitte der 80er Jahre schien die Ramtha-Bewegung einen kritischen Punkt zu erreichen. Die Zahl der Leute, die an den Veranstaltungen teilnahmen, wuchs ständig. 1983 erschienen die ersten beiden Bücher, die auf Ramthas abgeschriebenen Lehren basierten und später eine Serie bildeten. Im folgenden Jahr erschien das erste von mehreren Videos der Dialogsitzungen *"Audienz mit Ramtha"*. Viele Leute, die nicht an den Dialogen teilnehmen konnten, erfuhren durch dieses Material von Ramtha und seinen Lehren. Channeln breitete sich in der ganzen New Age-Bewegung aus, in jeder Großstadt konnte man zahlreiche Channel finden. Unter ihnen fanden einige eine nationale Anhängerschaft, was die kommerzielle Veröffentlichung ihres gechannelten Materials rechtfertigte. Einige wurden durch weit verbreitete Presseberichte national bekannt und zu Auftritten in nationalen Fernsehshows eingeladen. Ramtha wurde als führend innerhalb dieser Truppe anerkannt. Im Juni 1986 bezeichnete das New Age-Journal, die führende Zeitschrift der New Age-Bewegung, JZ als Nachfolgerin der verstorbenen Jane Roberts.[24]

Während der Jahre 1986 und 1987 nahmen die Ramtha-Veröffentlichungen zu und verkauften sich gut. Die Berichterstattung der nationalen Presse hatte zur Folge, daß sehr große

Gruppen (300 bis 700 Leute) seine Veranstaltungen überall im Land besuchten. Schüler nahmen an persönlichen Intensivseminaren teil, die am Swimmingpool auf JZs Ranch in Yelm stattfanden. Ihre Autobiographie, die 1987 veröffentlicht wurde, erschien gleichzeitig mit der Ausbreitung ihrer Arbeit auf Europa und Australien.

Die Australier reagierten enthusiastisch auf die Bücher und Kassetten von Ramtha, die seit 1986 herausgekommen waren. Und Anfang November 1987 hielt JZ einen Dialog in Sydney. Es war das erste Intensivseminar außerhalb der Vereinigten Staaten. Da die New Age-Gemeinschaft in Australien Ramthas Lehren begeistert aufgenommen hatte, wurde JZs Kommen sehr gefeiert. Bei dem Intensivseminar gab Ramtha eine Übersicht über seine Perspektive und konzentrierte sich dann auf die Befreiung und Emanzipierung der Frauen.[25] (JZ kehrte im Oktober 1989 und im Januar 1990 nach Australien zurück und reiste auch nach Auckland, Neuseeland).

Im November 1988 erschien JZ zum ersten Mal in der englischen Öffentlichkeit und 1989 ging sie nach München. In England gründete Gita Bellin als Ramthas Beauftragte in Großbritannien und in der Britischen Nationengemeinschaft eine Organisation mit dem Namen *Friends of Ramtha* (Ramthas Freunde) und sponsorte 1988 Veranstaltungen in London und Geastonbury (eine der Hauptzentralen des New Age in England), bei denen Videos vorgeführt und Fragen beantwortet wurden. Gita Bellins Bemühungen bahnten den Weg für die Verbreitung von Ramtha in der großen New Age-Gemeinschaft Europas. Ramthas Bücher wurden ins Deutsche, Französische, Norwegische, Spanische und Italienische übersetzt.

Das Ziel der Arbeit: Ramthas Schule

Ende 1987 erkannte JZ wahrscheinlich, daß die ganze Aktivität ihrer ersten zehn Jahre mit Ramtha auf die Gründung einer Schule hinauslief. Das vorangegangene Jahrzehnt hatte vielen Zwecken gedient. Sie hatte Zeit gehabt, sich darauf einzustellen, daß Ramtha ihren Körper benutzte, Vertrauen in ihn zu gewinnen und in das, was er durch sie tat. Und es hatte ermöglicht, daß Ramtha bekannt wurde. 1987 hatte sich jedoch eine besondere

Gruppe herauskristallisiert, die für eine ernsthafte Ebene der Begegnung bereit war.

Mehrere hundert Schüler, die sehr interessiert waren, kamen vom 13. Bis 15. Mai 1988 zusammen, und Ramtha erklärte, was er plante.[26] In der Woche vom 22. – 28. Mai1988 nahmen dann mehr als fünfhundert Leute an einem Retreat in Snow Mountain in Colorado teil. In dieser Zeit wurde *Ramtha's School of Enlightment* (Ramthas Schule der Erleuchtung) formal etabliert. Während dieser Woche wurde die grundlegende Philosophie und Praxis, die heute in der Schule vorherrscht, zum ersten Mal zusammengebracht. 1988 begann eine neue Ära.

Inzwischen benötigte JZ mehr Platz in Yelm, um die Leute unterzubringen, die in der Umgebung lebten und an Ramthas fortgeschrittenen Lehren teilnehmen wollten. Auf der Ranch war eine große Arena gebaut worden, in der Pferde trainiert und vorgeführt wurden. Sie konnte jetzt in eine Versammlungshalle für Schüler umgebaut werden, und Veranstaltungen konnten mühelos von JZs Haus in die Halle verlegt werden.

Durch zwei Ereignisse wurde der Wechsel zur Halle permanent. Im November 1988 stellten JZ und ihre Mitarbeiter von *Ramtha Dialogues* bei ihrer Ankunft in New York fest, daß die Leute, mit denen sie verhandelt hatten, nicht da waren. Die neuen Angestellten hatten alle Abmachungen rückgängig gemacht und statt dessen ein Zelt auf einem Nebengelände aufgestellt. JZ war wütend, sagte die Veranstaltung ab und gab allen ihr Geld zurück. Vier Monate später war dann wieder eine zweiwöchige Veranstaltung für elfhundert Leute in Snow Mountain in Colorado geplant. Bald nach dem Beginn der Veranstaltung bekamen die Mitarbeiter Drohanrufe, die zu einer Bombendrohung führten. JZ sagte den Rest der Veranstaltung ab und entschied kurz danach, auf alle weiteren öffentlichen Auftritte zu verzichten, mit Ausnahme von einigen wenigen in Übersee. Diese Entscheidung wurde noch bestärkt durch die erhöhten Anforderungen an JZs Zeit.

So waren im Sommer 1989 im Wesentlichen alle Elemente vorhanden, die man heute in Ramthas Schule gewohnt ist. Als das Problem der Schulgründung bewältigt war, konnte JZ den 90er Jahren mit einer gewissen Zuversicht entgegen sehen.

5

RAMTHAS PHILOSPHIE

Doch bevor eine Schule beginnen konnte, waren einige elementare Grundkonzepte nötig. Wie die meisten Lehrer, die außerhalb der vorherrschenden westlichen theistischen Tradition lehren, lehnt Ramtha bloße Ideen ab; sie wirken lediglich in begrenztem Ausmaß und zu oft können sie im schlimmsten Fall bewirken, daß man um ihrer selbst willen an ihnen festhält, egal ob sie im eigenen Leben Anwendung finden. Zum Beispiel halten viele Christen an Glaubensvorstellungen fest, wie die der Dreieinigkeit, weil ihnen gesagt worden ist, daß dies die richtige Vorstellung von Gott sei, obwohl sie keine Vorstellung von ihrer Bedeutung in der Theologie haben und welche Rolle sie in der Gestaltung ihrer individuellen Frömmigkeit spielt. "Wahrheit ist nur dann Wahrheit," erklärt Ramtha, "wenn sie für das persönliche Wachstum relevant ist."[1]

EINE NEUE WELTANSCHAUUNG

Ramtha schenkt große Achtung dem Wissen als notwendigen Schritt, um ein neues Verständnis des Selbst zu erreichen. Er sagt, die Menschen seien in der vorherrschenden Weltanschauung gefangen – einer Weltanschauung, die den Menschen die Macht, die sie als schöpferische Götter haben, verneint, so daß eine gewisse philosophische Grundlage gegeben werden muß, um den Schülern zu helfen, ihre Gedankengänge neu zu orientieren, damit sie schließlich Veränderungen akzeptieren können, die durch die Anwendung seiner spirituellen Übungen bewirkt werden. Durchschnittliche "begrenzte" Menschen können nicht glauben, daß sie die Fähigkeit zum Manifestieren besitzen. New Age-Anhänger bestätigen bereitwillig: "Ich bin Gott", doch Ramtha bemerkt, wie ihre Handlungen ihren mangelnden Glauben verraten. Sie besitzen keine Erfahrungsgrundlage, um darüber hinauszugehen und ihrem Leben richtig zu vertrauen, um so zu handeln, als ob sie Götter wären und im Besitz göttlicher Macht. Sie mögen auf dem Weg sein, Mystiker zu werden, aber wohl kaum Meister. Ramtha erklärte das Problem einem Gott-Wesen, das Schüler geworden war:

> *Ein Leben nach dem anderen, eine Existenz nach der an deren, habt ihr euch so in die Illusionen dieser Ebene verstrickt, daß ihr das wundervolle Feuer, das durch euch hindurchströmt, vergessen habt. In zehneinhalb Millionen Jahren habt ihr euch von souveränen und allmächtigen Wesenheiten zu Wesenheiten entwickelt, die sich völlig in der Materie verloren haben; versklavt durch eure eigenen Kreationen von Dogma, Gesetz, Mode und Tradition; verstrickt in Eifersucht, Bitterkeit, Schuldgefühlen und Angst. Und ihr habt euch so mit euren Körpern identifiziert, daß ihr euch im Überleben verfangen habt und die unsichtbare Essenz, die ihr wahrhaftig seid, vergessen habt – daß Gott in euch es euch erlaubt, eure Träume so zu erschaffen, wie auch immer ihr sie wählt. Unsterblichkeit habt ihr offen abgelehnt; und dafür werdet ihr sterben... und hierher zurückkehren, immer und immer und immer wieder. Und so seid ihr wieder hier, nach zehneinhalb Millionen Jahren, die ihr hier gelebt habt... und ihr haltet an euren Zweifeln fest.*[2]

Die neue Philosophie richtet sich auch nach der Tradition. So wie die Theosophie die gnostischen Lehren in eine post-newton'sche und post-darwinistische Welt gebracht hat, so führt Ramtha seine Schüler in eine post-einstein`sche, post-quanten Welt. Die Lehre der Quantenphysik bringt unsere Weltanschauung schnell zu Fall, wenn wir den Mangel an "Substanz" in der Materie erkennen, die Energie, die sich im All komprimiert und formt und die Beeinflußbarkeit der Wahrnehmungen, die sich so eindeutig in virtuellen Realitätsspielen zeigt. Auch haben wir unser Gefühl von der *terra firma* verloren und sehen, daß die Erde durch die endlosen Reiche des Weltraums schwebt.

Die meisten von uns leben und funktionieren recht erfolgreich mit der auf gewöhnlichem Menschenverstand basierenden Philosophie des neunzehnten Jahrhunderts. Trotz der Darlegungen der Physiker erscheint Materie ziemlich solide. Trotz der Bilder von *Star Trek* bemühen wir uns noch immer, ein kleines Stück Land unser eigen zu nennen, auf dem wir unser Haus bauen. Mit unseren gewöhnlichen Möglichkeiten können wir immer noch die meisten Stufen der gesellschaftlichen Rangordnung hinaufsteigen. Für einige von uns hat die auf gewöhnlichem Menschenverstand basierende Welt nicht funktioniert, aber es ist die einzige Welt, die wir kennen. Um aus unseren Situationen auszubrechen, müssen wir aus jener Welt ausbrechen. Eine neue Weltanschauung allein kann dies nicht bewirken, doch ohne sie ist eine Veränderung nicht möglich.

Obwohl viele Schüler das Weiße Buch, den grundlegenden Text der Bewegung, gelesen haben, sind wenige auf ihre "Schwimm oder Ertrink" -Vertiefung in die neue Weltanschauung vorbereitet, die während des ersten Wochenendes in Ramthas Schule erfolgt. Und sie hören gewissenhaft zu. In regelmäßiger Weise unterbricht Ramtha seinen Vortrag und fordert die Schüler auf, ihren Nachbarn gegenüber zu wiederholen, was er gerade gesagt hat. Dennoch verläßt kaum einer die Veranstaltung mit mehr als einem Umriß von Ramthas Sichtweise. Fortgeschrittene Schüler werden dazu ermuntert, grundlegende Veranstaltungen zu wiederholen und die Anfänger-Vorträge angesichts ihrer zunehmenden Erfahrungen erneut zu hören. Jedes Mal, wenn sie sich das metaphysische Material wieder anhören, verstehen sie mehr und mehr. Ramtha verändert die Präsentation ständig, indem er die grundlegenden Lehren von leicht unterschiedlichen Perspektiven aus darstellt, wodurch er eine Kommunikation mit verschiedenen Schülern unterschiedlicher Herkunft anstrebt.

DIE ENTSTEHUNG DES UNIVERSUMS

Ramthas transformierter Gnostizismus beginnt, wie viele gnostischen Systeme, mit dem Anfang, und am Anfang war das Nichts (Gott). Das Nichts kann man am besten als ein Meer von Möglichkeiten verstehen. Bei der Darstellung dieses Konzeptes fordert Ramtha die Schüler dazu auf, eine der grundlegenden Fragen zu beantworten: Wer oder was ist Gott? "Ein unermeßliches Nichts materiell, aber alle Dinge potentiell!" Gott ist nichts Materielles. Gott ist Leben, Gott ist der Geber des Lebens. Gott ist kein "Ding", sondern das Potential, aufgrund dessen alle Dinge existieren können.[3] Es gibt keine Zeit. Es gibt keinen Raum. Es gibt nichts Materielles.

An einem gewissen Punkt in einer ewigen (zeitlosen), mythologischen Vergangenheit, richtete sich das Nichts auf sich selbst und betrachtete sich selbst (wurde seiner selbst gewahr). Die Selbstbetrachtung des Nichts schuf Bewußtsein, und Bewußtsein ist unauflöslich mit Energie verbunden: Bewußtsein ist ein Gedanke, Energie ist der aktive Bestandteil dieses Gedankens. Zusammen erzeugen sie eine Idee, Bewußtheit. Als ein Ergebnis der Betrachtung erschien im Nichts ein Punkt der Bewußtheit, mythologisch ausgedrückt, das Kind Gottes (das Produkt des Nichts), meistens als Nullpunkt bezeichnet. Der Nullpunkt hatte Dynamik, eine wichtige Eigenschaft.

Das Nichts prägte dem Nullpunkt einen schöpferischen Gedanken ein: "Mach aus mir, was du willst. Mach das Unbekannte bekannt! Erlaube mir (dem Nichts) zu wissen, was Ich bin." Das Ur-Bewußtsein, dieser Punkt im Nichts, (wobei man von der Geometrie her erinnert, daß ein Punkt keine Dimensionen hat), wendete sich nach innen zu sich selbst und betrachtete sich selbst. Als Ergebnis war ein zweiter Gedanke, ein anderer Punkt der Bewußtheit, ein sekundäres Wesen, geschaffen worden. Genau genommen erschienen zahlreiche bewußte Punkte gleichzeitig, und jedes Individuum, das nun existiert, war einer dieser bewußten Punkte. Zwischen dem Nullpunkt und dem (den) zweiten Punkt(en) gab es ein Fließen, eine energiegeladene Atmosphäre; dort drinnen erschienen Zeit und Raum.

Ein Ort entstand in dem Nichts. Er füllte sich mit Energieteilchen, Prototeilchen, die durch das Auseinanderziehen zweier Ebenen in Erscheinung traten und dessen Produkt waren. (In Ramthas System, sowie in anderen gnostischen Systemen, entstanden sieben Ebenen des Bewußtseins. Der ursprüngliche Nullpunkt befindet sich an der Spitze der siebten Ebene. Dieser wird auch der siebte Himmel genannt.)[4] Diese Wesen lebten in einer neuen Atmosphäre, die mit Ultra-Frequenz-Energie gefüllt war. Diese Energie entspricht den Teilchen der subatomaren Physik, jenen mysteriösen Teilchen, die sich genau so zu verhalten scheinen, wie der Beobachter es erwartet. Sie sind teilweise gesteuert durch die Gedanken des Beobachters (der Wesenheit).

Die sieben Ebenen des Universums

Die sieben Ebenen des Universums spiegeln sich in zahlreichen Realitäten wider; einige bilden einen wichtigen Teil von Ramthas Lehren. Die wichtigsten Parallelen, einschließlich der sieben Siegel im Körper, die später in diesem Kapitel besprochen werden, sind in Tafel 1 aufgelistet.

Wie in Ramthas System erwähnt wurde, entstanden sieben Ebenen. Aufgrund ihrer relativ großen Nähe zum Nullpunkt und der siebten Ebene, schwingen Wesen in der sechsten Ebene in einer außerordentlichen Hyper-Frequenz-Energie. Und als Wesen dachten und Erfahrungen machten, schufen sie durch ihre Gedanken eine mögliche Welt aus der Potentialität des Nichts. Diese Teilchen schwangen ebenso in der Hochfrequenzebene, in der die Wesen existierten. Da sich die Zeit relativ zur Frequenz verhält, bewegte sich die Zeit ebenfalls außerordentlich schnell. Als die Wesen dachten, erschufen sie, wodurch die Energieteilchen in eine Form geprägt wurden. Und als sie dachten, machten sie die Erfahrung. Diese wiederholte Gestalt von Gedanke – Schöpfung – Erfahrung wird *Verstand* genannt. Verstand* ist das Hauptprodukt des Lebens innerhalb der Existenzebenen. Doch es gab auch den Drang mehr zu kennen.

Eine wichtige Lehre geht aus der Besprechung der sechsten Ebene hervor. Zu erschaffen bedeutet zu denken; Denken läßt entstehen. Obwohl andere Schritte daran beteiligt sein mögen, vor allem auf den niederen Ebenen, ist auf jeder Ebene der anfängliche Gedanke der wichtige schöpferische Moment, der notwendig ist, um jedwede Realität hervorzubringen.

Der Vorgang der weiteren Erforschung des Nichts, des Potentials, begann mit dem Zurückfokussieren auf den Nullpunkt. Durch das Zurückfokussieren kehrten die Wesen tatsächlich zu ihm zurück und bewegten sich anschließend weiter fort. Dadurch

---

* Anmerkung des Übersetzers: Verstand = engl. mind

erschufen sie die fünfte Ebene. Die Entfernung zwischen den Wesen und dem Nullpunkt schuf eine neue Atmosphäre, die sich durch eine langsamere Frequenz unterschied. Hier war die Zeit noch immer sehr schnell, doch im Verhältnis zur sechsten Ebene war sie langsamer.

Die Bausteine der fünften Ebene waren jene Energie-Teilchen, die von der sechsten Ebene kommend verlangsamt wurden. Hier wurde eine neue Welt erschaffen, wobei auf das Wissen der sechsten Ebene und die Möglichkeiten der neuen, fünften Ebene zurückgegriffen wurde. Jedes Wesen erschuf einen Energiekörper, der im Einklang mit der neuen Ebene schwang. Jedes Wesen entwickelte einen neuen Verstand durch seine schöpferische Tätigkeit.

Charakteristisch für die fünfte Ebene ist eine goldene strahlende Färbung aufgrund der Verlangsamung der Energie-Teilchen, als diese sich von der sechsten zur fünften Ebene bewegten. Wenn eine Frequenz verlangsamt wird, verfällt sie. Wenn sie verfällt, gibt sie Strahlung ab, und auf dieser Ebene erscheint sie als goldene Färbung. Jede Ebene unterscheidet sich von allen anderen in einer Weise, die den Ebenen entspricht auf denen Elektronen existieren, während sie Energiebündel aufnehmen und abgeben.

Wiederum hatten Wesen den Drang, andere Aspekte des Nichts zu erkunden, das Unbekannte bekannt zu machen. Um die vierte Ebene herzustellen, fokussierten Wesen wiederum zurück auf den Nullpunkt, kehrten zu ihm zurück und bewegten sich dann in einen Bereich, wo Zeit und Schwingung langsamer waren. Während dieses Vorganges ließen sie ihre goldenen Körper zurück und verlangsamten ihre Schwingungsrate.

Die vierte Ebene ist durchflutet von einem bläulichen Licht, wiederum ausgehend von dem strahlenden Verfall der Teilchen der fünften Ebene. Diese Ebene ist die ultraviolette Welt, schön, doch langsamer als das goldene Reich der fünften Ebene. Hier kleideten sich die Wesen in blaue Körper. Mit dem Wissen, das sie von den höheren Ebenen mitbrachten und mit den Möglichkeiten der neuen Ebene, schufen sie hier wiederum eine neue Welt, die der Frequenz, in der sie lebten, entsprach.

Tabelle 1: Die Entsprechungen der sieben Ebenen

Ebene	Elektro-magnetisches Spektrum	Bewußtsein	Menschlicher Körper	Verkör-perung
7	Unendliches Unbekanntes	Ultra-Bewußtsein	Hypophyse	Nullpunkt
6	Gamma Strahlung	Hyper-Bewußtsein	Zirbeldrüse	Energie-Körper
5	X-Strahlung	Super-Bewußtsein	Schilddrüse	Goldener Körper
4	Ultraviolet	Brücken-Bewußtsein	Thymus-drüse	Blauer Körper
3	Sichtbares Licht	Bewußtheit	Solar Plexus	Licht-Körper
2	Infrarot	Gesellschaftliches Bewußtsein	Sacral Plexus	Astral-Körper
1	Hertz	Unter-Bewußtsein	Fortpflanz-ungsorgane	Physischer Körper

Ramtha betont zwei Ideen. Erstens: alle lebenden Menschen sind durch die siebte, sechste, fünfte und vierte Ebene hindurchgegangen. Sie haben alle die Körper besessen, die den Ebenen entsprachen, die sie zurückließen. Diese Körper warten auf sie, wenn sie zurückkehren oder wenn sie den Wunsch haben, sie zu benutzen. Zweitens: der Körper der sechsten Ebene hat keine Form, und der Körper der fünften Ebene nahm die Umrisse des gegenwärtigen physischen Körpers an, wenn auch keinen der besonderen Aspekte. Der blaue Körper der vierten Ebene, war zwar erkennbar menschlich jedoch androgyn. Er hatte die Möglichkeit, männlich oder weiblich zu sein.

Auf der vierten Ebene wurde eine Wahl getroffen. Einige Wesen fanden die vierte Ebene so schön und zufriedenstellend, daß sie beschlossen zu bleiben. Andere entschieden sich dazu, den Erkundungsprozeß fortzusetzen, indem sie auf die dritte Ebene hinabstiegen, dem Reich des sichtbaren Lichts.

Der Urknall

Die Bewegungen durch die Ebenen hindurch auf die vierte Ebene waren verhältnismäßig reibungslose Übergänge gewesen. Der nächste Schritt auf die dritte Ebene, der als solcher für die Bewohner der vierten Ebene bereits eine umstrittene Angelegenheit war, wurde ein traumatisches, explosives Ereignis. Diejenigen, die sich entschlossen hatten weiterzugehen, taten dies. Sie kamen an der Grenze der ultravioletten Ebene zusammen und unternahmen ihren Abstieg auf die nächste Ebene. Als sie hinabstiegen, löste dieses Ereignis den sogenannten Urknall aus. Die Teilchen, die durch den Vorhang, der die vierte von der dritten Ebene trennte, hindurchgezogen wurden, explodierten und teilten sich in ihre polaren Gegenteile negativ und positiv, Licht und Dunkel, ein magnetisches Anziehen und Abstoßen. Sogar die Zeit selbst spaltete sich.

Die dritte Ebene ist die Ebene des Lichts und die Wesen, die in diese Ebene hineingegangen waren, kleideten sich in schöne, wenn auch verhältnismäßig (im Verhältnis zu der vierten Ebene) langsam schwingende Lichtkörper, deren Teilchen in dem Frequenzbereich des sichtbaren Lichts schwangen. Diese strahlenden, leuchtenden, nichtmateriellen Körper entsprachen einer Welt, die vom Licht erschaffen wurde.

Lichtkörper werden häufig von Leuten beschrieben, die Erlebnisse im todesnahen Bereich hatten, und sie berichten, daß sie Lichtwesen trafen. Viele Berichte beschreiben solche Ereignisse in einem traditionellen christlichen Zusammenhang und schreiben dem Lichtkörper, dem sie begegneten, als sich das Bewußtsein von dem physischen Körper löste und in das Reich der Lichtwesen glitt, sogar Christus ähnliche Eigenschaften zu. Wie auch immer, Ramtha besteht darauf, daß diejenigen, die Erlebnisse im todesnahen Bereich haben, den höheren Wesen ihrer eigenen Lichtkörper begegnen.[5]

Wenn Wesen auf die zweite Ebenen weiterzogen, kleideten sie sich in Körper und erschufen eine Welt aus den Schwingungen des infraroten Bereichs. Dieses Reich wird von den Spiritisten des neunzehnten Jahrhunderts und in der ältereren esoterischen Literatur das Astralreich oder das Schattenland genannt. Es stellt eine Verlangsamung des Lichtes dar und könnte am besten als das negative Abbild des Lichtreiches angesehen werden. Es ist das Reich des Hellsehers, in dem hellsichtige oder außersinnliche Kommunikation (ESP = extrasensory perception) auftritt. Die Körper in diesem Bereich ähneln Schatten (dem traditionellen Geist). Die zweite Ebene ist auch das Reich der erdgebundenen Wesen. Menschen können die Astralebene nach ihrem Tod als ein schreckliches Reich empfinden, wenn sie dort wieder erscheinen.[6]

Der endgültige Abstieg auf die erste Ebene wurde vollzogen, als sich Wesen in das langsamste Reich der groben Materie bewegten, was als Koagulation beschrieben wird. Energie verwandelt sich in den koagulierten Zustand, den wir als Materie kennen. Als Wesen das Leben auf der materiellen Ebene begannen, begann die Geschichte des Menschen (oder eher Vorgeschichte).

Das Leben der sich entfaltenden Götter

Der Vorgang, durch welchen sich die Götter in Körper kleideten, die denen, die wir heute haben, recht ähnlich sind, hatte drei schöpferische Schlüsselphasen. Als erstes erschufen sich die Götter Körper, die auf primitive Weise androgyn waren. Wenn ein neuer Körper gewünscht wurde, konnte er durch Klonen erzeugt werden, weil jede Zelle (im DNS) das Muster des Ganzen in sich trug. Dieser Prozeß ließ jedoch keinen Raum für Neues. Deshalb gab man in der zweiten Phase das Klonen auf, und die Götter lernten, neue Körper mit Gedanken zu erschaffen. Sie erträumten Körper und koagulierten sie aus dem "Stoff der Erde" – den Energieteilchen der Welt. Sie wandten sich dann ihrer Aufgabe zu, das Unbekannte bekannt zu machen und aus den geträumten Bildern eine Welt zu bauen. Sie schufen einen Entwurf, nach dem die Welt sich richten würde; die Bibel sagt, daß Adam den Kreaturen des Gartens Eden ihre Namen gab. Die Götter konnten also nicht nur Körper erträumen, sondern sie konnten auch Gegenstände "erträumen", und die Gegenstände manifestierten sich dann.[7] Die Welt, wie wir sie kennen, die Flora und Fauna, ist entstanden aus den Träumen der Götter im Laufe der Jahrtausende. Die schöpferische Kraft der Träume erreichte jedoch einen Punkt der Erschöpfung, und der Vorgang des Bilder-Produzierens begann sich zu wiederholen.

In der dritten Phase erfuhren die Wesen, daß das Leben um sie herum, vor allem das Leben der Tiere, bipolar war – es hatte ein Geschlecht. Demzufolge stellten sie sich einen neuen Körper vor, das duale Selbst. Doch der Prozeß, eine neue Schöpfung ins Leben zu bringen, erforderte mehr als die schlichte Koagulation von Partikeln in die Existenz von grober Materie. Es verlangte eine radikale Rückkehr zur vierten Ebene.

Als die Wesen zu der vierten Ebene zurückkehrten, brachten sie alle ihre Erlebnisse aus dem Leben auf der ersten, zweiten und dritten Ebene mit. Auf der vierten Ebene und mit den Möglichkeiten ihrer blauen Körper begannen sie, das Bild von Körpern mit Geschlecht zu erschaffen. (Der blaue Körper ist geschlechtslos, trägt jedoch die Möglichkeit für Geschlechtlichkeit in sich.) Einige entschlossen sich für das männliche Geschlecht (positiv im elektrischen Sinne) und andere für das weibliche (negativ im elektrischen Sinne). Weder das Bewußtsein noch der blaue Körper übernahmen eine geschlechtliche Identifikation, doch als die Wesen auf die dritte Ebene zurückkehrten, nahmen ihre Lichtkörper sofort entweder eine männliche oder weibliche Identifikation an, und auf der zweiten Ebene nahmen ihre Astralkörper sexuelle Polarität an. Als die Wesen in ihre groben Körper auf der ersten Ebene zurückkehrten und aus ihrem Schlaf erwachten, "waren einige wie Adam, mit männlichen Geschlechtsorganen, und einige wie Eva, mit den ihr eigenen weiblichen Organen."[8] Diese Rückkehr erfolgte vor zehneinhalb Millionen Jahren.

So waren neue Möglichkeiten vorhanden, einschließlich des miteinander Teilens von Sexualität und der Zeugung von Kindern. Die Kinder konnten die intensiven Ideen, die ihre Eltern von Veränderungen geträumt hatten, verkörpern. Der schöpferische Prozeß, das Unbekannte bekannt zu machen, konnte weitergehen.

Als die Götter in ihren neuen Körpern erwachten, sahen sie eine gewissermaßen neutrale Umgebung. Die Erde war umhüllt von Nebel, durch den die Sonne schien, doch ihr Licht war diffus. Ihre Körper, die sehr anders waren als die, die wir heute haben, waren behaart, ihre Arme waren länger, sie konnten auf allen vieren laufen, und ihre Finger und Zehen waren für das Klettern geeignet. Anthropologen gaben diesem neuen Menschen den Namen *Homo erectus*. Hier vollzieht Ramtha eine glaubwürdige Anpassung an die biologische Evolution, wie sie von Geologen und Anthropologen entwickelt wurde.

Ramtha betont, daß nicht beabsichtigt war, daß die Reinkarnation der Menschen für immer fortdauern sollte. Es war ein Spiel, das es zu erleben und zu genießen galt, ein neues Abenteuer in der Erforschung des Unbekannten. Doch einige Menschen haben nicht weniger als 30 000 inkarnierte Existenzen gelebt.

Während Ramtha diesen revidierten gnostischen Mythos darlegt, beginnen die Schüler das Grundprinzip hinter vielen Behauptungen der anfänglichen Dialoge zu verstehen und beginnen ein neues Selbstbild zu erstellen. Sie verstehen, daß sie die ursprüngliche Schöpfung des Nichts sind, nicht das Endprodukt. Sie erkennen, daß sie weder von einer launenhaften Gottheit hierher gebracht wurden, noch sich durch bloßen Zufall weiterentwickelt haben; sie haben gewählt hierher zu kommen, um das

Leben in grober Materie zu erleben. Sie sind weder dazu bestimmt noch gezwungen, lediglich passiv auf von außen kommende Kräfte zu reagieren (egal ob diese physischer, biologischer oder psychologischer Art sind). Sie sind dazu bestimmt, die aktive schöpferische Kraft in der Welt zu sein. Sie sind schläfrige, faule Meister, die vergessen haben, und sie haben ihre Absicht, ihre Macht und ihre Fähigkeiten verleugnet. In ihrem Unterbewußtsein befinden sich alle Realitätsebenen, derer sich die meisten nur undeutlich gewahr sind. Durch ein Eindringen in jene Realitäten, so versichert Ramtha, können sie ihren verlorenen Status zurückerlangen.

Tod und Jenseits

Menschen sind gewöhnlich wißbegierig in Bezug auf den Tod. Überleben wir, und wenn ja, in welcher Form? Gehen wir weiter in ein himmlisches Dasein, oder reinkarnieren wir uns? Ramtha hat deutlich über diese Themen gesprochen mit Begriffen, die einem Spiritisten oder Theosophen vertraut wären, wenn auch weniger einem traditionellen Christen. Laut Ramthas Kosmologie begegnen wir nach unserem Tode sofort der Astralwelt. Unsere Astralkörper sind Spiegelbilder unserer physischen Körper. Nach Ansicht derer, die solche Astralkörper gesehen haben (und Menschen, die vor kurzem gestorben sind, in ihren Astral-Körpern zu sehen – als Geister – ist ein allgemein berichtetes Erlebnis), können sie gelegentlich so substanziell und so wirklich wie physische Körper erscheinen; andere Male erscheinen sie etwas undeutlich und geisterhaft. Der Bibelübersetzer J. B. Phillips zum Beispiel, berichtet von seinen Erlebnissen mit dem theologischen Autor C. S. Lewis, den Phillip nicht gut kannte und nur ein Mal persönlich getroffen hatte.

Wenige Tage nach seinem (Lewis') Tod, während ich Fernsehen schaute, "erschien" er mir und sprach einige Worte, die in besonderem Bezug standen zu den schwierigen Umständen, die ich damals durchlebte. Er hatte eine gesündere Gesichtsfarbe denn je, grinste über das ganze Gesicht, und wie das alte Sprichwort sagt: er strahlte vor Gesundheit.[9]

Astralkörper können gelegentlich auf Film festgehalten werden. Leute haben berichtet, wie sie den Astralkörper vom physischen Körper haben fortgleiten sehen, als er sich im Moment des Todes löste. Einigen, die von dem Leben nach dem Tod nichts wissen, bietet die Astralwelt das gewohnte Dasein. Wenn man den Geschichten der Spiritisten Glauben schenken kann, bemerken die Menschen mitunter nicht einmal, daß sie tot sind. Sie gehen manchmal durch ihre Häuser und an ihre Arbeitsplätze, als wären sie immer noch am Leben, und erst allmählich erkennen und akzeptieren sie ihren Zustand, wenn ihnen klar wird, daß sie unfähig sind, zu kommunizieren oder Gegenstände hochzuheben.

In der Literatur der Spiritisten gibt es zahlreiche Berichte, die beschreiben, daß Spuk auf Menschen zurückzuführen ist, die emotional an das physische Dasein gebunden sind und unfähig oder nicht gewillt sind weiterzugehen, bis ihre unerledigten Aufgaben erledigt sind. Ramtha sagt ebenfalls, daß es ein unglücklicher und unnatürlicher Zustand ist, im Astralkörper festzustekken.

Normalerweise gehen wir nach dem Tode in das Reich des Lichts(dritte Ebene). Dieses Reich entspricht dem Sommerland des Spiritismus des neunzehnten Jahrhunderts und dem christlichen Himmel. Hier begegnen wir unserem Lichtkörper, und unser Bewußtsein ergreift erneut Besitz von ihm. Das Wissen von unserem unmittelbar vorangegangenen letzten Leben geht verloren. Ebensowenig erinnern wir unsere vergangenen Inkarnationen, weil das Wissen davon ausgelöscht wurde. Alles was erhalten bleibt, ist das Wesentliche, was man aus Erfahrungen gelernt hat, tiefverwurzelte Charakterzüge und gewohnheitsmäßige Verhaltensmuster. Die Weisheit, die wir erlangt haben (oder die angenommene Unwissenheit)), kehrt mit uns in eine neue Inkarnation zurück und tritt in einer anderen Form von individuellen Charaktereigenschaften zum Vorschein, die sich mit Informationen mischen, die durch die DNS unserer Eltern weitergegeben wurden.

Unsere gegenwärtigen Lichtkörper spiegeln ebenfalls unsere gegenwärtigen physischen Körper wider; demzufolge ist die Gelegenheit zu einer Veränderung in der nächsten Inkarnation äußerst begrenzt. Lediglich jene wenigen Ereignisse, die uns stark beeindrucken und zu einer bedeutenden Veränderung der Persönlichkeit führen, werden in die neue Inkarnation mitgebracht.

Ramtha sagt auch, daß jede heutzutage lebende Person mit über tausenden von Inkarnationen eine große Bandbreite an menschlichen Erfahrungen erlebt hat. Wir haben Leben gelebt, die wir für sehr gute Leben und sehr schlechte halten mögen; wir haben geliebt und gehaßt, haben andere zum Opfer gemacht und sind selbst das Opfer anderer gewesen, haben getötet und sind getötet worden. Was von anderen Karma genannt wurde, wirkt in gewissem Maße, doch ist es auf keinen Fall das universelle "gesetzliche" Prinzip, auf das viele New Age-Anhänger vertrauen. Laut Ramtha leben wir in einem Universum, in dem Moral für das menschliche Dasein notwendig ist, um die Arbeit der Götter in ihrer vorrangigen Aufgabe das Unbekannte bekannt zu machen zu fördern. Angesichts der ewigen Existenz des Selbst sind die Besonderheiten der menschlichen Kultur und der gesellschaftlichen Interaktion nur von relativer Wichtigkeit und sind nicht relevant in Bezug auf die höchsten Anliegen.

Das Erreichen der Ebenen

Urzeitliche Menschen, die sich beim Eintritt in ein physisches Dasein noch an ihre Herkunft und ihre Zweckbestimmung erinnerten, konnten alle Ebenen erreichen, durch die sie hindurchgegangen waren. Heute können wir die Ebene, die Ramtha die Astralebene nennt, sogar in unserem Zustand des Vergessens einfach erreichen, und jeder von uns tut dies regelmäßig, wenn auch nur während des Schlafens oder wenn wir gemäß unserer Intuition handeln. Der Zugang zur Lichtebene (dritte Ebene) ist ebenfalls relativ einfach. Viele von uns haben dies erlebt, wenn auch nur in eigentümlichen Momenten (wie die von Leuten, die todesnahe oder andere Arten von hellsichtigen Erlebnissen gehabt haben).[10]

Ramtha lehrt die Schüler Wege, die Ebenen bewußt zu erreichen. Diese Wege bilden den Kern der Schule und dienen den Schülern in sehr ähnlicher Weise, wie pietistische Übungen Kirchenmitgliedern dienen. Zum Beispiel: als junger Christ wurde ich gelehrt, daß es wichtig ist, christliche Nächstenliebe zu zeigen, die Bibel zu lesen und zu verstehen, täglich zu beten und regelmäßig an Gottesdiensten teilzunehmen sowie viel weniger wichtige Regeln. Für ein Mitglied einer metaphysischen oder gnostischen Gruppe sind andere Dinge wichtig, doch im allgemeinen steht am Anfang der Liste das, was man Demonstration oder Manifestation nennt. Wenn der Zugang zu der geistigen Welt geöffnet ist, wird großer Wert darauf gelegt zu zeigen, daß man Zugang erlangt hat und anschließend die Meisterschaft über Aspekte dieser Welt manifestiert hat.[11]

In Ramtha's School of Enlightenment ist das Verständnis der inneren Strukturen der Welt und der Evolution von Menschen der erste Schritt, Zugang zu den Ebenen und eine gewisse Kontrolle über diese zu erlangen. Der wichtigste Aspekt ist jedoch die Anwendung der praktischen Übungen (diese werden in Kapitel 6 besprochen). Ramthas Philosophie informiert die Schüler darüber, was sich ereignen wird, und bietet ihnen auch Richtlinien dafür, was die Schüler sich bemühen sollten zu erreichen, wenn sie die Übungen ausführen. Und weil die Idee die Handlung beschreibt, macht die Handlung die Idee klar, verständlich und annehmbar.

Das gnostische System ist für alle Schüler neu, und es wird angenommen, daß am Anfang keiner richtig daran glaubt, da es für die auf gewöhnlichem Menschenverstand basierende Philosohpie im westlichen Stil ein Schlag ins Gesicht ist. Sobald die Schüler jedoch Erlebnisse mit ihren Astralkörpern, Lichtkörpern und blauen Körpern haben, wobei alle qualitative Unterschiede besitzten, wird das Grundprinzip der Philosophie verständlicher und es zu leben annehmbarer. Hier nehmen die fortgeschrittenen Schüler oftmals wiederholt an den Workshops für Anfänger teil, bei denen sie, wie sie berichten, Lehren verstehen, die ihnen vorher vollständig entgangen waren.

Um zu verstehen, wie die Schüler das Verhältnis zwischen Ramthas philosophischen Lehren und ihren Erlebnissen in geistigen Übungen empfinden, ist es notwendig zu verstehen, wie die meisten christlichen Kirchen theologische Affirmationen beurteilen im Gegensatz dazu, wie gnostische Gruppen Glaubenssysteme beurteilen. Die meisten Kirchen leiten ihre Überzeugungen von der Bibel ab und benutzen eine dem Glaubensbekenntnis ähnliche Erklärung, eine Zusammenfassung der Hauptlehren der Bibel, die an sich in gewisser Weise schon als eine Offenbarung Gottes betrachtet wird. Junge Christen werden aufgefordert, jene Glaubenshaltung zu bestätigen und sich in ihrem Verhalten danach zu richten. Wenn alles gut geht, wird die Wahrheit einiger jener Glaubenshaltungen später durch Lebenserfahrung bestätigt. Einige Glaubenshaltungen betreffen jedoch Angelegenheiten, die erst im Leben nach dem Tod bestätigt werden können, und der Aufstieg zu diesen Wahrheiten wird allgemein erwartet, obwohl sie nicht erfahren werden können.

In gnostischen Gruppen ist Wahrheit sofort und unmittelbar mit dem Erlebnis von bestätigenden Ereignissen verbunden. Die Theosophie zum Beispiel benutzt häufig die Redewendung: "Es gibt keine Religion, die höher ist als Wahrheit." Theosophische Gruppen bieten ein genaues Weltbild. Sie verteilen außerdem Literatur und finanzieren Redner, die viele Variationen zu diesem Weltbild bieten. Man muß ihre Lehren nicht annehmen, um Mitglied zu werden. Die Führung vertraut jedoch darauf, daß diejenigen, die ihr Studium der Theosophie fortführen, ihre Lehren als Wahrheit annehmen werden. Gleichermaßen bietet Ramtha ein deutliches Bild von der Welt, das nicht völlig anders ist als das der Theosophie (aber dennoch in mehreren Schlüsselpunkten abweicht). Die Annahme der Lehren wird nicht verlangt; sie sind schließlich nur Philosophie, die hilfreich sein kann bei der Interpretation der Erlebnisse, die bei der Anwendung entstehen. Wenn man die Übungen jedoch fortsetzt, werden Erlebnisse die "Wahrheit" der Lehren bestätigen. Zusammen bilden die Lehren und Erlebnisse ein vollständiges Paket, das zu einem späteren Zeitpunkt angenommen oder abgelehnt werden kann.

Die Dynamik des Gehirns

Ramtha zeigt eine gesunde Achtung gegenüber dem Körper im allgemeinen und dem Gehirn im besonderen; eine Achtung, die in der gnostischen Tradition weitgehend fehlt, die dazu neigte, das Materielle (einschließlich des Körpers) zugunsten einer vollständigen Konzentration auf das Geistige zu vernachlässigen. Ramtha aber hält das Gehirn für ein wunderbares Produkt

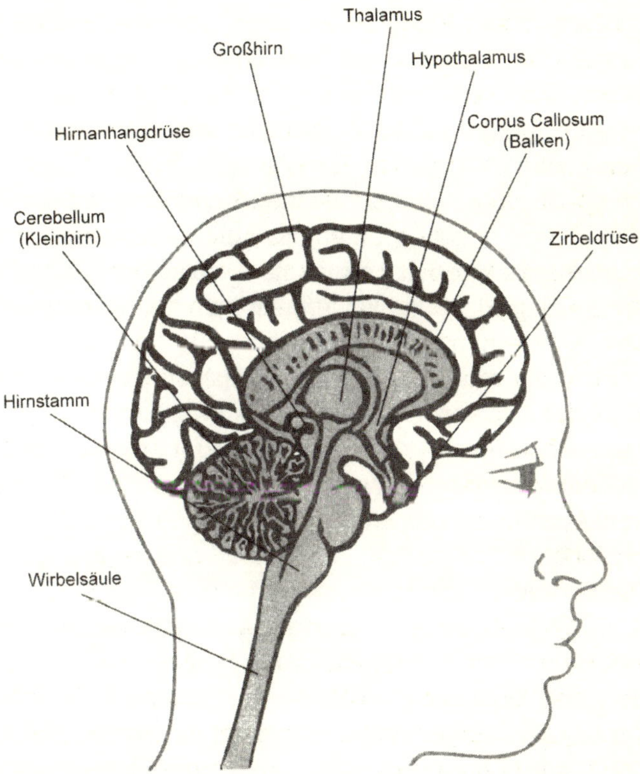

der Evolution und ein angemessenes Verständnis seiner Funktionsweise für ein notwendiges Element auf dem Weg zur Erleuchtung. Und schließlich kann der physische Körper unsterblich werden, wenn er die Behausung eines erwachten bewußten Selbst wird. Auf der physischen Ebene sind die Körper Gottes aber angemessene Vehikel für ihre gegenwärtige Mission.

Die Struktur des Gehirns wird im allgemeinen in drei Abschnitte geteilt: das *Kleinhirn* mit dem Cerebellum und unteren Hirnstamm; das *Mittelhirn* mit dem oberen Hirnstamm und das *Vorderhirn* mit dem Thalamus, dem Hypothalamus, der Hypophyse, der Zirbeldrüse, dem Balken und dem neuzeitlichen Großhirn (siehe Bild 1). Der Hirnstamm geht in die Wirbelsäule über und hinein in das peripherische Nervensystem des Körpers. Wenn auch das Gehirn größtenteils noch unbekannt ist, so haben gewisse Teile doch bestimmte Funktionen. Zum Beispiel werden Gleichgewicht und Koordination im Kleinhirn reguliert. Im Hirnstamm sitzten die Kontrollzentren für das Verdauungssystem, die Atmungsorgane und den Kreislauf. Der Hypothalamus koordiniert die beiden Systeme, die Anweisungen zum Körper schicken: das Nervensystem (elektrisch) und das endokrine System (chemisch). Der Thalamus sortiert und überträgt Impulse der Sinnesorgane an das Großhirn. Das Großhirn steuert willentliche motorische Funktionen, bearbeitet Sinneseindrücke, die von den Augen, Ohren, der Nase, dem Mund und der Haut kommen und speichert Erinnerungen. Denken – das intellektuelle Bearbeiten von Ideen – erfolgt ebenfalls im Großhirn. Viele vermuten, daß die Hypophyse und die Zirbeldrüse der Sitz für übersinnliche Fähigkeiten sind. Einige esoterische Lehrer sagen, daß die Zirbeldrüse dem sogenannten dritten Auge, dem Bereich von ESP* , entspricht.

Der für Ramthas Schüler wichtige Teil der Gehirn- und Körperfunktion betrifft die Art und Weise, in der das Träumen und Imaginieren erfolgt. Das Große Werk – magische Kräfte zu haben, ein Schöpfer der Welt zu werden – beginnt damit, daß man

---

* Anmerkung des Übersetzers: ESP = engl.: Extrasensory Perception = außersinnliche Wahrnehmung

lernt, Bilder im Gehirn zu erschaffen, diese Bilder im Bewußtsein zu halten und dem Bewußtsein zu erlauben, sie zu manifestieren.

Das Verständnis vom Gehirn beginnt mit der Betrachtung des ursprünglichen Gehirns des *Homo erectus*, denn es ist das Ziel der Schule, einige der Fähigkeiten wiederzuerlangen, die verdrängt wurden, als das Großhirn sich entwickelte und zum maßgebenden Teil des Gehirns wurde. Im *Homo erectus* empfing das Cerebellum Informationen aus der Sinneswelt in Form von Frequenzimpulsen und verwandelte sie in mentale Bilder. Das Kleinhirn konnte diese Informationen auch für zukünftigen Gebrauch speichern. So konnte *Homo erectus*, wenn er einmal den Schrei eines Ziegenmelkers gesehen und gehört hatte, seinen einzigartigen Ruf nachahmen; *Homo erectus* konnte dieses Bild und diesen Klang erinnern, unabhängig davon ob er es je wieder sah oder hörte. Die Zirbeldrüse und der Thalamus empfingen Informationen auf übersinnliche Weise durch einen Gedanken, ohne die Sinne und direkt von der Umwelt. Diese Informationen wurden dem Cerebellum mitgeteilt, das es in Bilder umwandelte. Schließlich konnte *Homo erectus* mit Hilfe der Zirbeldrüse auch intuitiv mit anderen Wesen, belebten und unbelebten, kommunizieren.

Das Cerebellum, der Hirnstamm und die Drüsen dienten als Thron, der den Teil des Gehirns unterstützt, der als heiligster Teil des Körpers angesehen wurde: die Front des Vorderhirns (damals das Corpus Callosum, heute das Großhirn). Dies ist der Platz, den die meisten Menschen in spiritistischen, metaphysischen und New Age-Kreisen als das dritte Auge bezeichnen. Wenn man die Augen schließt und sich vorstellt, daß man auf einen Bildschirm im Kopf schaut, dann scheint man auf die Stirn oberhalb der Nase zu schauen. Hier erscheinen Bilder, wenn man meditiert oder fantasiert. Was auch immer an diesem Platz festgehalten wird, ist das, was Ramtha als Traum bezeichnet. Bilder innerhalb des Stirnlappens werden in der Außenwelt verwirklicht werden.

Homo erectus verstand die Kraft des Traumes, des Bildes, das im Bereich des Stirnlappens im Bewußtsein gehalten wird. *Homo erectus* fokussierte auf ein Bild, ging schlafen und erwachte dann, um das als manifestiert vorzufinden, was er erträumt hatte. Diese frühen Menschen wußten, daß sie Götter waren mit der Mission, das Unbekannte bekannt zu machen. Sie kannten die Zukunft nicht, die nur als Potential existierte. Doch sie hatten eine bewußte Verbindung durch die Ebenen nach oben zum Nullpunkt.[12]

Was immer im Vorderkopf ruht, wird durch die Aktivität des Nervensystems vom gesamten Organismus als ein Traum erlebt. Wir verstehen diese Tatsache nicht, sagt Ramtha. Anstatt willentlich Bilder in den Stirnlappen zu legen, empfangen wir lieber in passiver Haltung Bilder von der Kultur, und jene Bilder werden für uns Realität. Wir zwingen uns eine Realität auf, anstatt der Schöpfer dessen zu werden, was sein wird.

Indem er seine geistigen Übungen benutzt, übernimmt Ramtha nun eine herkulische Aufgabe, nämlich die Auswirkungen von Jahren geistiger Passivität umzukehren und die Schüler in Schöpfer zu verwandeln, die Realität formen und gestalten können, die die Fähigkeit haben, die ursprüngliche Hauptanweisung, das Unbekannte bekannt zu machen, zu verstehen und fortzusetzen.

Oben: Ramthas Schüler nehmen an der Feldarbeit teil. *Unten links*: Ein Schüler fokussiert während der Feldarbeit. *Unten rechts*: Nach der Feldarbeit trägt eine Schülerin stolz die Karten, die sie gefunden hat.

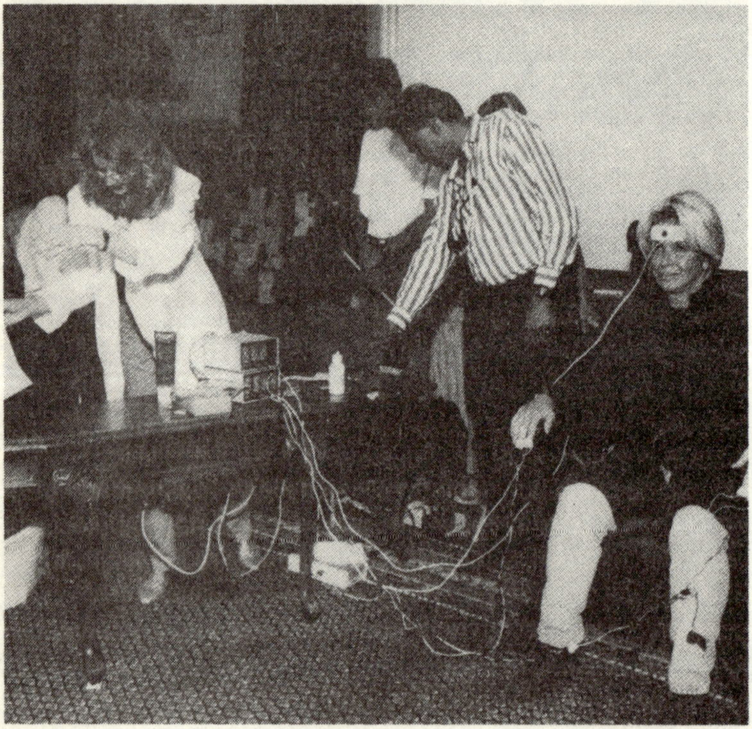

Oben links: JZ Knight. *Oben rechts*: JZ Knight während sie Ramtha "channelt". *Unten*: Wissenschaftler verkabeln JZ Knight, als sie sich darauf vorbereitet, Ramtha zu "channeln".

6

Übungen zur Geistigen Entwicklung

Als ich zum ersten Mal Ramtha's School of Enlightenment besuchte, sah ich Schüler, die in eine äußerst ungewöhnlichen Aktivität vertieft waren. Mit verbundenen Augen gingen sie in einem großen, von einem brusthohen Zaun umgrenzten Feld herum. Man sagte mir, daß dieser Verrücktheit eine Methode zugrunde lag. Die Schüler suchten nach karteikartenartigen Karten, die sie früher am Tag angefertigt hatten, und die, mit der Vorderseite nach unten, am Zaun befestigt worden waren. Ich wurde eingeladen, an dem Getümmel teilzunehmen und fertigte eine Karte an, auf die ich ein Bild malte von etwas, das ich mir sehr wünschte. Mit einer geliehenen Augenbinde und einigen rudimentären Anweisungen, wie man sich an das Feld gewöhnt, startete ich mit den widerstreitenden Gefühlen, niemals fähig zu sein, unter einigen hundert anderen Karten, meine zu finden und mit einem Vertrauen , daß wenn jeder es konnte, ich es auch konnte. Kurz nachdem ich das Feld betrat, rief jemand, daß sie ihre Karte gefunden hatte; danach jubelte und schrie alle paar Minuten ein anderer (es wurde bald schwer, die Zeit einzuschätzen). Mein Vertrauen stieg, obgleich die Berechnungen über die geringe Chance, meine Karte zu finden, meinen Kopf füllte. Dann stellte sich ein anderer Gedanke ein: “Und im übrigen, wo ist der Zaun?” Ich war seit einiger Zeit im Feld und mußte noch den Weg zum Rand finden. Als ich schließlich den Zaun erreichte, hatte ich einen kleinen Graben überquert und war am anderen Ende des Feldes. Nachdem ich mich ein wenig an die räumliche Umgebung gewöhnt hatte und gelernt hatte, in geraden Linien zu gehen anstatt in Kreisen, tauchten zusätzliche Schrecken auf. Obwohl sich Yelm in der ruhigen ländlichen Umgebung des Staates Washington befindet, wurden mir rasch zahlreiche Ablenkungen bewußt, von vorbeifahrenden Lastwagen bis hin zum gelegentlichen Flugzeug. Die Hauptablenkung waren jedoch die anderen Leute: Nach kurzer Anwesenheit im Feld entsteht das

Verlangen, Erfolg zu haben. Andere Leute finden ihre Karten. Einige finden mehrere Karten. Warum kann ich es nicht? Dann besteht die Versuchung, den Sinn der Übung zu vergessen und um jeden Preis die Karte finden zu wollen. Hin und wieder, bis diese Phase vorbei ist, wird man ermahnt, nicht zu schummeln.

Ich muß wohl nicht erwähnen, daß ich trotz mehrstündiger gewissenhafter Bestrebungen meine Karte nicht fand. Die Zeit war jedoch nicht vergeudet. In dieser Zeit und in späteren Zeiten im Feld , lernte ich viel über den subtilen Druck, den diese Übung auf die Leute ausübt. In Gesprächen mit Schülern erwähnten alle, daß sie sich im wesentlichen mit den gleichen Problemen auseinandersetzen müssen.

Die wirklichen Fragen zu dem, was auf den ersten Blick als ein sinnloses Versteckspiel erschien, waren: Wie paßt es in das Übungsprogramm? Was hat es mit Spiritualität zu tun, wenn überhaupt? Wie kann die Suche nach einer Karte zu einem Schritt in der Entwicklung eines geistigen Lebens werden? Die einzige Übung, die mir dazu einfiel, war das meditative Gehen der Zen-Buddhisten, doch dies war weit hergeholt.

Nachdem alle das Feld verlassen und sich wieder in der Veranstaltungshalle versammelt hatten, ehrten Ramtha und die Schüler jene, die ihre Karten gefunden hatten. Doch warum war das Finden der Karte solch ein Grund zum Feiern? Auf all diese Fragen gibt es Antworten, aber die Beantwortung erfordert einen breiteren Überblick über das Programm zur geistigen Entwicklung, über die Form der äußeren Aktivitäten, die die Schüler ausführen, um mit dem inneren Selbst vertraut zu werden.

Bewußtsein und Energie

Aus Ramthas Philosophie, die die intellektuelle Grundlage der Schule darstellt, bildete sich ein Kernbegriff. Bewußtsein und Energie sind die wesentlichen Realitäten des Universums. Mit Energie geladenes Bewußtsein erschafft Realität. Daher kann ein fokussiertes und energiegeladenes Bewußtsein die Welt eines Individuums *neu-erschaffen*. Mit einem Verständnis von der Art und Weise, wie Gedanken dazu führen, daß sich Realität formt, behauptet Ramtha fähig zu sein, Schüler darin zu trainieren, Ideen im Bewußtsein zu halten und schließlich zu manifestieren. Die Methode wird Bewußtsein und Energie genannt (C&E für consciouness & energy), oder konzentriertes Träumen in Verbindung mit intensivem Atmen. C&E stellt den Kern der Information dar, die Anfängern angeboten wird und ist die Grundlage, auf der alle weiteren geistigen Übungen aufgebaut sind.

Die C&E-Übung ist am besten zu verstehen im Zusammenhang mit dem, was Ramtha die *sieben Siegel* nennt, die sieben universellen Ebenen, die sich im Körper manifestieren. Einige werden die Ähnlichkeit zwischen den Siegeln und *Chakren* erkennen. Chakren werden als die Sinnesorgane des ätherischen Körpers (oder menschlichen Doppels) angesehen und dienen als Bindeglied zwischen dem physischen Körper und seinem nicht-körperlichen ätherischen Doppel. Durch diese wird der Körper mit der notwendigen Vitalität versorgt. Chakra, ein Wort aus dem Sanskrit, das Scheibe oder Rad bedeutet, wird häufig entweder als ein sich drehender Energiewirbel oder eine sich entfaltende Lotosblüte dargestellt. Fünf oder sieben Chakren befinden sich an Punkten entlang der Wirbelsäule, vom unteren Ansatz bis hin zu dem Bereich hinter der Kehle. Die beiden letzten befinden sich auf der Stirn und an der Spitze oder Krone des Schädels (siehe Abbildung 2).

In theosophischen Lehren werden die Chakren im physischen Körper auch mit dem Nervensystem (an Stellen mit einer Ansammlung von Nervenzellen, die speziellen Teilen des Körpers dienen) und den endokrinen Drüsen, die Hormone direkt in den Blutkreislauf entlassen, in Verbindung gebracht. Das Nervensystem und die endokrinen Drüsen koordinieren und integrieren gemeinsam die Reaktionen der Person auf Stimmulationen, die sowohl von außen empfangen als auch von innen heraus erzeugt werden. Laut Ramtha schließt das Konzept der Chakren die Idee von Energiekreuzungen ein. Diese Überkreuzungen erschaffen ein Gittersystem; tatsächlich besteht der gesamte Körper aus einem Energiegitter, das einem riesigen Netz gleicht. Demnach wäre jede Energiekreuzung ein Chakra und alle Hauptkreuzungspunkte wären Haupt-Chakren.[1]

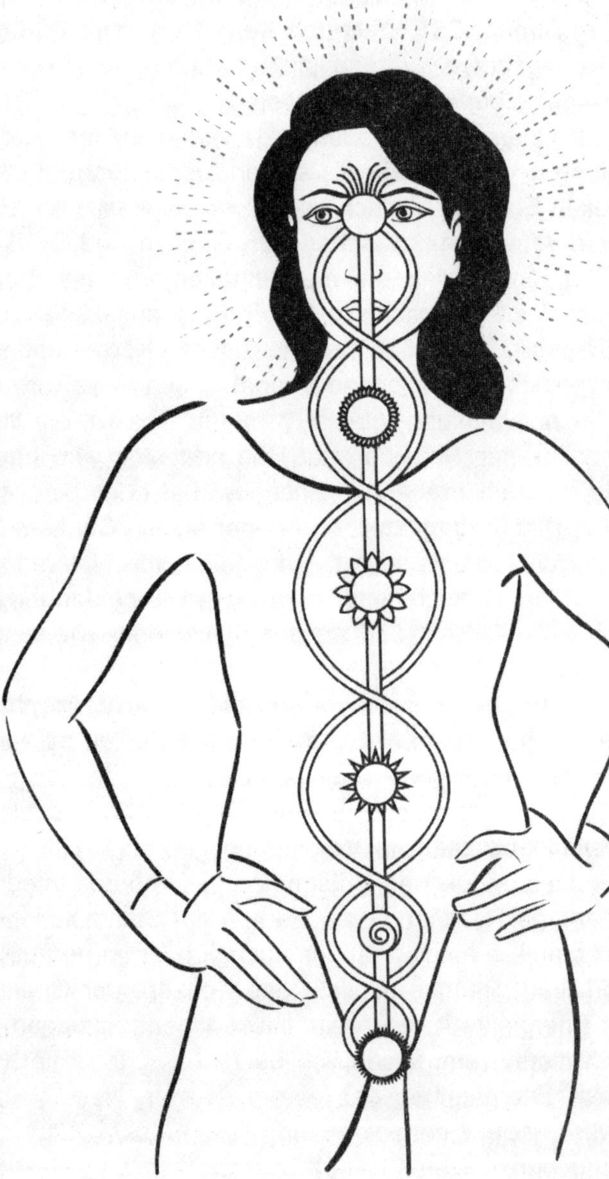

Ramtha ersetzt den Begriff der Chakren durch den der Siegel, Punkte am Körper, die mit den Ganglienzellen und den endokrinen Drüsen und ihren Hormonausschüttungen in Verbindung gebracht werden. (Für einen Vergleich von Chakren und Siegeln vergleiche Tafel 2.) Er benutzt die Metapher eines heißen Wachssiegels, das auf ein verschlossenes Dokument gesetzt wird und bemerkt, daß ein gebrochenes Siegel bedeutet, daß jemand das Dokument verändert hat. Im Körper ist ein Siegel ein Ort, an dem die Energie am machtvollsten ist, und wenn es geöffnet wurde, bricht die Energie frei hervor.

In durchschnittlichen Menschen sind die ersten drei Siegel offen. Diese Siegel beherrschen wichtige Bereiche unseres Lebens und entsprechen den Hauptthemen der Fortpflanzung oder Sexualität (erstes Siegel), des Schmerzes oder Überlebens (zweites Siegel) und der Macht (drittes Siegel), insbesondere gesellschaftlicher Macht (siehe Abbildung 3). Sie strahlen eine Energie aus, die individuelle Realität herstellt (und einschränkt). Wenn die Energie eines Menschen hauptsächlich aus einem Siegel strahlt, dann wird diese Energie weitgehend das Herstellen der Realität dieses Menschen bestimmen. Es ist somit angemessen, von bestimmten Persönlichkeitstypen zu sprechen, die sich durch den Ort, von dem sie Energie aussenden, bilden. Somit können wir von Leuten sprechen, deren Identität als sexuelle Wesen sich im ersten Siegel befindet, deren bloße Anwesenheit Sinnlichkeit ausströmt und deren Verstand auf sexuelle Erregung und Erfüllung ausgerichtet ist. Bei diesen Menschen beherrschen sexuelle Angelegenheiten die Bilder in ihrem Stirnlappen. Solche Leute sind magnetisch und ziehen Leute durch ihre bloße Anwesenheit an.

Einge Menschen leiden bis zur Hypochondrie. Ihre Identiät ist um das zweite Siegel (Schmerz) herum aufgebaut. Bilder von körperlichen Störungen herrschen in ihrem Stirnlappen vor, und ihre Welt dreht sich um Angelegenheiten, die aus ihrem Leiden herrühren. Jene, die vom dritten Siegel (Macht) her leben, werden schwache Individuen sein – Opfer, die fortwährend von anderen manipuliert werden, oder die Kehrseite des Opfers, der Quälende, die beherrschende Persönlichkeit, die immer andere manipuliert.

Tabelle 2: Die sieben Chakren im Vergleich zu den sieben Siegeln

Chakra	Ort	Nerven-ganglien	Endocrine Drüsen	Orte der sieben Siegel	Körper Entsprechung
7.	Oberer Kopf	Cortex Cerbri	Hypophyse	Stirn	Hypophyse
6.	Stirn	Plexus Caroticus	Zirbeldrüse	Mittelschädel	Zirbeldrüse
5.	Hals	Pharyngeus	Schilddrüse Nebenschilddrüse	Hals	Schilddrüse
4.	Herz	Plexi Pulmonalis und Cardiscus	Thymusdrüse	Mittlerer Brustkorb	Thymus drüse
3.	Solar Plexus	Solar Plexus	Adrenalindrüsen, Pankreas	Bauch	Solarplexus
2.	Unterer Bauch	Plexus Sacralis	Eierstöcke, Hoden	Unterer Bauch	Sacralplexus
1.	Ende der Wirbelsäule	Plexus Coccygeus	Adrenalindrüsen	Genitalbereich	Eierstöcke, Hoden

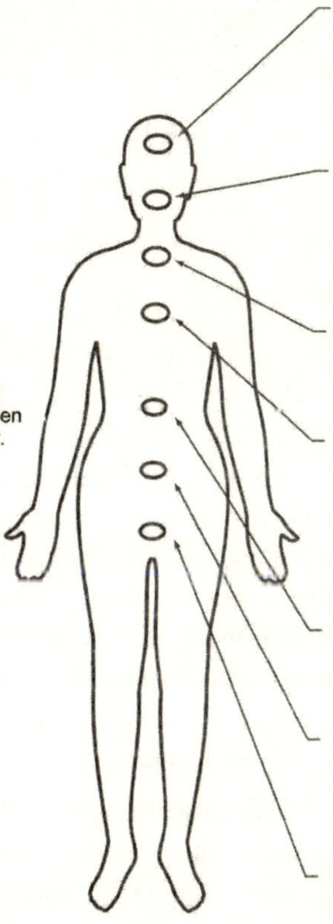

Siebtes Siegel
Stirn - Kronsiegel - Hypophyse aktiviert auf chemische Weise das letene Gehirn.
Sechstes Siegel
Zirbeldrüse wird aktiviert, wenn Energie den unbewußten Verstand (den Schleier) zu durchdringen beginnt.
Fünftes Siegel
Schilddrüse - sprechen und leben ohne Dualität.
Viertes Siegel
Verbunden mit der Thymusdrüse - Anfang der Transmutation (Anfang des Weges sprituellen Erwachens).
Drittes Siegel
Solarplexus - repräsentiert Macht.
Zweites Siegel
Repräsentiert Schmerz und ist oftmal verbunden mit Fortpflanzung und Überleben.
Erstes Siegel
Repräsentiert Fortpflanzung und Überleben.
Die aktivierten Siegel lösen das Image oder die Dualität auf. In ihrer Gesamtheit bilden die Siegel den Geist-Körper. Objektives Bewußtsein erschafft geistige bzw. unendliche Realität.
Die ersten drei Siegel bilden das gesellschaftliche Bewußtsein (Image). Materielles Bewußtsein erschafft Realität.
Die Siegel sind nicht mit den Chakra-Zentren zu verwechseln.

In den meisten Menschen ist das vierte Siegel (und alle höheren Siegel) geschlossen. Es entspricht der Thymusdrüse, die nach Ramthas Ansicht seit der Pubertät degeneriert. Wenn die Thymusdrüse wiederbelebt werden könnte, wäre sie ein Jungbrunnen. Wenn das vierte Siegel geöffnet ist, beginnt die geistige Transformation. Letztendlich geht es im Großen Werk (das bedeutet: wirkliche Magie) darum, die oberen vier Siegel zu öffnen und zu lernen, im Bereich des siebten Siegels zu handeln (Realität herzustellen), eine Aufgabe, über die man einfacher durch Abstraktion als durch Verstehen oder Erfahrung sprechen kann. Das Verstehen der Arbeit mit den Siegeln der oberen Ebenen kann in der Tat nicht von ihrem Erleben getrennt werden.

Die Übung von C&E

Ausgerüstet mit einer gewissen Vorstellung von den sieben Siegeln, sind die Schüler beinahe bereit, C&E zu beginnen, doch zuvor spricht Ramtha noch von einem zusätzlichen Punkt, der für die Handhabung der Siegel entscheidend ist. Hinter dem ersten Siegel, das meistens mit den Fortpflanzungsorganen in Verbindung gebracht wird, befindet sich ein Energiereservoir, die *Kundalini*. In traditionellen Überlieferungen der Hindus wird die Kundalini als eine latente Kraft im menschlichen Körper betrachtet, allgemein dargestellt als eine Schlange, die zusammengerollt am unteren Ende der Wirbelsäule liegt. Wenn sie erregt wird, bewegt sich die Energie die Wirbelsäule hinauf, was oft mit einem Gefühl der Hitze, des Schmerzes oder der Elektrizität einhergeht. Wenn sie die Spitze des Kopfes erreicht (nach tantrischer Denkweise das Kronenchakra), entfaltet sie sich wie eine Kobra und bringt Erleuchtung.[2]

Ramtha lehrt die grundlegende Atemübung, durch die die Schüler beginnen können, Zugang zu der Kundalini-Energie zu erreichen und sie in ihren Stirnlappen zu bringen. Für die Unterweisung der Schüler ist Ramtha, ein Meister-Lehrer, zur angemessenen Durchführung unerläßlich. Ramtha bezeichnet sich als Hierophant: als jemand, der die Macht hat, nicht nur eine Übung zu lehren, sondern auch Schüler in größere Erlebnisse und persönliche Wahrheit einzuweihen.

Die bewußte Ausübung von C&E bringt Energie ins Gehirn. Die Arbeit wird also im Innern gemacht, aber nicht auf passive Weise, und man begibt sich auch nicht in einen Trancezustand. Mystische Erleuchtung im Sinne der Hindus ist weniger das Ziel, sondern vielmehr die Befähigung der Individuen, ihre Welt neu zu erschaffen, wobei das letztendliche Ziel Meisterschaft ist. Wenn die Fähigkeiten der Schüler sich entwickeln, herrscht der bewußte Wille vor.[3]

Eine aufrechte Wirbelsäule, nicht gestützt durch eine Rükkenlehne, wird schon bald nachdrücklich empfohlen. Es fördert den Energiefluß und ist ein erster Schritt in der Meisterschaft über den Körper. Wenn das Training fortschreitet, dehnt die Übung die Bequemlichkeitszonen der Schüler drastisch aus.

Die Atemübung ist mit der praktischen Arbeit an der Selbstveränderung verbunden. Anfänger erstellen eine Liste mit Eigenschaften, die sie gern ändern möchten oder Gegenständen, die sie gern hätten. Dann wählen sie jeweils ein Wort, das jeden Gegenstand auf ihrer Wunschliste darstellt und fokussieren auf eines dieser Wörter, halten es im inneren Auge oder, wie Ramtha sie häufig erinnert, in ihrem Stirnlappen. Nachdem sich die Schüler mit dem Fokussieren auf ihre Worte wohl fühlen, halten sie die Worte in ihrem Bewußtsein, während sie die Atemübung durchführen. Dann, nach Erreichen eines veränderten Zustandes, bringen die Schüler ihre Worte in ihr Unterbewußtsein und die Manifestation kann beginnen. Nach der Übung entspannen sich die Schüler und erlauben ihrem Unterbewußtsein, die Manifestationen zu akzeptieren und mit der Arbeit an den empfangenen Wünschen zu beginnen.

Es ist wichtig, die ursprüngliche C&E-Technik zu meistern, weil alle weitere Arbeit in der Schule darauf aufbaut. Die Übung wird sich in jedem Schüler weiterentwickeln, doch wenn die Grundlagen gemeistert und zur zweiten Natur werden, bleibt der Kern der ursprünglichen C&E-Übung gleich.

Den Schülern wird gesagt, daß von der ersten C&E-Übung positive Veränderungen in ihrem Leben zu erwarten sind, insbesondere in Bezug auf bessere Gesundheit und Lebensumstände. Solche Veränderungen treten ein, und in vielen Fällen sind es diese Veränderungen, die die Schüler veranlassen, zurückzukommen, um neue Anweisungen zu erhalten. Ramtha sagt, daß C&E tatsächlich die chemische Zusammensetzung des Körpers verändert und eine gesündere Verfassung auf grundlegender Ebene bewirkt. Am meisten ist es zu merken an den erhöhten Blutwerten von Protein und Gehirnchemikalien, die den Körper dadurch verbessern, daß sie sein normalerweise saures Körpermilieu umkehren.

Die Anwendung von C&E

Für durchschnittliche Schüler ist C&E am Anfang harte Arbeit. Sie machen es, weil Ramtha sie mit dem Preis des Erfolgs anspornt und ihnen versichert, daß C&E ihnen schnell zur zweiten Natur werden wird. In dieser Hinsicht steht C&E in krassem Gegensatz zu vielen Übungen, die dann folgen, insofern als die Übungen ein spielerisches Element besitzten, das ihnen Spaß bringt, vor allem während ihrer Anfangsphasen, was eine erholsame Atmosphäre schafft, während die Schüler an ihren Aufgaben arbeiten.

Das spielerische Element ist nicht bloßer Zufall, sondern ist entscheidend für den Erfolg des Lehrplans. Zum Beispiel: eine anfängliche Übung wird "Senden und Empfangen" genannt, mit zusätzlichen Bezeichnungen wie "fernes Sehen", die den Variationen gegeben werden. Senden und Empfangen ist ein Grundtraining für die meisten Gruppen, die die Hellsichtigkeit entwikkeln, und die meisten Menschen, die sich mit metaphysischen Lehren beschäftigen, haben andere Gruppen gesehen, die ähnliche Übungen machen. In der Schule unterscheidet sich die Übung hauptsächlich dadurch, daß sie eingebettet ist in C&E und in einer Gruppe von einigen hundert Leuten durchgeführt wird. Dies sind keine oberflächlichen Unterschiede.

Ramtha teilt zweihundert oder mehr Schüler in zwei Gruppen und teilt jeder Person in Gruppe A einen Partner in Gruppe B zu. Dann stellt er sie auf die Probe, obwohl die Atmosphäre so ist, als würde man ein Spiel spielen. Jeder Schüler der Gruppe A denkt an einen Gegenstand und zeichnet diesen auf ein Blatt Papier. Die Schüler der Gruppe A machen dann die C&E-Übung, nur daß sie dieses Mal auf das Bild fokussieren, das sie gezeichnet haben – sie halten die Bilder dieser Zeichnungen in ihrem Stirnlappen fest. Somit üben sie die willentliche Auswahl eines Gegenstandes, den sie in ihrem Stirnlappen halten, anstatt einfach zu nehmen, was immer in ihrem inneren Auge erscheint. In der Zwischenzeit beginnen ihre Partner in Gruppe B ebenfalls mit der C&E-Übung. Wenn sie erfolgreich sind, sollte ihre Kundalini-Energie ihre Zirbeldrüse – ihr Organ für hellsichtige Wahrnehmung – mit Energie versorgen, und dann sollten sie in der Lage sein, die Bilder, die ihre Partner in Gruppe A ihnen senden, zu empfangen und aufzuzeichnen. Danach werden die Rollen vertauscht und Gruppe B sendet an Gruppe A.

Ramtha grenzt es mitunter ein. Zum Beispiel schlägt er vor, daß der Gegenstand eine dem Sender bekannte Szene darstellt oder ein Tier oder noch weiter eingegrenzt: eine Farbe. Dann ändert er die Aufgabe und fordert alle auf, einen Gegenstand in einer Schachtel zu beschreiben, die sich nicht im Raum befindet. Und um es sogar noch anspruchsvoller zu gestalten, läßt er die Schüler auf etwas fokussieren, das nicht existiert – eine Kombination von Gegenständen, die zusammengestellt werden müssen. Zum Beispiel: während einer der Sitzungen, an denen ich teilnahm, war der Gegenstand ein rotes Modellhaus mit zwei Stockwerken. In beiden Stockwerken befand sich ein Gegenstand. Das Haus wurde erst einige Tage nach dem Versuch der Schüler, es wahrzunehmen, zusammengestellt.

Dreißig Jahre lang habe ich vielen Gruppen zugeschaut, die ähnliche Techniken benutzen. Ein gewisser Grad an ESP scheint eine natürliche menschliche Fähigkeit zu sein, ebenso wie es das Spielen eines Musikinstrumentes ist oder das Lösen einer Rechenaufgabe. Wenn man aufpaßt, wird man darin besser, man lernt, welche Veränderungen im Bewußtsein und den Körpergefühlen den Erfolg begleiten, und man bekommt ein Verständnis davon, was man fähig ist wahrzunehmen, und was nicht. Wenn man gesellschaftlichen Umgang hat mit Leuten, für die ESP ein wichtiger Teil des Lebens ist und wenn man anfängt, diese Ansicht zu teilen, beginnt man, hellseherische Momente, die täglich auftreten, zu erkennen, die man normalerweise mit recht weltlichen Begriffen erklärt hätte (ein Gefühl, ein Zufall). (Viele konservative Christen schreiben diese Vorfälle den Handlungen allerdings übernatürlichen Wesen wie Engeln oder Dämonen zu.)

Die Wiederholung der Übung des Sendens und Empfangens in der Gruppe hilft den Schülern, ihre Fähigkeiten zu vervollkommnen. Einige Schüler sind schnell erfolgreich, und der Erfolg wird mit dem Lob der Gruppe belohnt. Exemplare von übereinstimmenden Bildern werden für alle sichtbar aufgehängt. Anfängliche Erfolge bezeugen, daß es möglich ist, und bauen das Vertrauen auf, wenn die Schüler sehen, daß es anderen gelingt. Zunehmender Erfolg stellt sich mit jeder neuen Übung ein, und mit der Zeit verbessern sich die Fähigkeiten der Schüler. Dabei lobt Ramtha jene, die Erfolg haben, aber er tadelt nicht diejenigen, die langsamer sind. Er ermutigt sie und zeigt ihnen, wie nahe sie dem Erfolg sind. Er scherzt mit jenen, die die Bilder ihrer Partner empfangen hatten, dann aber, weil sie nicht darauf vertrauten, etwas anderes zeichneten. Sie werden schließlich lernen, ihren Wahrnehmungen zu vertrauen.

Obwohl die Schüler sich auf das Senden und Empfangen konzentrieren, verbringen sie beträchtliche Zeit mit der Ausübung von C&E, und am Ende der Übung fühlen sie sich viel wohler mit dem Fokussieren auf Bilder. Und sie sollten sich wohl fühlen, denn als nächstes werden sie für die wichtigste und langwierigste Übung auf das Feld geführt, wo früher Pferde trainiert wurden: Feldarbeit, nicht nur im wörtlichen Sinne.

ANALOGER VERSTAND

Bevor wir uns jedoch der Feldarbeit zuwenden, benötigen wir eine tiefere Einsicht in Ramthas Darstellung der subtilen menschlichen Anatomie, speziell in das Konzept des *analogen Verstandes*. Ramtha stellte das Konzept von dem Bestehen eines strahlenden Feldes vor, das jeden Gegenstand umgibt, der eine grobmaterielle Existenz annimmt, einschließlich des menschlichen Körpers. Einige Menschen können einen Teil dieses Feldes sehen – die *Aura* genannt – und es kann als ein Kirlian-Feld fotografiert werden. Metaphysiker haben sich allgemein die Aura als ein Energiefeld vorgestellt, das vom Körper nach außen strahlt. Wie bei der Sonne konnte der Strahlenkranz an einigen Stellen weiter nach außen reichen (wie über den Chakren) oder an anderen Stellen fast vollständig verschwinden. Einige Hellseher haben von einer gebrochenen Aura gesprochen, wobei die Unterbrechungen Zeichen von schlechter Gesundheit oder einer Persönlichkeitsstörung seien. Andere berichteten, daß sie schwarze Flecke sahen. Parapsychologische Untersuchungen haben gezeigt, daß die Beschreibungen der Hellseher von Auren sehr subjektiv sind und auf ihrem Verständnis von Auren sowie der Bedeutung von Farben beruhen und nicht auf objektiver Wahrnehmung.

In den siebziger Jahren offenbarten Kirlian-Fotographien große Unregelmäßigkeiten im Energiefeld, von denen ursprünglich angenommen wurde, daß sie auf Veränderungen des körperlichen oder geistigen Zustandes hinweisen. Forscher hofften, daß die Fotographien endlich ein Mittel sein würden, um diesen Teil des Hellsehens zu etablieren und auch einen Weg zu bieten, die Verfassung des Körpers festzustellen. Einige Jahre lang war es in Hellseherkreisen Mode, sich die Fingerspitzen oder die Hand von einem tragbaren Kirlianapparat fotographieren zu lassen. Heute weiß man, daß die interessanten Effekte, die häufig auf diesen Fotographien erschienen, ausschließlich durch unzulängliche Kontrolle bei der Regulierung des Drucks zwischen dem Körper (üblicher Weise einer Fingerspitze) und der Fotoplatte hervorgerufen wurden.[4]

Ramtha weist darauf hin, daß Hellseher die Natur des Energiefeldes des Körpers mißverstanden haben und tatsächlich die Forscher auf eine wilde Jagd geschickt haben. Das Energiefeld strahlt nicht vom Körper aus und gibt nicht die Menge von Energie ab, die durch das Verlangsamen der Energie und das Kollabieren der Energie in grobe Materie produziert wird. Die Energie, die die Aura erzeugt, trägt die Gedankenmuster, die letztendlich den Körper formen und ihm ermöglichen, seine Gestalt und Struktur zu behalten. So ist das Aura-Feld kein Produkt des Körpers. Ganz im Gegenteil: der Körper ist das Endergebnis der Aktivität des Energiefeldes. Als solches ist es immer recht gleichmäßig um den Körper herum gegenwärtig, obgleich es einen Teil seines Glanzes verlieren kann, wenn der Tod naht.

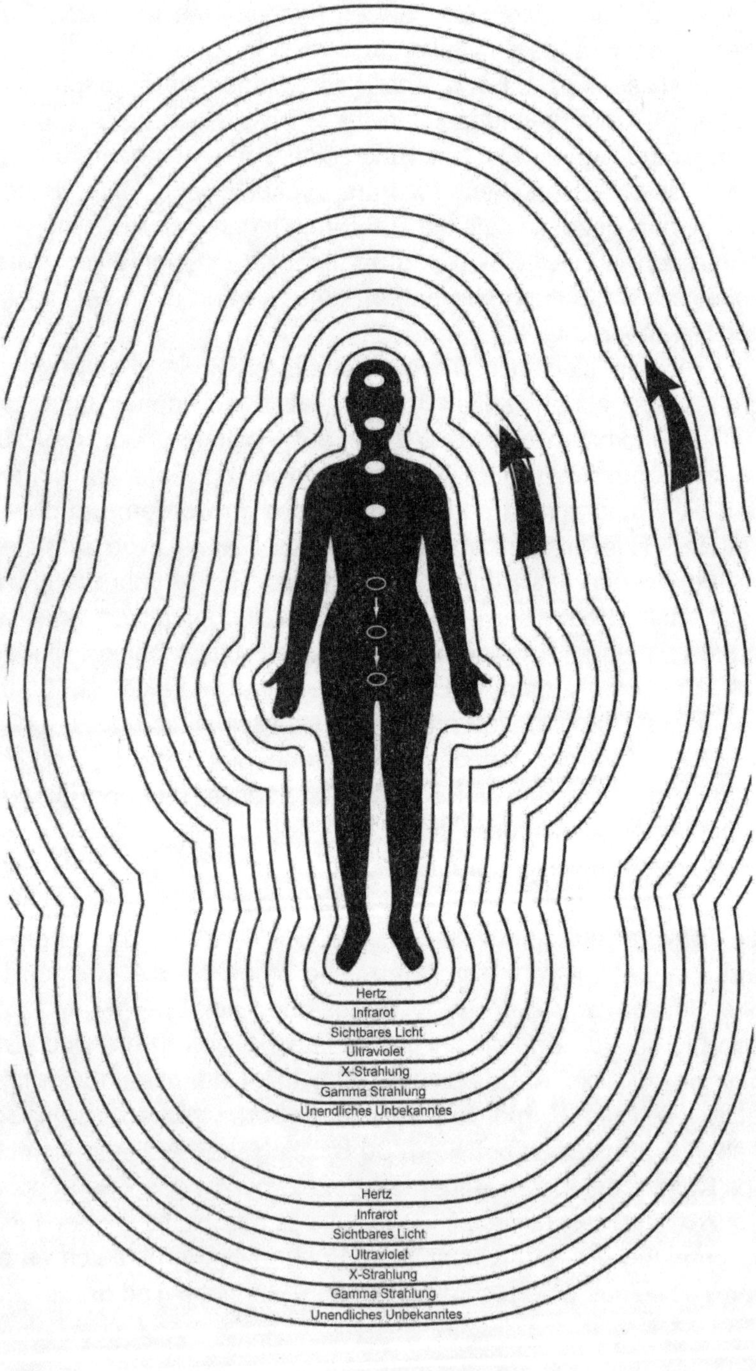
Hertz
Infrarot
Sichtbares Licht
Ultraviolet
X-Strahlung
Gamma Strahlung
Unendliches Unbekanntes
Hertz
Infrarot
Sichtbares Licht
Ultraviolet
X-Strahlung
Gamma Strahlung
Unendliches Unbekanntes

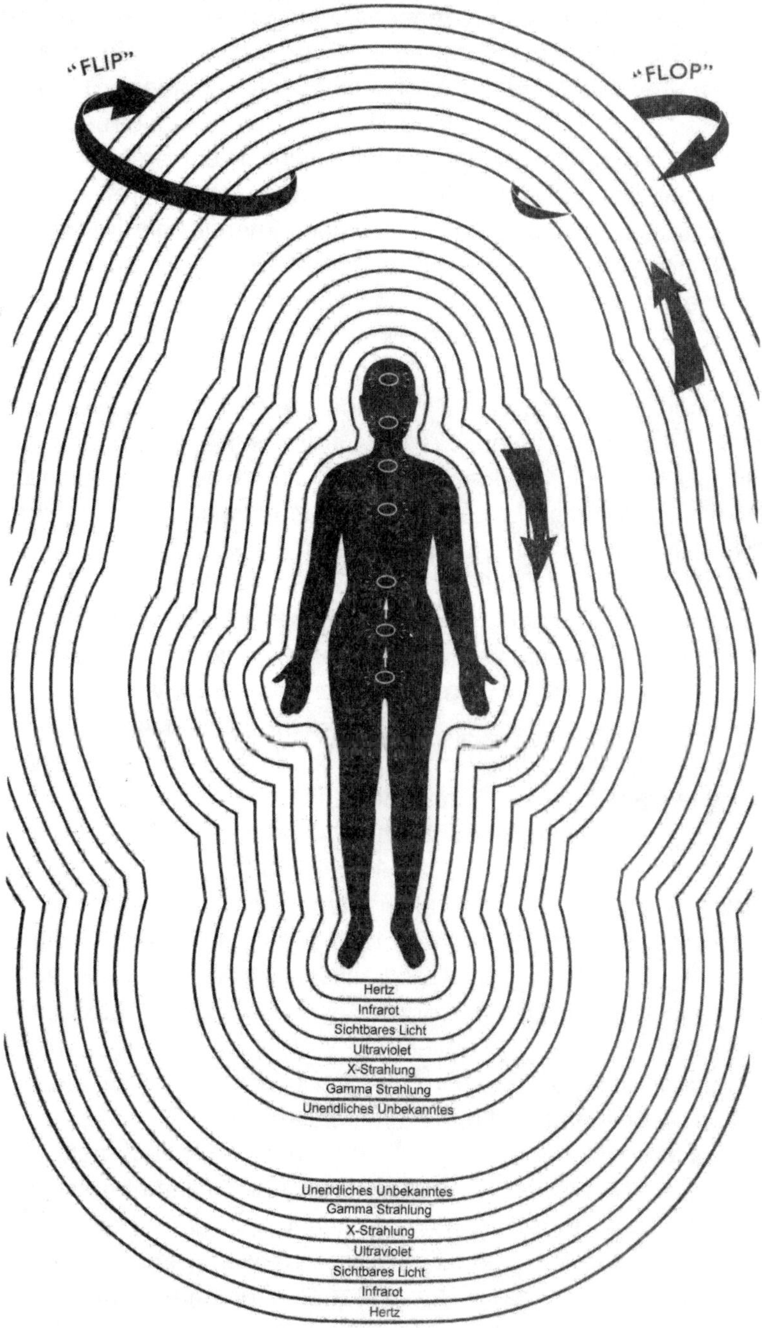
"FLIP"
"FLOP"
Hertz
Infrarot
Sichtbares Licht
Ultraviolet
X-Strahlung
Gamma Strahlung
Unendliches Unbekanntes
Unendliches Unbekanntes
Gamma Strahlung
X-Strahlung
Ultraviolet
Sichtbares Licht
Infrarot
Hertz

Das den Körper umgebende Energiefeld, das einige Zentimeter vom Körper entfernt beginnt und sich etwa einen Meter nach außen ausdehnt, ist ein Regenbogen mit sieben Bändern, der ein Spektrum aus sieben Ebenen von Energiefrequenzen umfaßt. Diese Frequenzen spiegeln auch die universale Struktur der sieben Ebenen wider. Dem Körper am nächsten befindet sich ein rostrotes Band aus sehr langsamer Energie, die im Bereich von Hertz strahlt.[5] In aufeinanderfolgenden Schichten befinden sich die Bänder in den Frequenzen von infrarot, sichtbarem Licht, ultraviolett, X-Strahlung und Gamma-Strahlung. Die Frequenz des siebten Bandes ist sogar noch höher und wird das unendliche Unbekannte genannt. Die Bänder werden normalerweise als zweidimensionaler Schnitt um die frontale Köperzeichung dargestellt, doch die Bänder umschließen den dreidimensionalen Körper vollständig. In steter Bewegung kreisen sie in einem Strom um den Körper.

Ramtha sagt, daß es zwei Sätze von Bändern gibt. Ein Satz befindet sich nahe am Körper, seine inneren Schichten folgen den Körperkonturen ziemlich eng. Weiter außen, mehr als eine Armlänge entfernt, beginnt ein zweiter Satz von Schichten mit dem gleichen Energiespektrum wie dem des inneren Bandes. Es wirbelt ebenfalls um den Körper herum. Wir nehmen die Welt durch diese beiden Energiebänder wahr.

Bei normalem Bewußtsein nehmen wir die Welt mit *binärem* Denken wahr (siehe Tafel 4). Wir denken als separate Wesen, die in einer Welt mit einer Menge von separaten Gegenständen existieren. Diese Wahrnehmung ist nicht falsch, und sie hat ihre notwendige und angemessene Funktion. Es ist jedoch auch die Wahrnehmung, in der Einschränkungen und Grenzen operieren, und wenn es die einzige Welt ist, in der wir operieren, dann werden diese Einschränkungen und Grenzen zu Zwangsjacken und Gefängnisgittern für unser Denken.

Es gibt eine zweite Art und Weise der Wahrnehmung, durch die wir mit dem Gegenstand unserer Wahrnehmung eins werden. Diese Form der Wahrnehmung wird *analoges* Denken genannt (siehe Abbildung 5). Manchmal, wenn das Bewußtsein verändert ist, wenn die Mehrheit der elektromagnetischen Impulse, die vom Gehirn erzeugt werden, sich im Bereich von Alpha-

Frequenzen befinden, nehmen wir die Welt momentan in analoger Weise wahr. Zum Beispiel sind unsere Träume oft so lebensgetreu, daß wir sie leicht mit unserer Welt im Wachzustand verwechseln können. Während dieser Augenblicke werden wir eins mit den Gegenständen unserer Wahrnehmung – wir nehmen in analoger Weise wahr. Wir nehmen ebenfalls in analoger Weise wahr, wenn wir plötzliche Eingebungen von hellseherischer Wahrnehmung oder ein inneres Wissen haben. Und wenn wir in analoger Weise denken, erfolgt nach Ramthas Ansicht eine Veränderung innerhalb der Bänder. Das äußere Band dreht sich um, das innere Band ändert seine Richtung, und beide Bänder beginnen, sich in entgegengesetzte Richtungen zu drehen, wobei sie ein elektromagnetisches Feld erzeugen. Sie werden die energetische Entsprechung der neuen Weise, in der sie die Welt sehen. Die Zeit, in der wir uns gewöhnlich in der Alpha-Frequenz befinden, ist, wenn wir einschlafen oder aufwachen. Deshalb ist es ein Hauptziel der C&E-Übung, analoge Wahrnehmung zu erzeugen und die Fähigkeit zu entwickeln, während größerer Zeiträume in diesem Zustand zu verweilen, ohne einzuschlafen. Mit diesem Verständnis und dieser Fachsprache können wir uns in die nächste Übung stürzen.

Feldarbeit

Ursprünglich war ich mitten in die Feldarbeit hinein geworfen worden, wie ein Kind, das in ein Schwimmbecken geworfen wird und dem gesagt wird, entweder du schwimmst oder du gehst unter. Später bekam ich zusammen mit einer Gruppe von Anfängern eine angemessene Einführung. Zu Beginn der Übung forderte Ramtha uns auf, zwei Karteikarten zu nehmen und auf jede der Karten das symbolische Bild eines Wunsches zu zeichnen. Zum damaligen Zeitpunkt beendete ich gerade ein schriftstellerisches Projekt, und auf einer meiner Karten zeichnete ich eine Bergspitze mit einem Buch, das Flügel hatte; die Idee dahinter war die Fertigstellung der schriftstellerischen Aufgabe nach Zeitplan, das Ziel eines jeden Schriftstellers. Die Karten wurden dann eingesammelt. Später marschierten wir zum Feld, mit unseren Augenbinden in der Hand, und sahen, daß unsere Karten mit der Vorderseite nach unten am Zaun befestigt waren. Wir hatten die Vorstellung, daß es irgendwie unsere Aufgabe war, zumindest eine von ihnen zu finden.

Bevor wir anfingen, erklärte uns Ramtha die Regeln. Wir sollten uns niedersetzen, mit C&E beginnen und auf das Bild auf einer unserer Karten fokussieren. Dann, wenn wir uns bereit fühlten, sollten wir aufstehen, uns mehrere Male drehen und dorthin gehen, wo unsere Karte an den Zaun geheftet war, wobei wir unseren Fokus auf sie gerichtet hielten und wiederholt atmeten, um unserem Bild Energie zu geben. Wenn wir am Zaun ankamen, war es uns erlaubt, die Augenbinde hochzuschieben und auf die Karte direkt vor uns zu schauen. Wenn es unsere war, riefen wir unsere Entdeckung laut heraus. Wenn es nicht unsere war, sollten wir die Karte und unsere Augenbinde schnell wieder zurücktun, uns vom Zaun abwenden, erneut auf unsere Karte fokussieren und wieder ins Feld gehen.

Dann sprach Ramtha kurz über einige Probleme, die auftreten würden. Anfangs würden einige das starke Bedürfnis haben, Erfolg zu haben, und diejenigen, die erfolgreich waren, würden in der Tat am Ende des Tages herzlich gelobt werden. Nach einer Weile, wenn wir unsere Karte nicht fanden, könnten wir versucht sein, zu schummeln. Nach Erreichen des Zauns, könnten wir zum Beispiel mehrere Karten in der Nähe anschauen. Schließlich trug jeder eine Augenbinde, wer würde es also bemerken? Oder wir könnten in kleinen Kreisen nahe am Zaun gehen, so daß wir schnell zu ihm zurückkehren konnten, wenige Schritte von unserer letzten Position entfernt.

Wie bei jedem Bestreben, verfehlt das Schummeln natürlich den Punkt. In der Schule würde es die Schüler in eine Sackgasse führen. Und Ramtha, der regelmäßig als Lehrer im Feld blieb, war nicht freundlich gegenüber Schülern, die ihre Schulgebühren in dieser Weise verschwendeten und sagte, daß jeder, der beim Schummeln erwischt würde, sich außerhalb des Zaunes hinsetzen müßte – was in der Schule der Ecke entspricht. (Der einzige Anlaß, den ich erinnern kann, während dem Ramtha einem Temperament nahe kam, das ich Ärger nennen könnte, war während der Erörterung dieses Themas, und das Schummeln bei der Feldarbeit ist der einzige mir bekannte Anlaß, aufgrund dessen irgend jemand wegen mangelhafter Leistung herausgestellt wurde.)

Zuvor war ich in das Feld geführt worden, man hatte mir eine Augenbinde gegeben, und ich war eingeladen worden mitzumachen. Ich hatte keinerlei Ahnung davon, was geschehen würde. Ich nahm an, daß es eine einfache Übung des Hellsehens sei, und die Idee war, die Karte zu lokalisieren, so wie beim Sehen auf Entfernung, und zu ihr zu gehen. Ich sollte den Ort in meinem geistigen Auge sehen und meinen Weg zu ihr finden. Die Augenbinde war lediglich ein zusätzliches Hindernis, das auf seine eigene Weise hilfreich war (durch das Ausschließen störender Lichtstimmulanzen), weil es eine interessante Herausforderung und ein interessantes Hindernis bot. Ich hatte jedoch ein anderes Spiel gespielt als das, das die Schüler gespielt hatten, da ich noch nicht den Kern von C&E oder analogem Denken verstanden hatte. Der Unterschied bestand in der Trennung zwischen passivem Empfangen von neutralen Informationen (das heißt Hellsehe auf binäre Weise) und aktivem Erschaffen von Realität, indem man einem willentlichen Gedanken Energie gibt (und auf analoge Weise eins mit ihm wird). Feldarbeit läuft darauf hinaus, in einen hypnotischen Zustand zu gehen und ihn zu halten, während man im Feld herumläuft, wodurch man in die Vision hineingeht, die man im geistigen Auge erschaffen hat, und zwar soweit, daß man ihre aus binärer Wahrnehmungsweise betrachtete relative Unwirklichkeit vergißt.

Kurz gesagt, die Schüler erschaffen auf ihren Karten eine symbolische Realtät und reproduzieren diese Realität, indem sie mit ihrem geistigen Auge bewußt auf die Karten fokussieren. Wenn man die Existenz von dem, was man wollte und symbolisch dargestellt hatte, akzeptiert, dann wird es eins mit der neuen Realität. Diese Realität existiert jetzt, und es ist lediglich eine Frage der Zeit, wann sie für jeden sichtbar wird. Dies ist der Kern des schöpferischen Vorgangs; folglich sollte sich die neue Realität zuerst dadurch manifestieren, daß die Schüler ihre Karten am Zaun finden, dies ist ein Höhepunkt des Spiels. (Natürlich ist mit dem Finden einer Karte das Spiel nicht beendet; es geht weiter mit der zweiten Karte.)

Feldarbeit ist somit das großartige Realitätsgestaltungsspiel. Es ist letzten Endes ohne Wettkampf, nachdem die Schüler es verstanden haben. Am Anfang liefert jede Person, die ihre Karte findet, den Beweis, daß andere dies auch können. Und jede Person, die keine Karte findet, hilft schließlich anderen, sich nicht so schlecht zu fühlen. Jeder Schüler gewinnt, wobei der Preis das ist, was sich auf der Karte befand. Was ein anderer Schüler tat oder nicht tat ist auf lange Sicht unerheblich.

Das Feld ist außerdem ein psychologischer Dampfkochtopf. Die Schüler lernen, ihren Fokuss einige Sekunden lang zu halten, dann einige Minuten lang und dann über längere Zeiträume hinweg. Zwischen diesen Abschnitten des Fokussierens kommen all ihr psychologischer Müll und die damit kollidierenden Übungsanweisungen an die Oberfläche. Die Schüler müssen lernen ihren Fokus zu halten, trotz der Ablenkungen durch Geräusche, durch andere Leute, die um sie herumlaufen, durch die unregelmäßige Oberfläche, auf der sie laufen und durch Körperfunktionen, die Aufmerksamkeit verlangen (wie dem Druck ihrer Blasen oder Schmerzen in den Beinen). Wie gute Matrosen müssen sie lernen, daß sie sich selbst nicht erlauben dürfen, von den Bedürfnissen ihrer Körper gesteuert zu werden, wenn sie Ramthas Trainingslager hinter sich bringen wollen.

Nach mehreren Wiederholungen haben die Schüler ihre Bequemlichkeitszonen erweitert und der Spaß der ersten halben Stunde der Feldarbeit dehnt sich nun auf mehrere Stunden aus oder – Gott behüte! – auf einen halben Tag oder länger. Dann fangen die Bedingungen an sich zu ändern. Das Feld befindet sich in Washington, einem Staat mit vier Jahreszeiten. Ich habe (aus der Entfernung) Schüler beobachtet, die in strömendem Regen oder auf mit frischem Schnee bedeckten Boden Feldarbeit machten. (Die Schüler lernen schnell, daß Stiefel, lange Unterwäsche, Jeans und körperlange Ponchos Teil der notwendigen und modischen Kleidung eines aufstrebenden Meisters sind.)

Zwischen den Veranstaltungen in der Schule werden alle Gefühle, die während der Feldarbeit hochgekommen sind – Phobien, irrationaler Haß auf Ramtha und des Abreagierens gegenüber anderen, das Gefühl der Unzulänglichkeit, Fragen, warum man seine wertvolle Zeit damit verschwendet, an diesem albernen Spiel teilzunehmen – in Erwägung gezogen, und es wird an ihnen gearbeitet. Viele Schüler berichten, daß ihre lebhaftesten Erinnerungen von der Feldarbeit, vor allem am Anfang, die persönlichen Probleme waren, die die Feldarbeit in ihnen auslöste, und die Veränderungen, die sie angesichts der Lehren Ramthas von ihnen forderte . Wenn Probleme hochkamen, mußten sie diese Probleme seinen Lehren und ihren eigenen Handlungen der Vergangenheit gegenüber stellen, und dann zwischen den beiden wählen. Viele haben sich dazu entschieden, die Schule zu verlassen, die meisten während des ersten Jahres, einige, nachdem sie mehrere Jahre in der fortgeschrittenen Gruppe gearbeitet haben. Einige berichten, daß sie bis zu einem bestimmten Punkt mit der Arbeit vorangeschritten waren und dann für mehrere Jahre ausgestiegen sind und erst dann zurückkamen, als sie sich dazu bereit fühlten.

Die Karriere in der Schule ist jedoch mit der Feldarbeit verbunden. Sie ist der wichtigste Faktor in einem Lehrplan, der stetem Wandel unterliegt, sofern die fortgeschrittene Gruppe sich weiterentwickelt und Ramtha bessere Wege findet, seine Lehren zu vermitteln. Die am weitesten fortgeschrittenen Schüler machen noch immer Feldarbeit. Somit werden die Karten, die für die Feldarbeit angefertigt werden, ein wichtiger Teil der neuen Kultur, die die Schüler erschaffen. Während der Veranstaltungen werden die Karten, die die Schüler während der Feldarbeit finden, auf die Vorderseite ihrer Hemden geklebt und stolz hergezeigt. Am Ende eines jeden Tages läßt Ramtha alle diejenigen, die ihre Karten gefunden haben, aufstehen, um nicht nur seine, sondern die Anerkennung aller Schüler entgegenzunehmen. Einmal lud JZ Knight mich ein, die Wand anzuschauen, an der ihre Karten aufgehängt waren. Als JZ ist sie selbst auch Schülerin von Ramtha, und sie ist sehr stolz auf ihre Errungenschaften während der Feldarbeit, die auf jene seltenen Gelegenheiten beschränkt ist, wenn Ramtha die Schüler alleine weiterarbeiten läßt.

Obwohl die Feldarbeit eine beinahe ständige Übung ist, gibt es noch andere. Eine im Besonderen erhöht den Druck, den man während der Feldarbeit spürt – das Labyrinth.

DAS LABYRINTH

Kurz nachdem die Schule gegründet wurde, gab Ramtha Anweisungen, ein großes Labyrinth zu bauen. Seine Außenwände bilden einen Kreis mit einem Durchmesser von einigen 40 Metern. Die Innenwände sind vollständig beweglich, somit wird das Muster des Labyrinths oft verändert. Der Eingang kann ebenfalls verschoben werden. Alle Wände sind hoch (2.5 m) und stark genug, so daß mehrere Mitarbeiter oben herumlaufen können, während ein neues Muster geschaffen wird oder um während einer Übung anwesend zu sein, falls Probleme entstehen. Die ersten Erfahrungen mit dem Labyrinth erfolgten im März 1990, während eines Seminars* der fortgeschrittenen Schüler.

Der Zweck des Labyrinthübung ist einfach: finde die Mitte, genannt das Nichts. Die Schüler fokussieren nicht auf selbst erzeugte Bilder, sondern auf das, was zuvor als Nullpunkt beschrieben wurde. Obwohl Ramthas Philosophie den Nullpunkt oben, durch die Ebenen aufwärts darstellt, liegt er psychologisch doch im Innern, in der Mitte des Selbst, symbolisiert durch die Mitte des Labyrinths.

Die Schüler begegnen mehreren Hindernissen (ohne sie wäre es zu sehr ein Spiel). Zum Beispiel müssen sie an einer Stelle auf Händen und Füßen kriechen, um durch einen niedrigen Korridor hindurch zu passen. Es gibt auch eine brückenähnliche Rampe, die sie überqueren müssen. An mehreren Stellen können sie auf Leitern treffen, die über eine Wand hinwegführen. Wenn sie eine falsche Leiter hochgestiegen sind, können sie sich sogar außerhalb des Labyrinths wiederfinden, in dem Fall müssen sie zum Eingang zurückkehren und von vorne beginnen.

Das Labyrinth bietet ebenso wie das Feld, hilfreiche Probleme. Zum Beispiel betreten die Schüler das Labyrinth en masse. Wenn so viele Menschen in einem begrentzten Raum sind, beeinträchtigt das jeden, der auch nur in geringster Weise an Klaustrophobie leidet. Und wenn Klaustrophobie nicht ausreicht oder die Frustration darüber, daß man von einer Gruppe von Körpern, die einen Durchgang blockieren, eingefercht wird, nicht

---

* Anmerkung des Übersetzers: engl. Retreat = Rückzug

genügt, hat Ramtha zusätzliche Regeln aufgestellt. Anfangs wurden die Schüler bis zur Eingangstür geführt, und sobald sie hineingingen, setzten sie ihre Augenbinden auf. Jetzt setzten sie sie gewöhlich auf, bevor sie die Versammlungshalle verlassen, und sie müssen ihren Weg zum Eingang des Labyrinths finden, einige hundert Meter entfernt über den Parkplatz der Schule hinweg. Wenn sie den Eingang verfehlen, gibt es keinen Grund zur Angst; das bewaldete Gebiet hinter dem Labyrinth wartet darauf, sie zu empfangen, und sie können sich damit beschäftigen, einen Teil des Tages darin herumzulaufen! Nach einer kurzen Zeit der Wanderschaft wird Anfängern jedoch zurück zum Eingang geholfen.

Mir steht das Erlebnis des Labyrinths noch bevor, doch eine von Ramthas bekannteren und offeneren Schülern, die Schauspielerin Linda Evans, war bereit, ihre Erfahrungen mitzuteilen. Linda Evans, die als eine ziemlich erfolgreiche Praktikerin der New Age-Welt in die Schule kam, hatte eines ihrer bedeutendsten Erlebnisse bezüglich ihres persönlichen Wachstums während sie im Labyrinth war. Als eine erst seit kurzem fortgeschrittene Schülerin verpaßte sie den Eingang und landete im Wald. Sich zu verlaufen war nicht das Problem und der Schlamm – wen kümmert's? Im Wald begegnete sie aber nicht nur Bäumen, sondern auch großen Büschen mit scharfen, nadelartigen Dornen. Linda Evans ist nicht nur Schauspielerin, sondern auch eine gut bezahlte, hübsche Hauptdarstellerin. Im Wald begegnete sie der Gefahr körperlicher Verletztung, die ihr professionelles Image direkt schädigen konnte. Sie mußte sich entscheiden, welche Werte ihre Handlungen beherrschen würden. Nach einigen Momenten der Selbstbeobachtung traf sie ihre Wahl: sie nahm ihre Hände vom Gesicht und fand schließlich ihren Weg zum Eingang des Labyrinths.

Ramtha hat auch die Zeit für die Arbeit im Labyrinth verlängert, mitunter bis zu einem ganzen Tag. Gerüchte über die Anforderungen, die die Schüler erlebten, wurden Gegenstand von Klatsch und Tratsch in Yelm, und während einer der Gerichtsprozesse im Zusammenhang mit der Schule wurden Fragen gestellt. Eine lokaleTageszeitung ließ im Zusammenhang mit einem Bericht, in dem Fragen über die "mysteriösen" Übungen in der Schule gestellt wurden, ein Flugzeug über das Schulgelände fliegen, um ein Foto vom Labyrinth zu machen, das am nächsten Tag die Titelseite beherrschte.

ANDERE ÜBUNGEN

Ramthas Schule kann als ein Trainingslager für geistiges Überleben gesehen werden. Einzelheiten der Übungen werden den Schülern nach altbewährter esoterischer Tradition Schritt für Schritt offenbart. Es ist ein intensives Training, das nicht nur eine neue Weltanschauung darstellt, sondern auch Einweihungspraktiken bietet, um das Erlangen dessen zu beschleunigen, von dem die meisten metaphysischen Systeme annehmen, daß es ein Leben lang dauern wird, wenn nicht sogar viele Leben. Die Lehren bilden ebenso eine zusammenhängende, ganzheitliche Struktur; das bedeutet, daß jeder Teil der Lehren, wenn er von dem Ganzen getrennt wird, mitunter unverständlich, offensiv, subversiv, übermäßig anspruchsvoll oder ganz einfach albern erscheinen kann. Im Zusammenhang mit dem Training verkörpern Ramthas Übungen jedoch die Lehren, wie sie sich entfalten. Die meisten Übungen veranschaulichen eine unmittelbar vorangegangene Lehre, obwohl sie auch den zusätzlichen zweiten Effekt liefern, daß alte Fähigkeiten verbessert werden. Einige Übungen erlauben den Schülern, eine Lehre zu verstehen, die sie während einer früheren Übung vielleicht nicht verstanden haben. Einige Übungen folgen auch als eine angenehme Erleichterung auf eine intensive Zeit des Sitzens während des Unterrichts oder auf die Feldarbeit. Zum Beispiel: der "Heidentanz" in freier Form, begleitet von lauter Musik, löst die Schwere und Intensität mancher Übungen auf.

Andere Übungen sind sehr unterschiedlich. Eine, *tahumo* genannt, verlangt von den Schülern, ihrer Fähigkeit zu testen, kalter Witterung zu widerstehen, indem sie innere Körperwärme erzeugen.[6] Etwas milder ist die Übung, die jetzt von den meisten fortgeschrittenen Schülern übernommen wurde, bei der eine Liste mit Zielen aufgestellt wird, auf die sich das tägliche Fokussieren mit C&E konzentriert. Sobald sich Punkte von der Liste manifestieren, werden sie abgesetzt, und neue Punkte werden hinzugefügt. Diese Listen sind sehr vielseitig, schließen jedoch gewöhnlich Themen wie persönliches Wachstum, materielle Gegenstände, gesundheitliche Ziele und das Erreichen der nächsten Stufe der Lehren mit ein.

Eine Gruppe von Übungen, die auf dem Konzept der vierten Ebene und dem blauen Körper aufgebaut ist, verdient besondere Aufmerksamkeit sowohl wegen ihrer Bedeutung für die fortgeschrittenen Schüler, als auch wegen ihrer Einzigartigkeit in der gesamten esoterischen Welt.

DER BLAUE KÖRPER

Ein Aspekt des Gnostizismus, der ihn so attraktiv macht, ist seine visuelle Natur – er kann auf eine Tafel gezeichnet werden und in Bildern dargestellt werden. Das Universum ist eine Treppe mit sieben Stufen, eine Leiter mit sieben Sprossen; die Metaphern können unendlich vervielfacht werden. Man kann sich unterschiedliche Welten vorstellen, wenn man sich die Bilder, die mit jeder Realitätsebene verbunden sind, ins Gedächtnis ruft. Ein bedeutender Schritt im Verständnis des gnostischen Systems ist jedoch das Ablegen der räumlichen Metaphern und das Erfassen der Kosmologie als einen symbolischen Code, dessen Zweck es ist, eine neue Psychologie des Selbst zu vermitteln. Demzufolge ist der Nullpunkt in Ramthas Terminologie nicht am anderen Ende des Universums, sondern ist ein Brennpunkt in der Tiefe des Bewußtseins. Der Astralkörper existiert nicht in irgendeinem Astralreich oder der Lichtkörper in irgendeinem Lichtreich; beide leben in demselben Raum wie der physische Körper.[7] Letztendlich ist dieser Wahrnehmungssprung unentbehrlich wesentlich für Ramthas Darstellung des blauen Körpers.

Nach Ramthas Ansicht ist zwischen der dritten (Licht) und der vierten (ultraviolett) Existensebene ein deutlicher Bruch. Man erinnere sich, daß die Bewegung von der vierten zur dritten Ebene während der Schöpfung der Moment des Urknalls ist. Als die Götter den Wunsch hatten, bedeutende Veränderungen in der Struktur des physischen Körpers vorzunehmen, indem sie Geschlechtsorgane hinzufügten, arbeiteten sie von der vierten Ebene aus. Nach dem Tod ist das Weitergehen über den Lichtkörper der dritten Ebene hinaus ein schwieriger aber notwendiger Schritt, wenn eine bedeutsame individuelle Evolution stattfinden soll. Sowohl der Lichtkörper der dritten Ebene, als auch der Astralkörper der zweiten Ebene spiegeln die Unvollkommenheiten des physischen Körpers wider. Demnach ist freier Zugang zu dem ultravioletten Reich der vierten Ebene jenseits des Lichtreiches der dritten Ebene ein notwendiger Schritt für eine bedeutsame Veränderung.

Eine Reihe von Lehren für fortgeschrittene Schüler trainiert das Erreichen der vierten Ebene. Das perfekte Symbol für diese Arbeit ist die alte Hindu-Gottheit Shiva, und als sichtbares Zeichen dafür, daß Ramtha die Lehren über den blauen Körper einführen würde, wurde vor einigen Jahren ein riesiges Gemälde von Shiva an der Wand der Hauptversammlungshalle angebracht.

Von weitem erscheint das Gemälde wie die traditionellen Bilder Shivas als ein blau angemalter physischer Körper. Tatsächlich lehrt Ramtha, daß er ein Energiekörper ist, der im ultravioletten Bereich schwingt und demzufolge blau erscheint. Er ist nicht fest, sondern vielmehr ein Körper, der aus zahlreichen Linien wirbelnder Energie besteht, die sich zu einer Form verbunden haben, die dem menschlichen Körper ähnelt, doch mit einigen sehr wichtigen Unterschieden. Er ist geschlechtslos. Shiva, das ist der blaue Körper, besitzt keinen Penis, keine Gebärmutter oder Milchdrüsen. Auch fehlen ihm jegliche Unvollkommenheiten des physischen Körper, weil er nicht die Eigentümlichkeiten des individuellen Körpers hat. Er birgt in sich alle Möglichkeiten der menschlichen Existenz, einschließlich der Möglichkeit zur Heilung, sagt Ramtha.

Zugang zu dem blauen Körper kann man durch die Übungen erlangen, die von Ramtha gelehrt werden. Seit Ramtha mit den Lehren des blauen Körpers begonnen hat und sie in der Arbeit der Schüler mit den Techniken weitergeführt wurden, ist von vielen Heilungen berichtet worden. In gewissem Maße ist das Vorhandensein solcher Heilungen, die für viele Gruppen, die geistige Heilungen praktizieren, üblich sind, kein Zeichen der Wahrheit der Lehren , obwohl das Fehlen der Heilungen bedeutsam wäre. Einige der aus der Schule berichteten Heilungen waren jedoch erwähnenswert und einige wenige spektakulär. Sie umfassen alles, angefangen von der Heilung eines Wespenstiches bei einer Person mit einer Krankengeschichte von allergischen Reaktionen bis hin zu einem Mann, der auf tödlichen Prostatakrebs diagnostiziert worden war. Die bei weitem außerordentlichste Heilung war das Nachwachsen von ausgefallenen Zähnen.[8]

GEISTIGE FORMUNG?

Als Ganzes betrachtet, entsprechen die angebotenen Übungen dem System geistiger Formung, das künftigen Priestern in einem römisch-katholischen Seminar gelehrt werden könnte oder über Jahre hinweg mit der Hilfe eines geistigen Lehrers verfolgt werden könnte. Beide wählen einen anderen Zugang zu der geistigen Welt, doch auf lange Sicht würden große Bereiche der Übereinstimmung sich zeigen, weil der Gegenstand von beiden die Erkundung des inneren Bewußtseins ist. Wir haben alle eine innere Welt bewußter Erinnerungen, Gedanken, Glaubensvorstellungen und lebhafter Träume. Unsere interessante persönliche Suche beginnt jedoch, wenn diese Welt zurückgelassen wird und die fernen Länder, die jenseits dieser Grenzen in uns liegen, erforscht werden. Die Techniken der Erforschung und die Metaphern, diese Region zu beschreiben, sind zahlreich. Sie reichen von den traditionell religiösen und mystischen Metaphern bis hin zur Magie, Freud'scher oder Jung'scher Psychotherapie oder Gnostizismus. Einige von uns werden auf schüchterne Weise forschen und andere mit großer Unerschrockenheit. Die meisten von uns werden feindselige Nachbarn antreffen, die auf irgendeine Weise beruhigt werden müssen. Doch wir betreten alle dasselbe Land, obgleich es sehr unterschiedlich aussehen wird, entsprechend unserem Wissen und unseren Vorstellungen, die wir mit auf unsere Suche bringen.

Es wäre oberflächlich zu denken, daß die Schüler blind einem sehr talentierten Lehrer folgen. Es wäre schlichtweg falsch, unsere Beurteilung dessen, was sie anstreben, einfach auf die Auswirkungen einer Gehirnwäsche zu beschränken. In wie weit ich mit Ramthas Vorstellungen vielleicht auch nicht übereinstimme, habe ich jedoch keinen Zweifel, daß seine Schüler auf einer langen, ernsthaften, wenn auch ungewöhnlichen Suche nach dem Sinn des Lebens sind. In Ramthas Philosophie haben sie eine geistig anspruchsvolle theologische Welt gefunden, die in der Lage ist, ihren Intellekt zu fesseln, und in den Übungen haben sie ein durchführbares System entdeckt, das ihnen hilft, den intellektuellen Inhalt zu begreifen.

Da dies so ist, ist es das Beste, Ramthas Lehren als ein kühnes (er würde *außerordentlich* bevorzugen, dessen bin ich mir sicher) System zur geistigen Formung zu sehen, um diese scheinbar merkwürdige Sammlung von "nicht-spirituellen" Übungen, die ein so unerläßlicher Teil des Lehrplans sind, zu verstehen. An einem Punkt innerhalb ihres Wachstumsprozesses fangen die Schüler an, die erkennbare Leidenschaft zu zeigen, die ein integraler Teil der mystischen Literatur ist, und wenn die Leidenschaft entsteht, verändern sich ihre Wertvorstellungen im Verhältnis zur allgemeinen gesellschaftlichen Welt dramatisch, genauso wie es in allen sehr hingebungsvollen religiösen Seelen geschieht. Aus ihrem Gefühl des Einklangs mit der größeren metaphysischen Welt heraus entwickeln sie ein Gefühl des Einsseins mit allem Leben und der ganzen Schöpfung. Sie sorgen sich um das Wohlergehen ihrer Nachbarn, sie vollziehen eine Neuorientierung des Lebens an höheren Werten (Wahrheit, Schönheit, Güte), und sie entwickeln einen Hunger nach geistiger Realität. Auch wenn man das Entstehen von einer Art christlichen, mystischen Frömmigkeit nicht vorhersagen würde, so kann man doch etwas erwarten, daß etwas entsteht, was dem traditionellen Mystizismus gleicht – aber im Sinne von Ramthas Lehren. Doch die Schule hat gerade erst begonnen, und ich bin kein Prophet. Wie jeder andere auch, werde ich einfach abwarten müssen.

7

Das Leben in Ramthas Schule heute

Die Schule hat sich sehr schnell weiterentwickelt, wobei die Veränderungen sowohl durch die wachsende Zahl an Schülern vorangetrieben wurden, als auch durch die Notwendigkeit, die zunehmende Kluft zwischen den Anfängern und den fortgeschrittenen Schülern zu überbrücken. Im Jahre 1995 legte Ramtha sowohl für Pflichtveranstaltungen, als auch für freiwillige Veranstaltungen einen Standard-Lehrplan für neue Schüler fest. Alle neuen Schüler besuchen einen zweitägigen C&E-Workshop der Stufe 1. Anschließend nehmen die neuen Schüler an einem einwöchigen Anfängerseminar (Retreat), C&E Stufe 2 teil. Schließlich besuchen sie eine dreitägige C&E-Weiterführung (Follow-up) der Stufe 3, die sie darauf vorbereitet, in die gegenwärtige Schülerschaft integriert zu werden. Mindestens ein Mal pro Jahr finden Stufe 1- und Stufe 2-Veranstaltungen statt, dicht hintereinander, um sowohl ausländischen, als auch einheimischen Schülern entgegenzukommen, die weite Entfernungen zurücklegen, um daran teilzunehmen. Die Schüler, die die verschiedenen Stufen abgeschlossen haben, werden dann in die fortgeschrittenen Gruppen integriert.

Während der drei Stufen führt Ramtha die Schüler in alle gegenwärtig praktizierten geistigen Übungen ein (seit 1988 sind einige Übungen durch andere Übungen ähnlicher Natur ersetzt worden), damit sie darauf vorbereitet sind, sich den Schülern in den Übungen der zwei fortgeschrittenen Pflichtveranstaltungen anzuschließen: einem siebentägigen Aufenthalt im Frühjahr (Retreat) und einer dreitägigen Weiterführung im Herbst (Follow-up). Die Schüler, die die Pflichtveranstaltungen verpaßt haben, müssen die einleitenden Anfangsstufen wiederholen, bevor sie wieder in die fortgeschrittene Gruppe integriert werden können.

Gelegentlich hat Ramtha die Bemühungen einer Gruppe durch ein besonderes Privileg belohnt (wie zum Beispiel Reduzierung der Unterrichtsgebühren für einige Veranstaltungen,

Einladung der Gruppenmitglieder zu einer fortgeschrittenen Veranstaltung oder einer besonderen Veranstaltung nur für diese Gruppe). Wenn die einzelnen Gruppen ihre Arbeit fortsetzen, wird ihnen ein Name gegeben. Bis heute wurden sechs Namen zugeteilt. Die erste Gruppe wurde 1988 Elohim benannt. Die nachfolgenden Gruppen wurden 1989 (Akh Men Ra), 1990 (Europa Akh Men Ra, Om Akad), 1991, 1992 und 1993 (laut Aleph), 1994, 1995 und 1996 (laut Aleph/Sun and Moon ((Sonne und Mond))) und Mai 1996 (Elohim Ka Men Ra) benannt. in der Vergangenheit kennzeichneten diese Namen den ungefähren Wissensstand innerhalb der Schule, doch während der letzten paar Jahre haben sich solche Unterscheidungen verwischt und zeigen nun hauptsächlich den Mitschülern, an welcher Veranstaltung man teilgenommen hat.

Die Schüler können an freiwilligen Veranstaltungen teilnehmen, wie zum Beispiel Assays*. Assays sind lange Zeiträume – eine Woche oder zehn Tage – für eine intensive Anwendung der Übungen zur mentalen Beherrschung von Materie und Raum. Zusätzlich bietet die Schule Veranstaltungen für die fortgeschrittene Gruppe an, einige haben praktische Übungen zum Inhalt, während andere lehren entweder Ramtha oder speziell eingeladene Gäste. Feiern (mit einem Zweck) werden zu Halloween und während der Winterferien veranstaltet. Von allen besonderen Veranstaltungen gehört das Boktau, ein einmonatiger Aufenthalt im Sommer, zu den bestbesuchtesten.

DIE RAMTHA-KULTUR

Ein Maßstab, an dem religiöse Gemeinschaften bewertet werden, ist ihre kulturelle Leistung. Und alle erfolgreichen neuen Religionen drücken ihr Leben in qualitativ hochwertigen Kunstwerken aus. Sogar Ramtha's School of Enlightenment, wenn auch verhältnismäßig klein und erst ein Jahrzehnt alt, hat bereits ein künstlerisches Leben innerhalb der Gemeinschaft bewirkt.

---

* Anmerkung des Übersetzers: engl. Assay = Prüfung

Während einer Veranstaltung bemerkte ich, daß neben der bekannteren Musik ein Stück gespielt wurde, das ich niemals gehört hatte, und trotz meiner Vorliebe für traditionelle Musik beeindruckte es mich. Es war ein High-Energie-Stück mit einem guten Rythmus aber ohne den “Krach”, den ich mit Rock-Musik verbinde. Ich saß neben Debbi Christie, der jungen Frau, die für den Ton verantwortlich ist, und war daher in der Lage, sie nach dem Stück zu fragen. Sie sagte, daß sie die Künstlerin sei, und schließlich gab sie mir eine Kassette, weil das Stück noch nicht veröffentlicht war. Debbie, so scheint es, war dem Mitarbeiterstab als ehrenamtliches Mitglied im Jahre 1988 beigetreten und begann, die Musik, die während der Veranstaltungen gespielt wird, auszusuchen und zu mischen. Schließlich wurde sie dafür angestellt, die schwierige Aufgabe der Tonabteilung während aller Veranstaltungen zu übernehmen. Sie sagte, daß sie ihr ganzes Leben lang durch ihre schlechte Meinung von sich selbst gehemmt war. In der High School und im College spielte sie in einer Band, studierte Musik aber nicht als Hauptfach (was sie wirklich wollte), aus Angst, “solo” vor einem Publikum zu spielen. Dann hielt sie sich mit ihrem Komponieren zurück, da sie dachte, daß ihr die Ausbildung oder die Fähigkeit fehlten, so zu komponieren, wie sie es wünschte. Den Wendepunkt brachte eines Tages ein kurzer Austausch mit Ramtha, kurz nachdem sie Teil des Mitarbeiterstabes geworden war. Er lobte sie bezüglich ihrer Musikauswahl für die Veranstaltungen. Sie platzte heraus: “Aber ich wünschte, es wäre meine eigene.” Er schaute sie direkt an und antwortete: “Eines Tages wirst du deine eigene Musik in der Arena spielen.” Aber erst 1993 riskierte sie es, ihre kreativen Fähigkeiten zu nutzen. Zusammen mit mehreren Freunden komponierte sie ein Stück mit dem Titel “Snake Charmer”. Sie beschreibt ihre Reaktion: “Ich war so begeistert.” Weitere Stücke folgten, einschließlich einem, das sie zusammen mit Diane O’Keefe, einer anderen Schülerin, komponierte. Anschließend veröffentlichte sie 1994 “Dancing Drums” (das Stück, in das ich mich verliebt hatte) und das ebenso schöne Stück “Shiva”. Obgleich ich ursprünglich sowohl “Dancing Drums”, als auch “Shiva” für lediglich schöne Musikstücke gehalten hatte, verstand ich später, wie die Musik aus der Integration ihrer Musik und ihrer Erfahrungen als Schülerin hervorgegangen war.

Debbies Musik richtete meine Aufmerksamkeit auf weitere künstlerische Ausdrucksformen der Gruppe, die ich bald in dem Buchladen der Schule bemerkte: mehrere Zeitschriften mit Namen wie *Awakenings*, *Focus* und *The Golden Thread*. Ich begann, die jüngsten Ausgaben mitzunehmen, wenn immer ich die Ranch besuchte. Auf ihren Seiten entdeckte ich eine lebhafte literarische Kultur, die von Ramthas Lehren inspiriert war. Ausgaben der Zeitschrift *Awakenings* zum Beispiel enthalten Texte von vielen verschiedenen Autoren, kurze autobiographische Geschichten und Gedanken über Veranstaltungen, die gerade stattgefunden hatten. *Focus* ist auf zusätzliche Kommentare zur Wissenschaft und verwandten Themen, die Ramtha erörtert hat, spezialisiert sowie auf Interviews und Artikel von Experten, deren Bücher Ramtha empfiehlt. *The Golden Thread* scheint der Aufgabe gewidmet zu sein, die praktischen Konsequenzen von Ramthas Lehren zu erforschen (wie zum Beispiel der Frage, wie man einen Lebensstil als Selbstversorger etabliert) und den Ideen nachzugehen, die innerhalb der Schülerschaft gegenwärtig von Interesse sind.[1]

Ich entdeckte bald, daß Christie und die Schlagzeugergruppe, die sie organisierte, lediglich einen kleinen Teil der musikalischen Künste in der Schule darstellten. Andere komponierende Musiker – Carl Schaffner, Nick Humphreys und Scott Ercoloni – beginnen, ihre Anwesenheit zu zeigen. Bald könnte vielleicht ein beachtlicher Anteil der Musik, die auf der Ranch gehört wird, Produktionen der Schüler sein. Und das künstlerische Leben ist nicht auf die Schule begrenzt. Danielle Brosco, eine weitere Schülerin, hat eine Tanzgruppe organisiert, die zum größten Teil aus Schülern besteht. Die Gruppe veranstaltet Aufführungen im gesamten pazifischen Nordwesten und in Kanada.

Kunst beginnt einen starken visuellen Einfluß zu haben, wenn die Schüler Ramthas mündliche Bilder in Gemälde verwandeln. Die Halle wird gegenwärtig von zwei Reproduktionen beherrscht: von *Shiva* und Michelangelos *Die Erschaffung Adams*, ausgeführt von den Langzeit-Schülern Don Marshall und Gary Craig. Im Herbst des Jahres 1994 wurde ein Orginalgemälde mit dem Titel *Cosmic Being* sowohl auf große Poster kopiert, als auch auf Sweatshirts. Man erkannte den Wert einer solchen Fähigkeit, und es wurde ein Komitee für die Unterstützung und Förderung künstlerischen Ausdrucks gebildet.

RAMTHAS SCHÜLER

Nachdem ich mehrere Schulveranstaltungen besucht hatte, insbesondere den Workshop für Anfänger, erkannte ich, daß Ramtha nicht diejenigen anzog, die gewöhnlicher Weise als Standard-Rekruten für eine neue Religion betrachtet werden. Die Leute, die sich versammelten, schienen älter zu sein, reifer. Dieser Eindruck wurde bestärkt, als ich damit begann, die Fragebögen auszuwerten, die die Schüler freundlicher Weise für mich ausgefüllt hatten. Die Schule war sechs Jahre alt. Das Durchschnittsalter der fortgeschrittenen Schüler war Anfang vierzig und das der Anfänger dreißig. Ich war erstaunt darüber, daß beide Gruppen älter waren, als man gewöhnlich angenommen hätte, bis ich mich daran erinnerte, was mein Freund Robert L. Moore, der Psychotherapeut war, mich vor vielen Jahren gelehrt hatte, als wir zusammen an einem Lehrbuch über neue Religionen arbeiteten.

Moore hatte darauf hingewiesen, daß es in unserem Leben (als Durchschnitts-Westler) bestimmte Abschnitte gibt, während der wir uns in einem Übergangsstadium befinden und verhältnismäßig frei sind, Entscheidungen zu treffen bezüglich der Veränderung bedeutender Aspekte unseres Lebens.[2] Während solcher Zeiten befinden wir uns in einem Zustand, in dem wir unsere bisherigen Werte und die Grundstrukturen, die unser Leben untermauern, in Frage stellen. Dies erfolgt gewöhnlich im späten jugendlichen Alter, wenn wir den Schritt zum Erwachsensein machen, und wenn wir Langzeitentscheidungen über solche Angelegenheiten wie Beruf, Karriere und sexuelles Selbstverständnis treffen. Es wird ebenfalls von uns erwartet, daß wir wohl durchdachte Entscheidungen über religiöse Bindungen treffen. Da die meisten von uns den Übergang vom Jugendalter zum Erwachsenenalter zu etwa der gleichen Zeit vollziehen, werden diejenigen, die ihre Religion ändern (und nicht nur von einer Kirche zu einer anderen ähnlichen Kirche überwechseln), dies zwischen ihrem achtzehnten und fünfundzwanzigsten Lebensjahr tun. Neue Religionen erkennen dies schnell und konzentrieren ihre Bemühungen auf das Anwerben junger Erwachsener. Doch Ramthas Schule ist kaum in Anwerbeaktivität engagiert (potentielle Schüler müssen erst Kontakt mit der Schule aufnehmen), und sie unternimmt zweifellos keine besonderen Bemühungen, junge Erwachsene zu erreichen.

Moore wies jedoch darauf hin, daß es eine zweitrangige, obgleich wichtige, Übergangsphase gibt, allgemein bekannt als die Midlife-Crisis. Diese Bezeichnung umfaßt einen viel größeren Erscheinungsbereich und tritt normalerweise zwischen dem fünfunddreißigsten und fünfundvierzigsten Lebensjahr auf. Ramtha hat bedeutenden Anklang gefunden bei Leuten, die bereits Erfahrungen in ihrem Leben gesammelt haben und einen gewissen Grad an Reife erlangt haben, die jedoch mit ihren Lebenssituationen nicht zufrieden sind. Er spricht besonders Frauen an, die sich auf dem Weg befinden, ihre eigene Macht zu entdecken, und die es schätzen, daß Ramtha JZ als die Person gewählt hat, durch die er spricht.[3] Mary Redhead, die seit dem Anfang Schülerin von Ramthas Lehren ist, ist eine dieser Frauen.

Mary Redhead hatte viele Jahre Erfahrung als Unternehmerin in der metaphysischen Welt. Sie sah in Ramtha etwas außergewöhnliches, und als Ramthas Bewegung wuchs, wurden seine Anhänger auch ihre Hauptkunden.

Am Anfang bedeutete Ramtha für Mary Redhead lediglich einen kleinen Schritt hin zu einem etwas besseren Lehrer. Wenig hatte sich in ihrem Leben wirklich verändert; sie hatte lediglich ihr Abhängigkeitsbedürfnis auf Ramtha verlegt. Wie so viele, sogar in gewissem Maß JZ selbst, hatte Mary Redhead Ramthas allgemeine Verachtung von allem, was der Verehrung eines Gurus nahekommt, nicht verstanden. Sie hatte noch immer einige Zweifel bezüglich Ramthas Echtheit; sie wollte seine Botschaft von der Göttlichkeit des Selbst und dem großartigen Potential, das jeder manifestieren konnte, akzeptieren und ernsthaft bestätigen.

Sie wurde die erste Person in JZs Mitarbeiterstab, diejenige, die Fragen sowohl von JZ und ihren weniger erfahrenen

Helfern, als auch der Öffentlichkeit abfing, die begierig war, mehr zu erfahren. Dann, ungefähr 1982, ging Ramtha während einer der Dialoge auf sie zu und, ohne den geringsten Hinweis darauf, was er sagen würde, sagte er zu ihr mit seiner befehlenden Stimme: "Verlaß meine Zuhörerschaft und komm nicht zurück!" Mary Redhead kämpfte damals gerade mit ihren Zweifeln; Ramtha hatte sie nun verletzt und öffentlich gedemütigt. Als JZ mitgeteilt wurde, was sich ereignet hatte, entließ sie Mary Redhead. Mary Redheads gesellschaftliche und geschäftliche Welt zerbrach, was ihre Midlife-Crisis heraufbeschwor.

Die Trennung wurde eine Zeit strenger Selbstbeobachtung. Schließlich erhielt Mary Redhead einen neuen Einblick in ihre Selbstzweifel und sah, daß sie, obwohl sie die metaphysischen Wahrheiten recht gut artikulieren konnte, sie aber nicht wirklich verkörperte. Mit diesem neuen Verständnis deutete sie Ramthas Handlungen nun als eine große Güte ihr gegenüber.

Ein oder zwei Jahre später hatte sich Mary Redhead durch ihre Krise hindurch gearbeitet, hatte sich als unabhängige Geschäftsfrau wieder etabliert und hatte ihre Selbstzweifel überwunden. Sie wußte, daß es an der Zeit war, zurückzukehren, und leise schlich sie sich während eines Dialoges unter die Zuhörerschaft. Ramtha unterbrach sofort, ging auf sie zu, legte seine Hand auf sie und nannte einfach ihren Namen. Sie wußte, daß sie ihre Veränderung abgeschlossen hatte. So wie der verlorene Sohn zurückkehrte, so wurde sie sofort wieder in den Schoß der Familie aufgenommen, ohne daß Fragen gestellt wurden.

Der nächste Abschnitt von Mary Redheads Geschichte ist Teil der Schulfolklore geworden. Nach ihrer Rückkehr nahm Mary Redhead an einer der Zusammenkünfte in der Wüste teil, die Ramtha Mitte der achtziger Jahre veranstaltete. Ramtha ging in der Versammlungshalle umher, wie er es gerne tut, und ging auf sie zu. Als er sich ihr näherte, fing ihr Körper so zu zittern an, daß sie das Gefühl hatte, sie würde vom Stuhl fallen. Sie schaute plötzlich in Ramthas Richtung und statt JZ zu sehen, sah sie Ramtha in seiner vollen Größe von über 2,10 Metern . Sie hatten ein kurzes Gespräch, und als sie zu ihrem normalen Bewußtsein zurückkehrte, konnte sie sich nicht an den Inhalt des Gesprächs erinnern, obwohl die gesamte Zuhörerschaft zugehört hatte. Und aus irgendeinem Grund war die Unterhaltung nicht auf der Kassette von der Sitzung. Später verstand sie, daß Ramtha die Frequenz ihres Körpers so erhöht hatte (daher das Gefühl des Zitterns), daß sie ihn sehen konnte. Jetzt betrachtet sie die Veranstaltung als ein Geschenk, eine Anerkennung ihres Wachsens und ihr Verständnis für seine früheren Handlungen.

In den zahlreichen Geschichten, die die Schüler mir erzählten, hörte ich viele Ähnlichkeiten. Viele Schüler mit Kollegeausbildung oder sogar akademischer Ausbildung berichten, daß sie auf der Suche nach einer glücklicheren Lebensweise ihre Karrieren aufgegeben haben, und nun Arbeit machen, die eine geringere Ausbildung oder überhaupt keine erfordert. Auf beeindruckende Weise beschreiben sie Ramtha entweder als den Höhepunkt einer langen Suche nach Bedeutung und Sinn oder als eine Stimme, die eine frustrierende Lebenssituation unterbricht, indem er eine neue Richtung bietet.

Viele Frauen gaben ihrer Energie eine neue Richtung außerhalb ihrer Familien, die nicht länger den Großteil ihrer Zeit beanspruchten. Eine Frau in den Fünfzigern erklärte ihrer Familie, daß sie in ihrem nächsten Jahrzehnt ihr Leben darauf ausrichten würde, den Mangel zu bewältigen, den sie in sich fühlte. Zur damaligen Zeit hatte sie keine bestimmte Zielrichtung, doch im darauffolgenden Februar nahm sie an einer Veranstaltung für Anfänger auf der Ranch teil. In ihren Worten ausgedrückt: "Ich wußte, daß ich das gefunden hatte, wonach ich suchte." Sie brauchte ein Jahr, um ihr Leben so umzustellen, daß sie am gesamten Lehrplan teilnehmen konnte, und 1991 schloß sie sich dann permanent der Schülerschaft an. Sie blickte auf die einschneidenden Jahre zurück: "Die Tatsache, daß Gott *nicht* "dort draußen" ist, sondern hier in mir, war, so denke ich, die verblüffendste Offenbarung, und auch daß ich in der Lage bin, all das zu vollbringen, was Jeshua ben Joseph vollbracht hat, und jeder andere dies auch kann."

Eine andere Frau, die sich hatte scheiden lassen, erzählte, daß sie eine geistige Suche begonnen hatte, die sie ursprünglich zu einer evangelischen Christlichen Gemeinde in ihrem Heimatland geführt hatte. Sie fand sie aber nicht zufriedenstellend, obwohl sie dankbar dafür ist, daß die Christliche Gemeinde ihr die

Lehren Jesu nahegebracht hatte. Ein Freund hatte an einem Anfänger-Wochenende teilgenommen, und so begann die Frau, einige von Ramthas Büchern zu lesen und sich seine Kassetten anzuhören. Schließlich nahm sie 1992 an ihrer ersten Veranstaltung teil und ist seitdem permanente Schülerin. Sie sagt: "Ramthas Lehren bringen durch eigene Erfahrungen das innere Selbst und die Kräfte meines Verstandes in einer Weise hervor, die mich erkennen läßt, daß ich mehr bin als mein menschliches Selbst. Und die Veränderungen, die ich vornehme, sind echt und dauerhaft – ich spiele nicht nur lediglich eine Rolle – ich werde mein wahres Selbst".

Ein Mann in den Fünfzigern, ein geschiedener Ingenieur, traf Ramtha zum ersten Mal 1988. Auf einem Video hörte er Ramthas Frage: "Wer besitzt dich?" als eine direkt an ihn gerichtete Frage. Er war bereits auf der Suche mit Hilfe anderer Gruppen, doch bald verkaufte er sein Geschäft und zog nach British Columbia. Jetzt ist er ein halb in den Ruhestand getretener Bauer und Schüler von Ramtha.

Eine vierundvierzigjährige, verheiratete Chemieingenieurin aus Houston sprach davon, daß sie fünfzehn Jahre hauptsächlich ihrer Familie gewidmet hatte, und in dieser Zeit entdeckte sie Ramthas Videos. 1986 nahmen sie und ihr Mann an einem Dialog in Atlanta teil. Für sie war die Botschaft, daß man nicht notwendigerweise sterben muß, daß das Leben weitergeht, entscheidend. Ramtha war der erste, der das bestätigte, was sie seit ihrer Kindheit gefühlt hatte: daß der Tod nicht das Ende des Lebens sein mußte. Vor einigen Jahren zogen sie und ihr Mann nach Washington und gründeten eine Ingenieurfirma.

Vor kurzem beendete die Soziologin Constance Jones eine Studie über fortgeschrittene Schüler, durch die wir ein Profil erstellen können.[4] Ein Großteil der Antwortenden waren weiblich. Sie sind sehr gebildet, fast 40 Prozent haben die Collegeausbildung abgeschlossen. Sie haben gewöhnlich Positionen mit hohem Prestige in ihrem Beruf, in der Technologie oder sind Unternehmer. Viele arbeiten in selbstständigen Tätigkeiten. Typisch ist auch, daß sie sich in der Mitte ihres Lebens befinden, eine hohe Ausbildung und Prestige in ihrem Beruf erreicht haben und nun wählen, sich in eine neue Richtung zu orientieren.

Jones Werk bestätigte auch meine Schlußfolgerungen, die ich teilweise von der Auswahl an Büchern im Buchladen abgeleitet hatte, daß die Schülerschaft viele intelligente, unabhängige, sehr belesene Leute einschließt. Mehr als 40 Prozent kamen zu Ramtha, nachdem sie sich vorher mit der New Age-Bewegung befaßt hatten und mehr als 50 Prozent hatten das Weiße Buch gelesen, bevor sie an einer Veranstaltung teilnahmen. Da sie sich frei fühlten von ihrem bisherigen, eher konventionellen Lebensstil, haben sie die Weisheit eines unkonventionellen geistigen Lehrers akzeptiert, was oftmals gewisse persönliche Opfer bedeutete. Und sie haben eine Gemeinschaft gefunden, in der Themen erforscht werden können, die von der vorherrschenden Kultur nicht ernst genommen werden. Demnach ist es nicht überraschend, daß verschiedene Ideen, die Ramtha diskutiert, eine gewisse Akzeptanz unter den Schülern gefunden haben, auch wenn sie keine zentrale Stellung innerhalb der Hauptlehren über die Erleuchtung haben.

Die Veränderung der Erde

Ziemlich früh in den Dialogen begann Ramtha über eine Reihe von Themen zu sprechen, die von besonderem Interesse für die Schüler waren und Teil der größeren New Age-Kultur waren. Kurze Diskussionen über solche Themen wie Seelengefährten und die Veränderungen der Erde, wurden dann zu Wochenend-Intensivseminaren, die einem Thema gewidmet waren. Obgleich diese Themen aus dem Rahmen des Hauptlehrplans herausfallen und viele Schüler ihnen wenig Beachtung schenken, finden andere Schüler sie faszinierend und können mühelos eine Unterhaltung zum Thema UFOs, künstliche Bauten auf dem Mond, Kreise im Feld oder ganzheitliche Heilmittel führen.[5] Zwei solcher Themen haben eine meßbare Wirkung unter der Schülerschaft hervorgerufen: Ramthas Lehren über die Veränderungen der Erde stellten für einige Schüler einen Ansporn dar, nach Washington in die Nähe der Schule zu ziehen, und einige Schüler fanden in den Lehren über die Grauen ein Element, das nicht im Einklang war mit dem, was sie als Ramthas frühere, positive Botschaften betrachteten.

Ramthas Lehren über die Veränderungen der Erde können nicht als sehr abweichend von jenen Vorstellungen verstanden werden, die innerhalb der New Age-Bewegung weit verbreitet sind. Zum Beispiel: Hellseher Edgar Cayces gechannelte Unterlagen, die in den 60er Jahren beliebt waren, sagten mehrere bedeutende Veränderungen der Erde voraus, die während dem letzten Viertel des zwanzigsten Jahrhundert eintreten sollen. In Vorträgen, die über die Jahrzehnte zwischen den beiden Weltkriegen vereinzelt stattfanden, sagte Cayce unter anderem voraus, daß ungefähr 1998 ein Teil von Atlantis wieder hervorkommen würde, daß in den 40er Jahren neues Land sowohl im atlantischen als auch im pazifischen Ozean erscheinen würde und daß bis Ende des Jahrhunderts nicht nur Teile von Georgia und Carolina verschwinden würden, sondern auch New York City.

Diese und andere Vorhersagungen wurden 1978 von Jeffrey Goodman in seinem Buch “*We Are the Earthquake Generation*” zusammengestellt. Wahrsager, die er zitierte, hatten die Schlußfolgerung getroffen, daß bis zum Jahre 1990 der größte Teil der westlichen Vereinigten Staaten verschwinden würde; das Land, das die Großen Seen trennt, würde sinken, wobei die Seen sich in einen riesigen See in der Mitte des Kontinents verwandeln würden; und die Erdachse würde sich um mehrere Grade verschieben. Diese Prophezeiungen wurden in Verbindung gebracht mit der berühmtesten Vorhersage, die heute schon fast ein Klassiker in der amerikanischen Folklore ist, daß Kalifornien aufgrund von Aktivitäten entlang des Sankt Andreas Grabens ins Meer sinken würde.[6]

Ramtha wurde mit diesen Propheten des jüngsten Gerichts gleichgestellt, und nicht ganz ohne Grund, obwohl er sich deutlich von ihnen absetzte. Die Katastrophen-Prophezeiungen veranlaßten Merv Griffins Fragen während Ramthas Fernsehauftritts 1985: “Besteht auf diesem Planeten die Gefahr einer größeren Katastrophe?” Ramtha antwortete jenen, die bedeutende Veränderungen der Erde und einen möglichen Krieg mit China oder der Sowjetunion voraussagten:

> Es wird niemals Krieg sein, was zerstören wird. Das ist nicht der große Holocaust, Wesen. Es ist in der Tat eine Krankheit ... der Natur. Sie ist bereits hier, und

wird sich noch gewaltiger ausbreiten. Sie ist größer als jede Bombe, die jemals abgeworfen werden könnte. Weißt du, wer diese Krankheit geschaffen hat? Die Menschen, denn sie haben in sich die Macht, dies zu tun – es kommt von ihrer Einstellung. Nun, das ist kein Holocaust. Sie haben diese Dinge getan und diese Dinge manifestiert, um zu lernen – um Weisheit zu bekommen ... die Wertschätzung derer, die sie ihre Feinde nennen. Durch dies werden sie lernen, ihre Feinde zu lieben. Das ist eine großartige Lehre. Die Erde wird niemals zerstört werden. Sie wird nicht auf ihrer Achse rotieren. Niemand wird Bomben auf sie abwerfen. Es wird weiter und weiter gehen. Doch das größere "Bewußtsein" kommt.[7]

Ramtha sagte, daß die gegenwärtige Gesellschaft große Naturkatastrophen erleben würde, die eine beachtliche Dürre im mittleren Westen der U.S.A während der Jahre 1987-1989 (die eintrat) einschließen würden. Die Pole würden sich nicht verändern und in der Zukunft würde es keinen dritten Weltkrieg geben. Veränderungen sollten nicht so sehr als Probleme erwartet werden, sondern als Ansporn zur Weiterentwicklung. Katastrophen würden kommen, doch sie würden über Zeit und Raum verteilt eintreten und jede würde in ihrem Schadensausmaß eher begrenzt sein. Zum Beispiel: als Ramtha in Sydney, Australien, zum ersten Mal sagte, daß eine Flutwelle die Stadt treffen würde, da sprach er jedoch nicht von der Zerstörung der Stadt oder einer bedeutenden Dezimierung eines Teiles des Subkontinentes.

Ramtha deutete jedoch an, daß Washington ein relativ sicherer Ort sei. Wenn die Reaktion auf die Kräfte der Natur auch ein relativ kleines Thema innerhalb Ramthas Lehren war (und bleibt), so hat es doch einige New Age-Schüler stark angesprochen. Mindestens ein Wochenende von Dialogen war dem Erforschen dieses Themas gewidmet, und Ramthas Kommentare dazu sind in einem Buch wiedergegeben worden.[8]

Ramthas Warnungen berührten einige Menschen tiefer als andere. Sie gaben Menschen, die sich bereits in unglücklichen Situationen gefangen fühlten, darunter nicht wenigen, die in ihrer Midlife-Crisis waren, Stärke und Willen, und bewirkten, daß sie sich der Wanderung in die Gegend anschlossen, die von vielen als Amerikas letztes Grenzgebiet angesehen wurde. Für einige erfogte der Umzug nach Washington gleichzeitig mit der Auflösung einer Ehe, und verärgerte Ehepartner waren schnell dazu bereit, JZ zu beschuldigen, die Anführerin des Ramtha-"Kults", der als Grund für die Auflösung angesehen wurde. 1987-1988 lieferten die erhitzten Äußerungen einiger verstimmter Ehepartner zusätzlichen Brennstoff zu dem Fackelfeuer des Pöbels, der versuchte, das Monster, das in dem Schloß außerhalb von Yelm lebte, zu zerstören. Zu diesem Zeitpunkt waren bereits mehr als fünfhundert Leute umgezogen. Sie verstärkten die vielen Anhänger, die bereits in dem größeren Umkreis von Seattle-Tacoma-Olympia lebten.[9]

Für die meisten, die umzogen, war der Umzug Teil einer Änderung des Lebensstils. Es brachte gewöhnlich einen Berufswechsel mit sich, entweder um der Rattenjagd zu entfliehen oder um noch unentwickelte Bereiche ihres Lebens zu erforschen. Einige gaben lukrative Karrieren auf und nahmen Tätigkeiten an, die lediglich das Existenzminimum boten, oder Teilzeitarbeiten, die ihnen ermöglichten, an den Schulveranstaltungen teilzunehmen und die Schulaufgaben zwischen den Veranstaltungen fortzusetzen. Die relative Freiheit, die sich durch eine Scheidung oder ein anderes, als Lebenskrise zu bezeichnendes, Ereignis ergab, bot die Möglichkeit, ein Leben zu leben, von dem sie lediglich heimlich geträumt hatten.

Persönliche Veränderungen wurden auch integriert in das Ziel, Selbstversorger zu sein, wozu Ramtha sie aufforderte. Anhänger stellten Essen und Vorräte zusammen, die für zwei Jahre ausreichen würden, falls eine Katastrophe, persönlicher oder umweltbedingter Art, die Versorgung mit Essen und anderen Notwendigkeiten unterbrechen würde. Einige entwickelten eine Perspektive, die an Überlebensverhalten grenzt.[10] Viele Schüler erkannten zum ersten Mal, daß sie unabhängig von gewohnten unterstützenden Strukturen überleben und Fortschritte machen konnten, daß sie nicht nur Möglichkeiten hatten, die sie niemals verwirklicht hatten, sondern daß sie auch in völliger Unwissenheit darüber waren, daß sie diese Möglichkeiten hatten.

Die erste Menschenwoge kam 1986 in Washington an, und während der Jahre 1987 und 1988 brachten die zurückgelassenen Familienmitglieder ihren Ärger und ihre Sorgen zum Ausdruck. 1989 begannen einige Einwohner von Yelm, die unerwünschte Veränderungen in ihrer Stadt wahrnahmen (einschließlich des plötzlichen Anstiegs der Immobilienpreise), die sie dem Zustrom der Schüler zuschrieben, ihrem Ärger offen Ausdruck zu verleihen. Mit der Zeit verstummte der Ärger, als die Ortsbewohner die Veränderungen mehr dem Wachstum westlicher Stadtzentren als Ramthas Schülern zuschrieben und als die Stadtoberhäupter begannen, den wirtschaftlichen Aufschwung zu schätzen, den die Schule für die Gemeinde darstellt.

Während der fünf Jahre, in denen ich die Schule beobachtete, habe ich ein Nachlassen der Spannungen zwischen Einwohnern und Schülern festgestellt. Auch hatte ich die Gelegenheit zu sehen, wie die Schüler auf verschiedene Umweltkatastrophen, einschließlich Überschwemmungen und einem Rekordschneefall, der einen einwöchigen Stromausfall verursachte, reagierten. Die Lehren bezüglich des Selbstversorgertums dienten ihnen sehr. Sie waren nicht nur in der Lage, mit dem ungewöhnlichen Wetter spielend fertig zu werden, sondern konnten auch ihren weniger gut ausgerüsteten Nachbarn behilflich sein. [11]

DIE GRAUEN MÄNNER

Während einer der letzten Dialoge vor Gründung der Schule kehrte Ramtha zu einem seiner Lieblingsthemen zurück: Opfer und materielle Unabhängigkeit. In diesem Fall näherte er sich seinem Thema jedoch durch eine Betrachtung der gesellschaftlichen Ordnung. Er sagt, daß die Blockierung des persönlichen Weges zu *souveränem* Selbstversorgertum durch die Kontrolle der wirtschaftlichen Ordnung von internationalen Bankiers erfolgt. Er bestätigte seine Übereinstimmung mit einer älteren Theorie einer globalen Verschwörung, die in Frankreich während der Ära Napoleons begann. Der erste Graue war der finanzierende Bankier, der Napoleon mit den finanziellen Mitteln versorgte, die für die Eroberung notwendig waren. Mayer Anselm Rothschild (1743-1812) unterschied sich von anderen Bankiers dieser Ära insofern, als er erkannte, daß er keiner Nation gegenüber Treue beweisen konnte, wenn er in der Kriegsfinanzierung erfolgreich sein wollte. Die Rothschilds finanzierten beide Seiten eines Konfliktes und erzeugten sogar neue Konflikte, die sie dann finanzierten und von denen sie profitierten. Im Laufe der Jahrhunderte bezogen die Grauen Männer andere Familien mit ein, und gemeinsam haben sie die Regierungen beeinflußt und Kriege geplant. Sie gewannen die Kontrolle über die Medien, um die öffentliche Meinung zu manipulieren, die natürlich keine Feindseligkeiten wollte.

Die Grauen Männer schufen auch Papiergeld, um Gold zu ersetzen, dann schufen sie das Equivalent der Federal Reserve in jedem Land, um Geld zu drucken, als es sich als ein Mittel weiterer Kontrolle über die Wirtschaft herausstellte. Durch das großzügige verleihen ihres Geldes, stehen nun die meisten Regierungen der Welt in ihrer Schuld. Ihr Ziel ist eine einheitliche Weltordnung, die nicht von einer vereinigten Weltregierung verkörpert wird, sondern von einer Weltbank. Das Kontrollinstrument wird nicht eine Armee sein, sondern eine universale Debitkarte, das Non Plus Ultra von Kreditkarte, die überall akzeptiert wird. Sie wird Geld ersetzen und wird Individuen zu Nummern verunmenschlichen, die uns für unser ganzes Leben verfolgen werden. Die Freiheit der Privatsphäre wird verschwinden. [12]

Die Schüler reagierten in verschiedener Weise auf diese Lehren. Einige ignorierten sie einfach; obwohl sie aus den grundlegenden Lehren gekommen waren, so waren sie doch nicht wesentlich für den grundlegenden Vorstoß in Richtung Meisterschaft. Dennoch reagierten andere in negativer Weise. Einige ehemalige Mitglieder haben sich darüber beschwert, daß diese Lehren keine Erweiterung von Ramthas Philosophie darstellen, sondern eine neue und widersprechende Lehre. Sie verloren ihr Vertrauen in JZ und behaupteten, daß Ramtha JZ verlassen hatte, lediglich um von einem dunkleren Wesen ersetzt zu werden. In ihrer Enttäuschung wurden einige zu lautstarken Kritikern der Schule und die Quelle wiederholter Klagen darüber, daß in den späten 80er Jahren Ramthas Lehren in eine gefährliche, paranoide Richtung umgeschlagen seien. Ihre Klagen zirkulierten in dem Gebiet von San Francisco Bay bereits im Jahre 1986 und wurden von Jon Klimo in seinem 1987 erschienenen Buch über das Channeln dargestellt.[13] Ich hörte zum ersten Mal davon , als ich Nachforschungen über das *New Age Encyclopedia* begann, und entdeckte, daß als JZ sich von Auftritten im ganzen Land zurückzog, New Age-Anhänger über den Wandel spekulierten. Ermuntert von ehemaligen Mitgliedern, begannen sie zu fragen, ob Ramtha sich verändert hatte, und sie fanden einen Grund zur positiven Antwort auf diese Frage in der Veröffentlichung von Ramthas Reden in *Ramtha Intensiv: Wendezeit. Die künftigen Tage* und *Der letzte Walzer der Tyrannen.*

Sicherlich, wenn man die Schule hauptsächlich unter dem Blickwinkel von Ramthas Lehren über die Grauen Männer betrachtete, könnte man erwarten, eine paranoide separatistische Schülerschaft vorzufinden, geführt von einem Lehrer, der seine Zuhörerschaft vor Außenseitern warnt. Und 1992 erhob eine Gruppe ehemaliger Schüler den Vorwurf, daß die Schule in Angst, Heimlichkeit und der Aufforderung zum Gehorsam verwurzelt sei, und daß sie gespalten war in Leuten, die um JZs Aufmerksamkeit wetteiferten, anstatt einen höheren Bewußtseinsstand zu suchen. Diese Beschuldigungen führten mir ein mögliches Problem vor Augen. [14] In meinen fünf Jahren, während der ich Ramthas Schüler beobachtete, habe ich jedoch keine solche Paranoia gefunden. Statt dessen habe ich Schüler angetroffen, die offen und freundlich waren und sich zielbewußt auf ihrem geistigen Pfad befanden . Sie scheinen eine dritte Möglichkeit gefunden zu haben, Ramthas neuere Lehren zu integrieren – als einen zusätzlichen Ansporn, der sie ermutigt, ihre Opferhaltung zu überwinden und die Richtung eines souveränen Selbstversorgertums einzuschlagen. Erstens: Werde dir der Situation bewußt und wähle, souverän zu sein, wobei verstanden werden muß, daß Selbstversorgertum am einfachsten in ländlichen Gebieten geschaffen werden kann. Dann, lagere Essen und harte Währung (Gold und Silber), um dich vor kommenden Wirtschaftsschwankungen zu schützen. Bezahle Schulden und lebe schuldenfrei. Nach Erreichen der materiellen Unabhängigkeit, hilf anderen es ebenso zu tun. Anstatt sich auf das Böse zu konzentrieren, bereite dich auf das Schlimmste vor und lebe dann relativ frei von Angst und Sorgen, die jene verfolgt, die als Opfer der

Welt leben. Und frei von Sorgen arbeite dann weiter an der Hauptaufgabe, die Erleuchtung zu erreichen.

WEITER ZUM AUFSTIEG

Ramtha lehrt eine Kosmologie, die sich radikal von der unterscheidet, die von den meisten im Westen anerkannt wird. Diejenigen, die als Schüler kommen, sind Suchende. Sie befinden sich auf Pilgerfahrt, um eine befriedigende Weltanschauung zu suchen, und sie sind offen, etwas neues auszuprobieren. Die meisten sind gewillt, an den geistigen Übungen mit demselben Gefühl des Experimentierens teilzunehmen, das sie dazu geführt hat, Meditation oder Yoga oder asiatische Kampfsportarten zu probieren. Gleichzeitig ist der Widerstand groß, weil die Lehren nicht bloß ältere religiöse Glaubensvorstellungen korrigieren oder ersetzen, sondern den vorherrschenden gesellschaftlichen Aufbau der Realität angreifen, der in Schulsystemen verbreitet wird, von den Medien unterstellt und von weltlichen Erfahrungen bestätigt wird.

Außerdem ist es ein außerordentlicher und kühner Aspekt von Ramtha, daß er sich vornimmt, nicht nur einige talentierte Eliteschüler, sondern eine ganze Gemeinschaft von ansonsten durchschnittlichen Leuten (wenige sind selbsternannte Mystiker, und niemand zieht sich von der größeren Gemeinschaft in ein Kloster oder eine Nonnenschule zurück) in eine vollkommen andere Weltanschauung einzuführen. Damit hat er die Aufgabe, die Schüler nicht nur davon zu überzeugen, daß die neue Weltanschauung alle wesentlichen Informationen, auf denen die vorherrschende Weltanschauung aufgebaut war, bewältigen kann, sondern daß sie mehr Fakten erklären kann und ein Mittel sein kann, die Umgebung bei weitem effektiver zu meistern als diejenige es tut, die sie ersetzt.

Ramtha fängt gerade erst an, denn zum Zeitpunkt dieses Schriftwerkes ist die Schule weniger als ein Jahrzehnt alt. Seine Lehren entwickeln sich immer weiter, wenn er mehr Material, hauptsächlich wissenschaftlicher Art, vorstellt in dem Bemühen, mehr Einzelheiten zu erklären, die die gegenwärtigen Erfahrungen der Schüler bestätigen, sie zu weiteren geistigen Übungen anspornt und die gesamte Weltanschauung unterstützt. Zum Beispiel werden gegenwärtig zusätzliche Informationen über die Funktionsweise des menschlichen Körpers, speziell des zentralen Nervensystem hinzugefügt mit besonderem Hinweis auf die Art und Weise, in der der Körper die Transformation des Schülers fördert.

Ramtha's School of Enlightenment ist eine neue Gemeinschaft, was religiöse Gemeinschaften anbetrifft, dennoch muß sie einige Gedanken zu den zwei großen religiösen Fragen anbieten – die Herkunft der Menschheit und den Sinn des Lebens – doch ebenso über die dritte: Was ist unser Schicksal; das bedeutet: Wohin gehen wir, als Ergebnis all dieser Anstrengungen? Ramtha hat eine konstante Antwort auf diese Frage gegeben, obgleich er selten näher auf sie eingeht. Diesbezüglich verwendet er das Wort *Aufstieg*, ein Wort, das durch die moderne esoterische Tradition, die in den 90er Jahren berühmt wurde, an Popularität gewann. Dieser Begriff hat auch von einem Lehrer zum anderen viele verschiedene Bedeutungen angenommen.[15] Ramtha erklärt den Aufstieg folgendermaßen:

Ramtha lehrt, daß die körperliche Existenz durch die Koagulation der Energie höherer Ebenen erreicht wurde, wobei jede Ebene einen bestimmten Gedanken verkörpert. Wir als Wesen werden geboren und existieren gegenwärtig als bewohnte Körper, um auf dieser Existenzebene arbeiten zu können. Wenn wir in angemessenem Ausmaß erwacht und geübt sind, sollten wir jedoch fähig sein, die Schwingung der koagulierten Energie, aus der unsere materielle Substanz besteht, nach Belieben zu beschleunigen und auf die nächste, oder sogar höhere, Schwingungsebene voranzuschreiten.

Um aufzusteigen – das bedeutet, in die nächste Schwingungsebene zu gehen ohne den Tod zu erleben und somit fähig zu sein, zurückzukehren ohne wieder durch den Geburtskanal hierher zu kommen – muß man nach Ramthas Ansicht "durch den Geburtsvorgang geboren werden, vollständig die Integrität des Selbst beibehalten und die Ganzheit des als Gehirn bezeichneten Organs aktivieren. Sobald du deine Gehirnkapazität zu voller Benutzung geöffnet hast, kannst du dem Körper beliebig befehlen, seine Schwingungsfrequenz zu erhöhen bis zu dem

Punkt, wo er aus dem Frequenzbereich der Materie hinausgeht und in die Schwingungsfrequenz des Lichts eintritt."[16] Tod bedeutet, diese Ebene ohne den Körper zu verlassen, und Aufstieg bedeutet Abschied nehmen mit dem Körper, so daß man wieder zurückkehren kann, ohne geboren zu werden. Das ist die höchste Fähigkeit eines Meisters, höher als die Manifestation von benötigten finanziellen Mitteln, höher als die Heilung des Körpers, höher als das Stoppen oder sogar Umkehren des Alterungsprozesses.

Ramtha bietet seinen Schülern Hoffnung, daß der Tod weder das Ende des Lebens ist, noch das Ende der Wesen, die sie sind. Tod ist letztendlich das Resultat der übermäßigen Urteile, die wir uns selbst auferlegen, so daß wir sterben müssen. Doch das ist nicht unser Schicksal. Wir müssen nicht immer wieder sterben und zurückkommen, um dann lediglich wieder zu sterben und zurückzukommen. Der Vorgang, wie wir uns von dem Urteil, das wir uns als Menschen auferlegt haben, befreien und dann lernen, aufzusteigen, ist jedoch keine einfache Sache. Es ist nicht nur eine Frage des Glaubens an den Aufstieg. Es ist eine schwierige Aufgabe. Doch es ist die Karriere, die Ramthas Schüler gewählt haben.

8

Die Entwicklung einer Religion in einer feindlichen Umgebung

Als Ramtha ein New Age-Star wurde, schlug jemand den Leuten des ABC-TV's *20/20* Nachrichtenmagazines vor, daß Ramtha ein ideales Thema für einen Bericht wäre. Hier gab es eine Geschichte, die für das Fernsehen wie geschaffen war. Ein armes Mädchen verwirklichte den amerikanischen Traum, doch der Traum war zu einem Alptraum geworden. Die attraktive Frau war zu einer Kultführerin geworden. Jeder, der eine Rechenmaschine besaß, konnte erkennen, daß (für die meisten Menschen) große Geldsummen durch die Organisation flossen. In Anbetracht des Ausmaßes, in dem ihre Arbeit Anklang fand, mußte es zwangsläufig auch einige unzufriedene Schüler und verärgerte ehemalige Angestellte geben. Und in Anbetracht der Natur der unkonventionellen Ideen, die Ramtha anhafteten, gab es vieles, das belächelt werden konnte. Das Fernsehpublikum konnte dazu gebracht werden, sich moralisch und intellektuell überlegen zu fühlen. Und die Leute von *20/20* hatten eine unausgesprochene doppelte Motivation: Gastgeberin Barbara Walters Ehemann war ein Schüler gewesen, bevor er sie heiratete. Die Sendung wurde am 22. Januar 1987 ausgestrahlt.

20/20 *Beginnt seine Nachforschungen*

Während des Monats vor der Sendung, begann der Mitarbeiterstab von *20/20* mit seinen Nachforschungen und fand schnell die nötige Handvoll kooperativer Kritiker. Unter ihnen tauchte ein Philosophie-Professor der geisteswissenschaftlichen Fakultät der Universität Denver auf, Carl Raschke. In seiner frühen Gelehrtenkarriere hatte Raschke *The Interruption of Eternity* geschrieben, ein äußerst fachkundiges Buch, daß die Geschichte des gnostischen Gedankens im Westen nachvollzog. Er hatte sich mit seinem Wiederaufleben unter ansonsten professionellen Philosophen des neunzehnten Jahrhunderts, wie Henri Bergson, beschäftigt und seiner allgemeinen Ausbreitung in der Theosophie und verwandten Gruppen. Mitte der 80er Jahre hatte er jedoch sein Buch als lediglich eine jugendliche intellektuelle Übung von sich gewiesen und war erbost über die sogenannten wirklichen Übel der neuen "Kulte", insbesondere die New Age-Bewegung. Die Bewegung barg genug in sich, um viel Akademiker der 80er Jahre zu beunruhigen, doch Raschke hatte eine tiefere Sorge. Er war zu der Überzeugung gekommen, daß die New Age-Bewegung eine massive satanische Verschwörung maskierte. Raschkes Angst vor einem Satanismus gelangte 1985 während einer großen Anti-New Age-Konferenz, die im Denver Conservative Baptist Seminary stattfand, an die Öffentlichkeit und erreichte seinen Höhepunkt in seinem Buch: *Painted Black*.[1]

Raschke scheint der erste gewesen zu sein, der JZ angriff. 1986 war er bereit zu erklären, daß JZ entweder "gestört oder selbstverblendet" sei, obwohl er die Bewegung nicht studiert hatte und zugegeben hatte, daß er "...von dem Wahnsinn des Channelns überrascht worden sei". Obwohl er über kein psychologisches Training verfügte, machte die Zeitschrift *Omni* ihn zu einem Sprecher für das psychologische Establishment, und Raschke war bereit, seine pop-psychologischen Beobachtungen anzubieten. Er sagte, daß "die meisten Channel nach beträchtlichem Studium, metaphysischen Spekulationen und Meditationstechniken eine erhöhte Sensibilität gegenüber ihrem eigenen Unterbewußtsein erreichen. Diese mühsam erlangte, innerliche Empfänglichkeit, diese neue Stimme, könnte dann von jenen, die hierfür emotional veranlagt sind, einfach als die Stimme Gottes oder eines Geistes, eines Vorfahren oder eines außerirdischen Wesens interpretiert werden".[2] Im Verlauf des Jahres 1987 steigerte Raschke sich von einer schlichten Zurückweisung JZs zu nachgeplapperter Rhetorik bezüglich Gehirnwäsche und Kontrolle des Verstandes, und schließlich trat er als das Sprachrohr der Anti-Kult-Bewegung auf. Er stellte Ramtha als einen unethischen Führer dar, der seine Anhänger lehrt, daß es keinen Unterschied zwischen richtig und falsch gäbe. Er wurde während der Tagung des *Cult Awareness Network* 1987 in einem Ausschuß zusammen mit der ehemaligen Schülerin Carole Bowen gezeigt, die über ihr Gehirnwäscheerlebnis klagte.

Der *20/20*-Spot lieferte jedoch eine umfassende Attacke, die auf sechs wesentlichen Anschuldigungen basierte:

1. JZ sei eine Schwindlerin. Grundlage für diese Beschuldigung war die Aussage eines ehemaligen Mitgliedes des Mitarbeiterstabs, der klagte, daß er desillusioniert worden sei, als er sah, wie JZ den Ramtha-Charakter an- und ablegte und die Gesten von Ramtha zu üben schien, wenn sie außerhalb der Sichtweite ihrer bewundernden Anhänger war.

2. JZ habe ihre Anhänger finanziell betrogen. *20/20* erhob die Anschuldigung, daß JZ als ihre Ramtha-Person leichtgläubigen Anhängern empfohlen hätte, in ein Geschäft mit arabischen Pferden zu investieren. Gläubige, die in ihrer Hingabe dies nicht hinterfragten, hätten dies sofort getan.

3. JZ hätte Einzelheiten ihres Lebens in ihrer Autobiographie gefälscht. Zum Beispiel hätten die Leute, die angeblich anwesend gewesen waren, als sie behauptete, in der High School eine fliegende Untertasse gesehen zu haben, diesen Zwischenfall nicht bestätigt.

4. JZ würde durch ihr Vertrauensschema reich werden. JZ wäre keine von Armut geschlagene junge Frau mehr oder nicht einmal mehr eine Hausfrau der Mittelklasse. Sie sei eine Multimillionärin, ein perfektes Beispiel einer reichen Kultführerin, die ihre Anhänger um große Geldsummen hauptsächlich dadurch betrogen hatte, daß sie übertriebene Summen für die Teilnahme an Ramthas Veranstaltungen verlange.

5. Ramtha sei ein Kultführer. Unter Ausnutzung des negativen Image, das neue Religionen umgibt und das vom Network der Anti-Kult-Gruppen geschaffen wird, fügte *20/20* seine Ansicht hinzu, daß die Schüler lediglich schafähnliche Anhänger alberner Ideen seien, an denen keine rationalen, denkenden Menschen festhalten könnten, es sei denn, daß sie während verletzlicher Momente erfaßt und von einem oberflächlich attraktiven aber moralisch dekadenten und manipulierenden Führer einer Gehirnwäsche unterzogen worden seien. Ein sicheres Zeichen für ihren auf eine Gehirnwäsche zurückzuführenden Zustand sei die Tatsache, daß so viele ihre Arbeit und ihr Zuhause verlassen haben, um in den Nordwesten umzuziehen, weil sie einigen von Ramt-

has apokalyptischen Behauptungen bezüglich bevorstehender Veränderungen der Erde Glauben geschenkt hatten.

6. Ramtha sei in gefährlichem Ausmaße unmoralisch, wenn er Gläubige lehrte, daß sie göttlich seien und somit jenseits jeglicher moralischen Gebote bezüglich richtig oder falsch lebten. Wenn Ramthas Schüler jenseits des Gesetzes lebten, dann sei alles gerechtfertigt – Mord, Diebstahl, Lügen, das Vernachlässigen von Treueverhätlnissen – alles.

Die Fernsehsendung erlangte eine solche Aufmerksamkeit der Medien, daß JZ während des restlichen Jahres der Gegenstand von Fernsehsendungen und zahllosen Zeitungs- und Zeitschriftenartikeln wurde, die meisten waren überwältigend negativ, die meisten wiederholten die grundlegenden Anschuldigungen, während sie einige lokale Streitigkeiten hinzufügten. JZ bot einen neuen Anlaß für Artikel, als sie im Herbst 1987 ihre Autobiographie veröffentlichte. Ihre Öffentlichkeitstour machte sie für die Presse leicht zugänglich. Es wurde ihr eine Gelegenheit gegeben, ihren Kritikern zu antworten, wurde jedoch bestenfalls als kampfbereites Kind mit hartem Schicksal dargestellt, das sich gegen Anschuldigungen verteidigte, die nach Andeutungen der Medien mehr Wahrheit in sich hatten, als sie zugeben wollte.

Mehr Angreifer

Und während des Jahres 1987 kamen mehrere neue Stimmen zu dem Angriff hinzu. Einige der eher extremen christlichen Anti-Kultvertreter, die Anfang der 80er Jahre damit begonnen hatten, die New Age-Bewegung anzugreifen, entdeckten schließlich JZ und bezogen Ramtha in ihre Version der satanischen New Age-Bewegung mit ein, die derzeit den christlichen Westen heimsuchte. Texe Marrs, Author mehrerer Anti-New-Age-Text, wurde von einem Artikel alarmiert, der in *USA Today* am gleichen Tag erschien, an dem die *20/20*-Show ausgestrahlt wurde und der Ramtha als einen Dämonen brandmarkte, der vom Satan benutzt werde, um eine lange Liste anti-christlicher Falschheiten zu lehren. Im darauffolgenden Jahr warnte er seine Leser sich daran zu erinnern, daß der Ram eine Ziege sei und ein seit langem etabliertes Symbol des Satans.[3] Seine Äußerung wurde von anderen wiederholt, wie zum Beispiel von den Vandalen, die “666” auf die Vorderwand von JZs Haus malten.

Man erwartet, daß tief religiöse Menschen, ausgehend von ihren theologischen Überzeugungen, in einer etwas vorhersagbaren Weise reagieren. In gleicher Weise erwartet man auch, daß jene ideologischen Feinde aller übersinnlichen Dinge in einer vorhersagbaren Weise antworten, und Philip Haldeman von den *Northwest Skeptics* (der Gruppe, die mit dem *Komittee für die Wissenschaftliche Erforschung des Paranormalen* zusammenarbeitet) versagte darin nicht. Er brandmarkte JZ und all ihre Kollegen im Channeling als bloße “machthungrige Schwindler, die nach Ruhm und Reichtum suchen”. Er bot seine poppsychologische Analyse der Schüler an: Sie seien Menschen, die ein tiefes, tiefes Verlangen hatten, sich besser zu fühlen; sie haben entdeckt, daß mit “all diesem pseudowissenschaftlichen Unsinn über das Erschaffen der eigenen Realität und über die Selbstliebe vor allem anderen und darüber, niemals wirklich zu sterben, viel leichter umzugehen ist, als mit der Realität”.[4]

Ja, man kann sich auf vorhersagbare, stark vereinfachte Antworten der Medien, Anti-Kultisten und Psychopolizisten verlassen; doch von einem ernsthaften Forscher erwartet man mehr. Zum Beispiel: 1987 veröffentlichte der Psychologe Jon Klimo ein Buch bezüglich seiner “Ermittlungen über den Erhalt von Informationen aus paranormalen Quellen”. Klimo vollbrachte eine recht nachdrückliche Prüfung des Channelns und sah sich eine Musterkollektion von Channeln an, die entweder dadurch bekannt wurden, daß sie in der Bucht von San Francisco lebten, wo er arbeitete, oder weil ihre Bücher und Kassetten in den örtlichen Buchläden auslagen. Er hatte offensichtlich viele gechannelte Texte gelesen und versuchte, übereinstimmende Merkmale, die er entdeckt hatte, hervorzuheben, wobei er über Zeit und Kultur hinweg Ähnlichkeiten des Einblicks bemerkte. Er bot außerdem eine gut argumentierte Diskussion alternativer, insbesondere reduktionistischer Zugänge zu einem Verständnis des Channelns. Schließlich kam er zum folgendem Schluß:

> Channeln bietet uns die Möglichkeit eines unglaublich komplexen, vielschichtigen Universums, das voll ist von freundschaftlichem Bewußtsein, ein Universum, mit dem wir alle in

neuer und sinnvoller Weise interagieren, wobei jeder von uns die letztendliche Verantwortung für sein jeweiliges Wachstum hat. Die meisten der gechannelten Quellen betonen Selbstbestimmung, gesteuert von den höchsten Ebenen in uns selbst, anstatt irgendeiner Stimme der Autorität außerhalb von uns selbst zu folgen.[5]

Und in der Diskussion über die Channel schien er gelegentlich als ihr Vertreter in der Öffentlichkeitsarbeit aufzutreten. Er stellte sie in dem positivsten Licht, das möglich war, dar, obwohl ihre fragwürdige Vergangenheit wohl bekannt war. Er erörterte zum Beispiel den Fall der Fox Schwestern, den ursprünglichen Spiritisten, und ihren Geständnissen bezüglich der Schwindelei als einen Fall von Geschwisterrivalität. Er hob auch die berühmte spiritistische Sitzung hervor, die das Medium Arthur Ford mit dem Bischof James Pike im kanadischen Fernsehen abhielt, nicht ahnend, daß Ford und seine Kontrolle die spiritistische Sitzung vortäuschten. Fords Notizen zu den Nachforschungen über den Vorfall waren kurz nach seinem Tod 1971 unter seinen Papieren gefunden worden und wurden 1973 in der Biographie des Gastgebers der Fernsehshow, in der die spiritistische Sitzung abgehalten worden war, ausgiebig erörtert. Klimo erwähnte auch nicht die mentalen Tricks, zu denen Kevin Ryerson neigte und die er als Hilfe benutzte, um Shirley MacLaine von seinen Kräften zu überzeugen. Ryerson war ein Schüler von einem der besseren Mentalisten der jüngsten Generation gewesen, Richard Ireland.

Trotz dieser Beispiele, verwandelte sich Klimo der Ermittler mitten in der Erörterung von JZ und Ramtha plötzlich in Klimo den Gerüchteverbreiter. Obwohl negative Gerüchte über Channel, die er erörtert hatte, in der New Age-Gemeinschaft in der Gegend von San Francisco zirkulierten, erwähnte er nur den Klatsch über eine von ihnen: JZ. Er beschuldigte sie, ein ehemals echter Channel gewesen zu sein, der irgendwie seine ursprüngliche Richtung verloren hatte. Er unterstützte seine Beurteilung mit dem Zitat von einem Anhänger eines anderen Channel: "Viele Menschen gehen jetzt davon aus, daß die Energie, die durch JZ Knight hindurchkam – was immer sie auch sei – sich entweder verlagert hat, fortgegangen ist oder von einem weniger gutartigen

Wesen ersetzt worden ist".[6] Um diesen Punkt zu betonen, erwähnte er in diesem Zusammenhang San Franciscos eigenen Reverend Jim Jones (vom Jonestown Massaker), wodurch er JZ durch Assoziation als schuldig brandmarkte.

JZs Probleme

Nur jene, die JZ am nächsten waren, wußten, daß die feindliche Berichterstattung der Medien das geringste ihrer Probleme darstellte. Sie befand sich unter starkem finanziellen Druck. Die Steuereinzieher hatten sich den Rechnungseinziehern mit der Drohung, ihr alles wegzunehmen, angeschlossen. Die Mühen bezüglich der Gründung der Schule waren tatsächlich beinahe eine willkommene Ablenkung.

Als ob das noch nicht genug wäre: während die Leser von der Wirbelwind- Romanze erfuhren, die Jeff Knight in JZs Leben gebracht hatte, löste sich ihre Familie als Folge der Entdeckung von Jeremys Problemen völlig auf. Jene Probleme zerstörten bald ihre Ehe und forderten ihr Vertrauen in das Leben ernsthaft heraus. Schließlich, nach ihrer Ehe mit Jeff, nahm er ihre Bargeldreserven und ließ sie allein mit der Bewältigung der Rechnungen. Einen Großteil ihrer Energie brauchte sie, um sich von ihrer aufgelösten Beziehung zu befreien.[7] Während der Interviews nahmen die Reporter ihre Gefühle des Verletztseins und der Entmutigung war. Im Unwissen über die familiäre Situation kamen sie aber zu der Schlußfolgerung, daß Unaufrichtigkeit und Schwäche der Grund seien (schließlich haben echte Führer eine dicke Haut). Sie setzten einige ihrer Befragungen fort, weil sie ihre persönlichen Probleme nicht kannten.

Die Anwort an die Kritiker

Als ich von JZs Anwalt kontaktiert wurde und gebeten wurde, in einem Gerichtsstreit, der von ihrem ehemaligen Ehemann in Gang gesetzt worden war, als Zeuge aufzutreten, wußte ich, daß ich all die Kritik, die gegen die Bewegung vorgebracht worden war, egal wie oberflächlich sie auch sei, zu meiner Befriedigung auflösen mußte. Obwohl ich die Bewegung mehrere Jahre lang beobachtet hatte, hatte ich nur wenige Bücher gelesen, die von der Bewegung produziert worden waren und ich hatte nur ein Video gesehen, das ich meinen Klassen gezeigt hatte. Ich hatte jedoch die *20/20* Show gesehen und hatte einen dicken Ordner mit Zeitungsausschnitten über Knight/Ramtha. Um mich vorzubereiten, bat ich um Bücher und Kassetten und die Möglichkeit, die Schule zu besuchen und mich privat mit den Schülern zu treffen. Alles worum ich bat, wurde mir gewährt. Einen Monat lang kam ich frühzeitig von der Arbeit nach Hause und hörte mehrere Stunden lang Ramtha zu, und ich verbrachte mehrere Wochenenden mit dem Anschauen von Ramthas Dialogen.

Während meiner ersten Reise nach Yelm sprach ich mit JZ. Ich machte einen Rundgang durch die Schule, einschließlich des Labyrinths, und schloß mich den Schülern bei der Feldarbeit an. Die Schüler, die ich um ein Interview bat, standen mir während der nächsten Pause zur Verfügung. Ich wurde auf Linda Evans aufmerksam gemacht. Sie war mehrere Male an mir vorbeigegangen, doch ich hatte sie in ihrer schmuddeligen Kleidung und mit ihren zurückgesteckten Haaren nicht erkannt. Ich zögerte ein bißchen sie zu interviewen; ich weiß, wie schwer es für berühmte Persönlichkeiten ist, einfach nur Menschen in ihrem geistigen Leben zu sein. Wir hatten ein kurzes Gespräch, und ich konnte nicht widerstehen, sie nach einem Artikel in einem Sensationsblatt zu fragen, in dem sie dargestellt wurde mit Schlamm, der anscheinend über ihr ganzes Gesicht verteilt war. Der Artikel deutete an, daß sie von Ramtha dazu aufgefordert worden sei, sich in Pferdemist herumzuwälzen (der in Anbetracht der vielen Pferde in großen Mengen auf der Ranch vorhanden ist) und sie dies gehorsam befolgt habe.[8] Es scheint, daß sie während der Dreharbeiten für einen Film von einem Pferd abgeworfen wurde und im Schlamm gelandet war. Irgend jemand machte ein Foto, als sie aufstand und fortging, um sich zu waschen. Dann gab irgend jemand (sie verdächtigte jemanden, wußte aber nicht, wer) das Foto und die Geschichte an das Sensationsblatt. Wir lachten darüber, und sie kehrte zu ihrer Rolle als Ramthas Schülerin zurück.

Meine Rolle im Rechtsstreit war es, zu erfassen, was in der Schule vorging, und dem Gericht diese Information und meine

Meinung darüber mitzuteilen. Die zahlreichen Kritiken waren zweitrangig; die meisten waren tatsächlich überhaupt keine wirklichen Kritiken, sondern lediglich Darbietungen politischer, theologischer oder philosophischer Rhetorik. Die Anschuldigung zum Beispiel, daß die Bewegung satanisch sei, war keine wirkliche Kritik. Es war vielmehr eine schnelle und äußerst dramatische Weise, in der die Kritiker mitteilten, daß sie Ramthas Lehren für abweichend von denen des evangelischen Christentums hielten, daß sie mit Ramthas Lehren nicht einverstanden waren, und daß sie sich besonders damit beschäftigten, daß andere Christen Ramtha meiden sollten.

Es ist durchaus üblich, daß in theologischen Debatten zum Ausdruck kommt, was lediglich eine persönliche Meinungsverschiedenheit ist, indem eine anscheinend objektive negative Eigenschaft diskutiert wird. Die Meinung des Gegners ist falsch, fremdartig, unglaubwürdig. Äußerungen wie "ich mag es nicht", werden umgewandelt in Äußerungen wie "es ist falsch oder schlecht". Solche, die sich zum Beispiel darüber beschweren, daß Ramtha durch JZ gesprochen hatte, sie dann aber verlassen habe und von einem neuen Wesen ersetzt worden sei oder einfach von JZ nachgeahmt werde, tun wenig mehr, als daß sie ihre Pilgerfahrt vom Glauben hin zum Unglauben beschreiben. Rhetorik über eine Verstandeskontrolle bringt hauptsächlich das Gefühl zum Ausdruck, daß man sich vom einschleichenden Pluralismus bedroht fühlt in einer Kultur, von der man glaubt, daß sie von einer Art religiöser Homogenität zusammengehalten wird.

Der Fall könnte einer der letzten in den Vereinigten Staaten sein, bei dem das Thema der Gehirnwäsche ernsthaft zu erwägen ist. Durch meine Studien war ich zu der Schlußfolgerung gekommen, daß Menschen Ausdrücke wie *Gehirnwäsche* gebrauchen, um einfach ihre Mißbilligung gegenüber Menschen auszudrücken, die enthusiastische Anhänger ihrer Religion sind und die an ihrem Glauben trotz der Meinungen der Ungläubigen festhalten. Es wurde für Ex-Mitglieder zur Mode, ihre ehemalige Akzeptanz eines religiösen Lebens als das Ergebnis einer Gehirnwäsche zu beschreiben, genauso wie frühere Generationen sich selbst als verhext beschrieben. Solch eine Beobachtung liefert wenig Information über die Gruppe. Sie bietet der sprechenden

Person jedoch eine Gelegenheit, der Verantwortung für frühere Entscheidungen zu entgehen, insbesondere wenn sie jetzt als falsch angesehen werden. Wenn ich, eine rationale Person, tatsächlich einer Gehirnwäsche unterzogen wurde oder verhext wurde, dann kannst du verstehen, warum ich mich in der Vergangenheit anscheinend so unsinnig verhielt und so Unsinniges glaubte..

Doch die Frage blieb: War JZ eine Schwindlerin? Zu der Zeit, als ich sie traf, hatte sie sich finanziell erholt. (Ihr ehemaliger Ehemann verklagte sie tatsächlich auf die Hälfte ihres umgebauten Grundbesitzes.) Als ich Ramtha während des Lehrens beobachtete, konnte ich nichts erkennen, daß sofort auf einen Schwindel hinwies. So begann ich, die Schüler zu befragen. Sie waren intelligent, und sie wollten nicht von einem Betrugskünstler hinters Licht geführt oder zum Opfer gemacht werden. Sie ordneten ihr Leben neu um Ramthas Lehren herum. Die älteren Schüler, die JZ persönlich kannten, hatten sich mit der Frage auseinandergesetzt und sie zu ihrer Befriedigung gelöst. Sie verstanden nun eindeutig, daß JZ eine Person war und Ramtha eine ganz andere. Sie sahen einen radikalen Unterschied zwischen JZ – Hausfrau und leitende Geschäftsfrau – und Ramtha – dem Erleuchteten. Alle teilten mir Geschichten mit, wie sie durch Perioden der Hinterfragung und genauer Beobachtung hindurchgegangen waren, um ihre Augen und Ohren zu testen. Linda Evans sprach mit der größten Authorität zu diesem Punkt. Sie kam als eine erfolgreiche professionelle Schauspielerin zu Ramtha und war anfänglich beeindruckt von Ramthas Lehren und seiner Fähigkeit zu lehren. Doch, so erzählte sie vor einigen Jahren einem Reporter, "war ich am Anfang total mißtrauisch. Als Schauspielerin und mit dem Verständnis vom Schauspielern wollte ich sehen, ob dieses 'Channeln' Betrügerei war. Ich wollte wissen, ob ich getäuscht werden könnte, damit ich mich schützen konnte".[10] Sie bestätigte mir gegenüber später, daß sie in all ihren Jahren mit Ramtha nie erlebt hat, daß er seinen Charakter veränderte: "Wenn JZ lediglich den Charakter Ramthas nachahmt, ist sie die größte Schauspielerin der Welt. Sie sollte in Hollywood sein, wo sie sich an der Spitze des Berufs befände".

Linda Evans war wie die meisten anderen Langzeitschüler. Sie hatten ihr Verständnis von Ramtha durch einen langen, engagierten Prozeß erlangt. Bevor die Schule begann war Ramthas Identität lediglich eine akademische Frage gewesen. JZ als Ramtha war unterhaltend gewesen, hatte Ideen gepredigt, mit denen sie einverstanden waren, und die wenig Forderungen an ihr Leben gestellt hatten. In der Schule wurden sie jedoch dazu aufgefordert, zunehmend "außerordentliche" Dinge zu tun. Ihnen wurde C&E beigebracht, sie wurden mit Augenbinden ins Feld geschickt und wurden dazu aufgefordert, eine Woche lang draußen in ihrer Campingausrüstung zu schlafen, mit minimaler Bekleidung in klirrender Kälte zu sitzen und stundenlang ohne eine Pause im Labyrinth herumzulaufen. Nach jeder neuen Herausforderung verließen einige die Schule. Jene, die blieben, fanden heraus, daß sie durch die Ausführung dieser eigenartigen Dinge wuchsen – Dinge, die sie sicherlich nicht aus eigenem Antrieb heraus getan hätten – ihre Bequemlichkeitzone ausdehnten und neue Einblicke in sich selbst erhielten. Ihre Erlebnisse machten sich bezahlt (und das recht schnell) im Hinblick auf neues Wissen über sich selbst und neue Fertigkeiten, um die Welt zu konfrontieren. Sie vertrauten Ramtha. Indem sie seinen Lehren folgten, fanden sie das, was sie zu finden gehofft hatten.

Und ich habe nichts gefunden, das dem widerspricht, was Evans und die anderen Schüler mir erzählt haben. Im Verlauf der Vorbereitungen für dieses Buch habe ich mehr als sechzig Tage in Ramthas oder JZs Gegenwart verbracht. In Zeitspannen von bis zu einer Woche habe ich stundenlang Ramtha beim Unterrichten zugehört, habe ich mich im Feld aufgehalten, während Ramtha die Arbeit seiner Schüler beobachtete, und, wenn die Gelegenheit bestand, habe ich die Abende inoffiziell im Gespräch mit JZ verbracht, mit ihrem Mitarbeiterstab gesprochen oder die Leute besucht, die in ihrem Haus arbeiten. Ich habe nichts herausgefunden, daß vermuten lassen könnte, daß sie etwas anderes ist, als sie behauptet zu sein: der Channel für ein Geistwesen genannt Ramtha. (Wer Ramtha ist, das ist natürlich eine völlig andere Frage.) Ich habe mich bei verschiedenen Gelegenheiten schuldig gefühlt, wenn ich über meine Besuche in Yelm nachdachte. Auf der einen Seite arbeitete ich intensiv daran, eine Beziehung mit JZ aufzubauen, und ich habe einen Großteil meiner Zeit in der Küche im Gespräch mit Molly Gordon, JZs Köchin, verbracht. Auf der anderen Seite war ich fast jeden Tag da, und ohne es irgend jemandem zu sagen, wechselte ich in meine Rolle als Informationssammler über und brachte ein Thema in die Unterhaltung ein mit dem einzigen Grund, die Reaktionen zu beobachten und mir die spontane Antwort anzuhören.

Eine Pferdeangelegenheit

Nachdem ich mich in zufriedenstellender Weise davon überzeugt hatte, daß JZ aufrichtig war in dem, was sie machte, war ich bereit weitervorzudringen zu dem, was ich für substanzhaltigere Kritik hielt, die ihr entgegengebracht worden war. Kaum etwas war lästiger, als das, was sogar JZ als ihren größten Fehler betrachtet, zumindest im Hinblick auf die Anzahl der Leute, die betroffen waren: ihre Geschäfte mit Araber-Pferden. JZ war Zeit ihres Lebens eine Pferdeliebhaberin, und Anfang der 80er Jahre empfand sie ein großes Bedürfnis nach einer erholsamen Zuflucht von ihrer täglichen Routine, da sie verzehrt wurde von ihren Pflichten gegenüber ihrer Familie und Ramthas – zum damaligen Zeitpunkt noch unausgesprochener – Mission. 1982 zog sie auf die Ranch in Yelm. Die kleine Stadt schien ein ausgezeichneter Ort zu sein, um Chris und Brandy großzuziehen (und die Ranch wurde später der Platz für Ramthas Schule). Ihr Spontankauf eines Pferdes führte bald dazu, daß sie je eines für ihre Söhne kaufte, und dadurch, daß sie Jeff Knight traf und sich in ihn verliebte, wurde sie nach und nach in die Welt der Pferdebesitzer und Pferdeschauen verwickelt.

Sie liebte Pferde und hatte das Geld, sich ihrer Neigung hinzugeben. Sie steigerte sich vom Besitz einiger Pferde zu einer Investition in den damals florierenden Handel mit Araber-Pferden. Als sie aus ihrem Enthusiasmus heraus damit begann, Ramthas Schülern den Einstieg in das Geschäft anzubieten, erkannte sie nicht, daß einige Schüler, die investierten, nicht klar trennen konnten zwischen Ramtha und der Frau, die ihn channelte. Plötzlich brach der Markt zusammen. Nicht nur JZ ging unter, sondern sie nahm viele Leute mit sich, die ihr wegen Ramtha vertraut hatten.

In solch einer Situation zu sagen: “Es tut mir leid.” ist keine Antwort. Doch in ihrer mißlichen Lage war das so ziemlich alles, was sie tun konnte. Es ist kein Wunder, daß viele, die Geld verloren hatten, die Bewegung zusammen mit ihren Freunden verbittert verließen. Erst später war JZ in der Lage zu handeln, und es ist ihr zugute zu halten, daß sie später erkannte, was sie getan hatte, und sie leistete Ersatz. Es war nicht schnell genug, um den gesamten Schaden zu beseitigen, doch schließlich, als sie sich erholte, bot sie an, die Verluste der Leute auszugleichen.[11]

Während sie diesbezügliche Kritik abwehrte, mußte JZ sich auch mit der Kritik an Ramthas Lehren auseinandersetzen. Viele von Ramthas Kritikern stimmten mit JZ überein – sie hielt seine Philosophie für ungeheuerlich angesichts der eher konventionellen amerikanischen Religionen – und fanden kein besseres Beispiel dafür, daß Ramtha anscheinend seinen Schülern die uneingeschränkte Erlaubnis gab, die scheußlichsten Dinge zu tun, sogar zu morden.

ERLAUBNIS FÜR BÖSES ?

Wenn es ein Problem gab in der Vermittlung von Ramthas Lehren, dann entstand es, als er, ebenso wie der Apostel Paulus, die Frage der Sünde und Moralität berührte. Zum Beispiel Ramthas Zitat::

> Weißt du, Gott ist gesetzlos. Gesetzlos! Es gibt kein Gesetz im Königreich Gottes. Menschen sind Kreaturen, die Gesetze befolgen, doch nicht so Gott! Der unendliche Geist deines Schicksals ist der Fluß dieses Jetzt und es zu leben. Und wenn deine Lenden einen enormen Ruf verspüren, etwas zu tun, dann tu etwas mit ihnen!

Nachdem er seinen Schülern dringend geraten hat, gesetzlos zu werden, wiederholte er:

> Liebt Gott uns nicht genügend, um all das zu sein, was wir sind, großartig und häßlich, böse und göttlich?

> Und hat er jemals einen von ihnen verurteilt, beides zu sein? Nein niemals, Wesen, denn du bist noch immer hier als ein lebender Beweis für diese Wahrheit. All die Dinge, die du jemals in der zielbewußten Dunkelheit deines Herzens verlangt hast, haben das Leben *nicht* verändert. Und so wirst du noch immer geliebt, unabhängig davon, was in deiner Seele ist.

Und wenn eure Lenden einen Ruf nach Bösem verspüren, vielleicht sogar Mord?

> (Mord, Unfälle und Raubüberfälle) sind (das Ergebnis) von erwägten Erlebnissen; sie sind keine Fallen. Sie wurden vom Schöpfer erschaffen – von euch! Sie sind keine andauernden Dinge; sie sind kein Dauerzustand. Sie sind an sich kein "Elend". Rückblickend sind sie große Lehren.[12]

Es klingt, als ob Ramtha sagen würde, daß moralische Gesetze nutzlos sind, weil allein Glaube für Errettung notwendig sei. Weil es kein Gesetz gibt, ist jedes Verhalten akzeptabel. Wenn man jemanden ermordet, ist das keine Angelegenheit von großer Bedeutung. Einige haben Ramtha beschuldigt, daß seine Lehren seine Anhänger dazu verleiten könnten, frei von Schuld Verbrechen zu begehen. Wenn es letztendlich nichts Falsches gibt, warum sollte man sich dann nicht aus Ärger von seinem Ehepartner scheiden lassen, seine Geschäftspartner betrügen oder seinen widerspenstigen Nachbarn töten?

Wie auch mit anderen religiösen Lehren, kann man nicht Ramthas Zitate, wie die gerade zitierten, aus dem Rahmen der Lehren, in dem sie angeboten werden, herausnehmen und behaupten, daß sie zu gesetzlosem Verhalten führen könnten. Ramtha sieht jede Person als ein individualisiertes göttliches Wesen. Dieses Wesen ist vollkommen frei, ein Schöpfer, doch es hat sich in der Welt, die es erschaffen hat, verfangen. Seine Aufgabe ist es, über die weltliche Sphäre hinauszuschreiten, seine göttliche Natur zu erkennen und zu seinem göttlichen Status als einem allmächtigen göttlichen Schöpfer zurückzukehren. Im Lebensprozeß ist jedes Individuum viele Menschen gewesen, männlich und weiblich, reich und arm, gut und böse. Das Leben und seine Regeln sind relativ, die Vergangenheit lediglich ein Prolog. Karma, die Gesetze der Gesellschaft, und die Regeln der Religion sind alle menschliche Schöpfungen. Sie nehmen nicht an den grundlegenden Strukturen des Universums teil. Wenn man die neue Definition von sich selbst als Gott akzeptiert hat und diese Realität innerhalb des Übungsprogrammes erlebt hat, wie sollten sich die Schüler dann der Gesellschaft gegenüber verhalten?

Erstens gibt es eine theologische Antwort. Obwohl Ramtha, ebenso wie Personen vieler Religionen, das Gesetz eher als eine Angelegenheit des menschlichen Reiches ansieht als ein göttliches Gebot, lehrt er Tugenden, die für die Götter selbstverständlich sind, d.h. Individuen. Liebe ist eine solche Tugend. Heilen ist eine Tugend. Das höchste Ziel ist Freude. Ein natürliches Mittel für diese Freude ist die Selbstliebe.[13]

Die natürliche Aktivität eines sich selbst liebenden Gottes ist Schöpfung, nicht Zerstörung. Die Rückkehr eines Individuums zu der Lebensweise vor der Entdeckung seiner wahren Natur, wäre selbst-widersprechend und selbst-vernichtend, ein Mittel zu noch größerem Unglücklichsein. Ein Gott, gemäß Ramthas Gebrauch dieses Wortes, ist auch ein verantwortungsvolles Selbst. Im Prozeß der Selbst-Erkenntnis seiner eigenen Göttlichkeit muß man auch Verantwortung übernehmen für das, was man ist, für das, was man wählt und für sein Verhalten. Ich bin verantwortlich für meine Position im Leben. Ich bin verantwortlich für meine Entscheidungen. Ich werde mich nicht ärgern. Ich werde davon ausgehen, daß meine Nachbarn ebenso verantwortungsvolle Personen sind. Durch meine Handlungen fordere ich sie dazu auf, für sich selbst verantwortlich zu sein. Dazu gehört auch, daß ich sowohl die Rolle des Opfers als auch die des Quälers vermeide.

Gelegentlich spricht Ramtha in eloquenter Weise über Schüler, die das Große Werk tun, wie er es nennt, und die Konsequenzen ihres Verhaltens:

Und Gott, wie steht es mit Gott? In dem Maße wie ihr wachst und reift, werdet ihr lernen, daß Gott jede lebende Sache ist, und daß in jeder Person, die ihr anschaut, dieser Gott irgendwo hinter jenen Augen versteckt ist, und diese Person hat eine Bestimmung, derer sie sich nicht einmal bewußt ist, daß sie sie hat. Und wenn sie nur aufwachen könnten und es wüßten. Wie inspiriert man das in anderen Menschen? Indem ihr es selbst lebt.

Gott zu kennen ist die erhabenste Beziehung, weil es bedeutet, daß ihr eure Ziele wieder hoch hinaus setzen könnt. Und warum würdet ihr nicht lernen wollen, wie man kleine Kinder heilt? Und warum würdet ihr nicht lernen wollen zu vergeben? Und warum würdet ihr nicht lernen
wollen, wie ihr eure Träume manifestiert? Träume, sie sind die Samenkörner der Evolution. Und warum würdet ihr nicht lernen wollen, wie ihr euch verändert? Gott zu kennen ist der höchste Grundsatz dieser Schule, doch Gott zu kennen ist sich selbst zu kennen.[14]

Zweitens: auf einer mehr pragmatischen Ebene lehrt Ramtha die Schüler, in der Gemeinschaft gesetzestreu und aktiv zu sein. JZ hat ihre Neigung zu Cicero und seinen Idealen bürgerlicher Tugend zum Ausdruck gebracht, und sie hat diese Ideale durch ihr Engagement in der Gemeinde Yelm demonstriert. Am bekanntesten ist ihr Programm für College-Stipendien, mit dem sie Schüler der obersten Klasse der High School unterstützt, einer Wohltätigkeit, die zurückzuführen ist auf ihr eigenes Bestreben, die Universität zu besuchen. Weniger bekannt sind ihre organisatorischen Bemühungen, Menschen während der Weihnachtsfeiertage zu ernähren. Ihre Tugend als Bürgerin zeigt sich jedoch deutlicher in ihrem Engagement in Umweltangelegenheiten des Landkreises und in ihrer Bereitschaft, ihre schwache Stellung in Yelm durch die Einmischung in örtliche finanzielle Interessen zu riskieren.

Ramthas Lehren rufen die Menschen dazu auf, sich darauf zu konzentrieren, sich wieder an ihre Göttlichkeit zu erinnern.

Obwohl einige Erkenntnisse von dieser Göttlichkeit während der Veranstaltungen in der Schule kommen, können die grundlegenden Wahrheiten nur im täglichen Leben verstanden werden: bei der Arbeit, in der Schule, im Spiel. Wenn die Lehren dort nicht funktionieren, ist Ramthas Schule lediglich ein Zeitvertreib, ein Paradies für Leute, die der Realität entfliehen wollen. Folglich sollten die Schüler eine bessere Art demonstrieren, das Leben zu meistern, und nicht zu zerstören.

Ein Aspekt der ethischen Haltung der Schüler wurde sichtbar in ihrer Reaktion auf die Feindseligkeit, die durch die *20/20*-Episode heraufbeschworen wurde. Ein recht lustiger Zwischenfall, der unter den Schülern einen mythologischen Status erlangt hat, ereignete sich an dem Tag, an dem ein Pfarrer des Ortes eine Demonstration vor der Schule organisierte. Die Schüler hätten das Geschehen ignorieren können (Flucht) oder eine etwas redliche Entrüstung zeigen können (die auch vorhanden war). Die Hauptreaktion war nichts von beidem, stattdessen führte Ramtha seine Schüler nach draußen, damit sie sahen, was geschah. Sie waren bei weitem in der Mehrzahl gegenüber den Demonstranten, doch es gab keine ärgerlichen Worte, keinen Versuch, die Besucher niederzuschreien. Gemäß Ramthas Anweisungen nahmen die Schüler eine beobachtende Rolle ein und lernten, wie nutzlos es ist, sich in den Wirbel des Ärgers der Demonstranten (der sich bald gegen Mitdemonstranten richtete) hineinziehen zu lassen.

In die Zukunft

Dies war der Zusammenhang, in dem *Ramtha's School of Enlightenment* existierte. Obwohl sie keiner den Löwen zum Fraß vorwarf und keine Inquisition sie quälte, waren die Schüler den modernen Entsprechungen ausgesetzt aufgrund eines negativen gesellschaftlichen Umfelds, geschaffen von wenigen Leuten, die den Lehren der Schule ideologisch widersprachen. Obwohl die Feindseligkeit zu enden scheint, tritt sie von Zeit zu Zeit wieder auf. Die jüngsten Feindseligkeiten kamen von Artikeln im nationalen Seniorenmagazin *Modern Maturity* und *Common Ground*, einem New Age-Magazin im Nordwesten.[15]

Die Angriffe haben die Entwicklung der Schule nicht verlangsamt. Der wirkliche Schaden erfolgte auf persönlicher Ebene. Was für Lektionen auch immer gelernt wurden, JZ und die Schüler haben sich unrecht behandelt und verleumdet gefühlt. Und von Nachbarn, mit denen sie gern in Harmonie leben würden, wurden sie verspottet und mit abfälligen Bezeichnungen benannt. Am meisten haben sie sich um ihre Kinder gesorgt, die in der Schule mit Worten angegriffen wurden. Sie wurden verärgert durch Gewalttaten und waren verstimmt wegen der Zeit und Energie, die schikanöse Gerichtsstreitigkeiten in Anspruch nahmen, die nur möglich waren durch das Klima der Voreingenommenheit, das von Gruppen wie dem *Cult Awareness Network* erzeugt wurde. Sie freuen sich auf eine Zeit, wo sie diese Periode einfach hinter sich lassen können.

JZ und die Schule haben jedoch etwas Gutes durch ihre Situation erkannt. Die Periode der Feindseligkeit könnte unbeabsichtigt der Schule in ihrer Entwicklung geholfen haben, indem sie alle fernhielt außer den am meisten motivierten Menschen. Die Schule zieht die meisten ihrer Schüler aus Gruppen von Menschen an, die sich vorher mit der New Age-Bewegung befaßt haben. Es ist wahrscheinlich, daß viel mehr Menschen in die Schule geströmt wären, wenn die Gerüchte, die innerhalb der Bewegung zirkulierten und die öffentlichen Angriffe nicht gewesen wären.

Auf einer mehr individuellen Ebene hat Ramtha die Feindseligkeit als ein Lehrmittel benutzt. In einer feindlichen Umgebung müssen die Schüler sich nicht nur mit ihren Nachbarn auseinandersetzen, sondern mit dem, was sie an sich selbst nicht mögen – all die persönlichen Lasten, die sie mit in die Schule bringen, die sich in beißenden Bemerkungen und gelegentlich boshaften Handlungen widerspiegeln. Einem intensiven geistigen Pfad zu folgen schafft ein Klassenzimmer an den am wenigsten erwarteten Orten.

In den Vereinigten Staaten gibt es eine Geschichte von neuen Gruppen, die durch eine Periode des Getestetwerdens und der Kontroverse gehen. In JZs Fall informiert die Kontroverse, die Ramtha wertvoll für die Presse macht, gleichzeitig die Öffentlichkeit. Trotz des erzeugten Schmerzes erlaubt es denen, die in Yelm wohnen, ebenso wie denen, die Ramtha und seine Schule niemals kennen lernen oder sich nicht besonders dafür interessieren, ihren Geschäften nachzugehen und dabei relativ sicher zu sein, daß ihre Stadt weder ein gesellschaftliches Krebsgeschwür birgt noch eine bösartige Clique, die nur darauf wartet, sich zu zeigen. Nachdem diese Gewißheit erreicht wurde, können sich Ramthas Schule und Yelm auf eine gemeinsame Zukunft freuen, von der beide profitieren können.

PARAPSYCHOLOGEN KOMMEN NACH YELM

Obwohl ich jegliche meiner etwaigen Zweifel an JZs und Ramthas Aufrichtigkeit zerstreut hatte, fühlte ich mich noch immer unzulänglich für die Beschreibung dessen, was geschah, wenn Ramtha das Podium übernahm. Während ich meiner Untersuchung nachging, träumte ich daher davon, einige direkte parapsychologische Beobachtungen zu machen, die meine Arbeit ergänzen würden. Schließlich schlug ich JZ vor, daß sie doch um ihrer eigenen Klarheit willen einen Parapsychologen darum bitten könne, sie zu prüfen. Ich hatte jemanden ins Auge gefaßt:: Stanley Krippner vom Saybrook Institut, ein ehemaliger Präsident der Parapsychology Foundation, für den ich größte Achtung hatte. Nachdem ich JZ erklärt hatte, was geschehen würde, erteilte sie ihre vorläufige Zustimmung. Es bedurfte eines Briefes und mehrerer Telefonate, um Krippner davon zu überzeugen, eine Änderung seiner Forschungsplanung in Erwägung zu ziehen. Schließlich wurde im Frühjahr 1996 ein Treffen vereinbart, das Krippner dazu veranlaßte, ein förmliches Forschungsprogramm zu erstellen, das im Sommer durchgeführt werden sollte.

Krippner wurde von einem Team von Parapsychologen begleitet, unter ihnen befanden sich Ian und Judy Wickramasekera und Ganapati Rao, ein Ingenieur von der Universität Virginia (und später schlossen sich ihnen Charles W. Winstead und Ian Wickramasekera II an). Das Team führte drei pschologische Tests durch, die darauf ausgerichtet waren, den Grad des Wohlbefindens des Subjektes gegenüber losgelöster Zustände zu untersuchen.[16] Die Aufnahmeskala der differentialen Persönlichkeitsbefragung hat eine gewisse Fähigkeit die Leichtigkeit vorauszusagen, mit der das Subjekt in veränderte Bewußtseinszustände eintreten kann oder psychophysiologische Veränderungen im Körper herbeiführen kann. Die Skala für losgelöste Erlebnisse mißt, wie häufig das Subjekt lösgelöste Erfahrungen hat.

Die Grenzbefragung mißt die psychologischen Grenzen des Subjektes. Sie unterscheidet zwischen Menschen mit dünner Grenze, für die Eigenschaften wie Offenheit, Feinfühligkeit, Verletzlichkeit und eine Leichtigkeit im Erleben veränderter Bewußtseinszustände charakteristisch sind, und Menschen mit dicker Grenze, die im Gegensatz zu der ersten Gruppe dazu neigen, mehr strukturiert und weniger offen gegenüber Veränderungen zu sein. Sie führen verläßliche, effiziente und wohlorganisierte Leben, obwohl sie dazu neigen, rigider zu sein. Weil sie weniger verletzlich sind, sind sie im allgemeinen eher in der Lage, sich zu verteidigen, wenn sie mit Worten oder in anderer Weise angegriffen werden. Sie neigen dazu, Gedanken und Gefühle stärker voneinander zu trennen, als die Individuen mit dünner Grenze es tun. Für die Beschreibung dieses Testes betonte Krippner, daß kein Persönlichkeitstyp besser oder schlechter sei als der andere, sie seien lediglich anders.

JZ schnitt auf der Aufnahmeskala sehr hoch ab, was die Fähigkeit zeigt, daß sie einfach in veränderte Bewußtseinszustände eintreten und Veränderungen in dem psychophysiologischen Zustand ihres Körpers bewirken kann. Sie schnitt ebenfalls hoch ab auf der Skala für losgelöste Erfahrungen, was zu erwarten ist von jemandem, der einen Großteil seines Leben in losgelöstem Zustand verbracht hat. Schließlich wurde sie auch als eine Person mit sehr dünner Grenze getestet, was ebenfalls anzunehmen war.

Diese Tests schienen auch die Leichtigkeit vorauszusagen, mit der eine Person in veränderte Bewußtseinszustände eintreten kann, und bereitete den Weg vor für die Phase der Untersuchungen, die sich als die spannendste erweisen sollte. JZ erlaubte dem Team, sie zu überwachen, während sie sich in den tranceartigen Zustand hinein begab, in dem Ramtha erschien, und wie sie aus ihm herauskam. Das Team bemerkte, wie selten sich Leute wie JZ zu solchen Tests bereit erklären.

Diese Aufzeichnung war auch der Test, bei dem JZ am meisten zögerte. Verständlicherweise fühlte sie sich dabei unwohl, ein experimentelles Subjekt zu sein, nicht unähnlich einem Versuchskaninchen. Außerdem hat der Vorgang, während dem sie Ramtha in ihren Körper einläd, etwas Heiliges an sich; es war immer eine sehr private Angelegenheit gewesen. Die wenigen, die bei ihr bleiben, wenn sie sich aus dem Körper zurückzieht, stellen sicher, daß, wenn es Zeit wird für Ramtha, ihren Körper wieder zu verlassen, sie sich dann am gleichen Ort befindet, an dem Ramtha in den Körper eintrat. An dem gleichen Ort aufzuwachen macht die persönliche Unterbrechung so gering wie möglich.

Das Untersuchen von Medien beherrschte eine Epoche paranormaler Untersuchungen. Forscher näherten sich ihren Subjekten in der Hoffnung, daß das Vorhandensein von Geistwesen bewiesen werden konnte. Diese Untersuchungen waren weitgehend ergebnislos. Viele Tests, die anfänglich aufregende Ergebnisse lieferten, wurden später widerlegt; die Medien hatten versucht, den größten Schwindel durchzuführen, indem sie Phänomene erzeugten, die angeblich mit Ektoplasma und Materialisierung verbunden sind. Zeitgenössische Parapsychologen sind bescheidener in ihren Zielsetzungen. Ihre Tests machen abrupt halt vor einem Beweis der Existenz und der Bestätigung paranormaler Wesen. Sie können jedoch viele weltliche Erklärungen geben, wobei die wichtigen Erklärungen Pathologie und Schwindel sind.

Die faszinierendsten Fragen, die zu stellen sind, betreffen Ramthas unabhängige Existenz. Auf der einen Seite besteht JZ darauf, daß Ramtha unabhängig von ihr existiert und sie bezeugt, daß sie fähig ist, ihn zu sehen. Zudem behaupten auch mehrere Schüler, ihn zumindest ein Mal gesehen zu haben. Auf der anderen Seite haben die meisten Leute mit Ramtha nur dann Kontakt gehabt, wenn er durch JZ erscheint. Seine Erscheinung ähnelt daher, zumindest oberflächlich, verschiedenartigen lösgelösten Störungen. Viele, einschließlich einiger ehemaliger Schüler, behaupten, daß JZ lediglich schauspielert.

Um diese Hypothesen zu untersuchen, haben Krippner und das Team während eines vollständigen Zyklus acht unfreiwillige

Körperfunktionen überwacht:: die Herzschlagrate, die Muskelspannung, den Puls, die Hauttemperatur und den Feuchtigkeitsgehalt der Haut. Sie begannen mit JZ in ihrem normalen Wachzustand, mit offenen Augen. Dann baten sie sie, für einige Zeit ihre Augen zu schließen, danach erlaubte sie Ramtha, ihren Körper zu übernehmen. Dann überwachten sie, wie sie wieder zu Bewußtsein kam, sowohl mit offenen als auch mit geschlossenen Augen.

Als Ian Wickramasekera diese Tests vortrug, machte er auf die plötzlichen, dramatischen Veränderungen aufmerksam, die Ramthas Ein- und Austritt aus dem Körper begleiteten. Der Herzschlag nahm plötzlich zu, zusammen mit der Muskelspannung und dem Feuchtigkeitsgehalt der Haut, während der Puls und die Hauttemperatur abnahmen. Die Tests wurden zu zwei späteren Zeitpunkten mit den gleichen Ergebnissen wiederholt. (Auch mehrere Schüler wurden untersucht, mit ähnlichen, wenn auch weniger spektakulären Ergebnissen.)

Als über diese Tests während einer Gelehrtenkonferenz, die in Yelm im Februar 1997 stattfand, berichtet wurde, stimmten sowohl Krippner, als auch Wickramasekera überein, daß die psychologischen Muster so deutlich gewesen seien, daß ein Schwindel auszuschließen sei. Es gab keine Anzeichen von Pathologie (multiple Persönlichkeitsstörung). Obwohl die Tests sich nicht zu der Existenz Ramthas äußerten, so schlossen sie doch die zwei üblichsten alternativen Theorien aus: daß JZ eine gute Bühnenaufführung bietet oder daß sie eine gespaltene Persönlichkeit hat.

Letztendlich ist die Entscheidung, an Ramtha zu glauben, ein Glaubenssprung. Er befindet sich in der gleichen Kategorie, wie der Glaube an Jesu Auferstehung oder Mohammeds Treffen mit dem Engel. Es ist einfach nicht die Art von Frage, über die die Wissenschaft bereit ist, maßgebende Erklärungen abzugeben. Weil die Fragen bezüglich Pathologie und Schwindel nun beantwortet wurden, werden sich Ungläubige kreativere Alternativen ausdenken müssen.

Die Ergebnisse der Arbeit von Krippner und seinem Team waren mir nicht zugänglich bis kurz vor der vollständigen Beendigung dieses Buches. Doch es bot zusätzliche Bestätigung für einige Schlußfolgerungen, zu denen ich in meinen mehr weltlichen Beobachtungen gekommen war. Ich hatte nichts gefunden, was darauf hinwies, daß JZ irgend etwas anderes war, als das, was sie zu sein schien: ein Channel, der sich regelmäßig in einen tranceartigen Zustand begibt, in dem sie die bewußte Kontrolle über ihren Körper an das Wesen Ramtha abgab. Wenngleich die Beziehung zwischen JZ und Ramtha, um es milde auszudrücken, eine komplizierte Beziehung ist, so beinhaltet sie doch keine Schauspielerei, während der JZ im wesentlichen für unwissende Zuschauer die Rolle Ramthas spielt. Ramthas Schüler wissen dies nicht nur, sondern sie haben auch den Schritt getan zu glauben, daß Ramtha auch das ist, was er behauptet zu sein: der Erleuchtete. Dieser Glaubenssprung wird ihnen regelmäßig durch ihre praktische Erfahrung bestätigt, wenn sie seinen Anweisungen folgen, mögen sie manchmal auch eigenartig erscheinen. Solange Ramtha die Richtung, die er während des letzten Jahrzehnts verfolgt hat, beibehält, in der er die Entwicklung eines jeden Schülers zu einem Meister betont, dann dürfte es Ramtha niemals an Schülern mangeln, die seine einzigartige Schule der Erleuchtung füllen.

Epilog

Über mein Studium von Ramtha

Während der letzten dreißig Jahre habe ich den Großteil meines beruflichen Lebens dem Studium unkonventioneller, neuer religiöser Bewegungen gewidmet. Dennoch waren viele Kollegen überrascht, als sie herausfanden, daß ich beschlossen hatte, mich mit dem Studium von Ramtha's School of Enlightenment zu befassen. Einige fragten nur, warum ich unter hunderten anderer Gruppen gerade Ramtha gewählt hatte; andere stellten meine Entscheidung wegen Ramthas unangenehmem Ruf in Frage. Für mich war die Antwort einfach. Da ich mein gesamtes Erwachsenenleben damit verbracht hatte, spirituelle Organisationen und metaphysische Schulungszentren zu beobachten, sah ich in Ramthas Schule ein relativ neues und einzigartiges Angebot, nicht nur eine Alternative zu älteren, bekannteren Formen der Spiritualität, sondern auch eine klare Herausforderung für die Bestrebungen des New Age.[1] Außerdem mußte ich zugeben, daß besonders in den letzten zehn Jahren eine zunehmende Abstumpfung eingetreten war. Ich dachte, ich hätte alles gesehen. Jede neue Gruppe hatte ihre eigene Lehre oder ihr eigenes Verhaltensmuster, das sie von anderen unterschied; die grundlegenden Muster wurden aber gewöhnlich von mehreren Gruppen geteilt. Nur selten habe ich jemanden gefunden, der etwas anderes macht.

Ich hatte ursprünglich nicht erwartet, etwas anderes zu finden als das, was Gelehrte der neuen Religionen ganz einfach als eine weitere Channel-Gruppe bezeichneten. Sie sagten, daß JZ Knight vielleicht etwas erfolgreicher sein mochte als ein durchschnittlicher Channel, aber deswegen sei sie im Grunde doch nur ein Channel, der lediglich eine andere Variation der New Age-Botschaft brachte.

Mitte der 80er Jahre war JZ wahrscheinlich der erfolgreichste Channel des New Age geworden und hatte ein besonders nützliches Video produziert, das den Vorgang des Eintretens in den Trancezustand und des Channelns beschrieb, und ich benutzte dieses Video in meinem Unterricht an der Universität von Kalifornien. Doch dann, in den späten 80er Jahren, verschwand sie plötzlich. Ich bemerkte es zufällig, weil ich gerade das Buch *New Age Encyclopedia* schrieb. Ich nahm an, was später eintraf, daß die New Age-Bewegung ein kurzlebiges Phänomen sei, und daß sie sich im Zuge ihrer Auflösung in tiefere Bewegungen aufspalten würde. Ich kam zu der Schlußfolgerung, daß Ramthas Anhänger sich lediglich von der größeren New Age-Welt abgesondert hatten, um sich seinen Wahrheiten zu widmen. Diesbezüglich hatte ich recht, ich war aber nicht auf das vorbereitet, was ich vorfand, als ich schließlich nach Yelm kam.

Ich ging weit über meine unmittelbaren Konsultationsaufgaben in Yelm hinaus und war begeistert von dem, was ich sah. Als Chronist amerikanischer Religionen erkannte ich, daß es hier eine willkommene Abwechslung zu der New Age-Nahrung und den endlosen inspirierenden Anfeuerungsreden gab. Ich arbeitete intensiv in jener Woche (ich mußte einem Richter in einfachen Worten beschreiben, was in der Schule vor sich ging), doch ich war motiviert dadurch, daß ich eine frische Blüte am Baum des amerikanischen religiösen Pluralismus gefunden hatte. (Ich weiß, es klingt eigenartig, aber jeder Gelehrte ist begeistert, wenn er etwas findet, was die meisten Menschen zum Gähnen langweilen würde.)

Es war bereits eine Weile her, seit ich etwas anderes als Konferenzunterlagen oder ein Nachschlagewerk geschrieben hatte, das in nicht linearer Weise zusammengestellt wurde, wie so viele Informationsstücke. Einige eingerostete Schreibfertigkeiten wieder in Gang zu bringen war jedoch nicht annähernd so schwierig, wie die Auseinandersetzung mit grundlegenden persönlichen, intellektuellen und anderen Themen, die durch die Studie hervorgerufen wurden; Themen, von denen ich dachte, daß ich mich vor vielen Jahren ausreichend mit ihnen beschäftigt hatte, doch nun kamen sie mit voller Kraft zurück, als ich meine Beobachtung an Ramtha durchführte. Diese Themen entstanden aufgrund der eindeutig unterschiedlichen Hüte, die ich trage: erstens war ich ein Pastor der Vereinigten Methodisten, mit einer tiefen Bindung an den konservativen evangelischen Protestantismus; zweitens war ich ein Gelehrter, der sich darum bemühte, neue alternative religiöse Bewegungen zu verstehen, und der seine wenn auch informelle Beziehung zu einer modernen, weltlichen, vom Staat unterstützten Universität genießt und schätzt.

In den Momenten, wo ich meinen Pastorenhut aufsetzte, mußte ich der Versuchung widerstehen, eine kritische theologische Auseinandersetzung mit Ramtha zu beginnen, obwohl ich nicht widerstehen konnte, einige Betrachtungen hinzuzufügen, um auf die oftmals radikalen Unterschiede zwischen den Lehren der Schule und der traditionellen christlichen Theologie hinzuweisen. Es ist nicht zu leugnen, daß Ramthas Theologie eine Menge persönlicher Fragen in mir auslöste. Seit meiner Studienzeit hatte ich das Gefühl, daß der Gnotiszismus die große und wichtige alternative Lehre war, gegen die das Christentum angekämpft hat. Die Kirche des zweiten Jahrhunderts zeigte ihre Integrität, indem sie einen polemischen Krieg gegen die Gnostiker führte, in einer Zeit, in der es dem Gnostizismus nicht nur an staatlicher Macht fehlte, um seine Entscheidungen durchzusetzen, sondern er brauchte auch jeden Freund, den er kriegen konnte, um bloß die Handlungen Roms gegen ihn zu überleben. Ich stimmte auch den vielen Kommentatoren zu, die gesehen haben, wie der Gnostizismus sich wieder in die protestantische Kirche einschlich. Dies war ein Resultat des pietistischen Trends, das geistige Vakuum im Gemeindeleben zu füllen, das stark geschwächt war durch eine liberale protestantische Theologie, die die Pflege einer persönlichen Religion größtenteils vernachlässigte. Der Gnostizismus ist eine ständige Versuchung für jene, die durch eine trockene Phase in ihrer Spiritualität oder der Entfremdung von der Gemeinde gehen.

Ich hatte den Gnostizismus zunächst durch meinen Professor kennengelernt, der ein Spezialist für Gnostizismus war. Doch keiner von uns beiden hatte je gedacht, daß wir eine funktionierende gnostische Schule sehen würden, und wir hatten kaum eine Vorstellung davon, wie sie aussehen würde. Und als ich an dem Unterricht in Ramthas Schule teilnahm, erinnerte ich mich auch an die Unterhaltungen, die dem Auftreten der Charismatik-Bewegung in den 70er Jahren folgte. War es das Sprechen in anderen Sprachen, das Heilen und die prophetische Aktivität, die wir beobachteten, wie einst in der frühen Kirche? War es legitim, daß wir die charismatische Bewegung als ein modernes Äquivalent betrachteten, durch das das frühe Christentum verstanden werden konnte? Jetzt drängten sich gelegentlich neue Versionen der Fragen ins Bewußtsein: Ist Ramthas Schule tatsächlich eine Tür in die Vergangenheit? Wird das Studieren von Ramtha eine neue Perspektive über den alten Gnostizismus bieten?

Meine evangelischen Kollegen haben das Auftreten des Gnostizismus am deutlichsten verstanden. Doch sie haben auch durch ihr voreiliges und oftmals unangemessenes Beurteilen vieler abweichender Theologien als gnostisch oder pantheistisch in gewissem Maße zugelassen, daß das Wort *gnostisch* zu einer abwertenden Bezeichnung mit geringem Beschreibungswert wurde. Diese polemische Anwendung des Wortes geht auf eine gewisse Trägheit unsererseits zurück. Bei der Untersuchung alternativer Gedankensysteme sehen wir schnell ihre Unterschiede im Vergleich zum Christentum, und natürlich wollen wir eine Bezeichnung finden, die eine Abkürzung für unsere Kategorisierung bietet. Schließlich wollen durchschnittliche Kirchenmitglieder keine Einzelheiten über andersartige Bewegungen wissen. Sie wünschen lediglich einfache Antworten auf die Schlüsselfrage: Was ist falsch an ihnen? Und: Warum sollte ich mich von ihnen fernhalten (und meine Kinder ebenso)?

Meine Begegnung mit vielen evangelischen Christen, die über andere Religionen schreiben, hat in gewissem Maße geholfen, die Arbeit meines Lebens zu formen. Über die Jahre hinweg war ich jedoch meistens enttäuscht von den christlichen Büchern auf diesem Gebiet. Anstatt zu versuchen, die Lehren einer Gruppe zu verstehen, verglichen die Schriftsteller zu häufig nur Zitate aus der Literatur der Gruppe mit biblischen Textstellen, wobei beide oft aus dem Zusammenhang gerissen waren. Als ich dann begann die Gruppen zu besuchen, begegnete ich oft bei vielen Mitgliedern dem Ärger auf die Kirche, der durch christliche Schriftsteller ausgelöst worden war, die angeblich maßgebliche Bücher geschrieben hatten, in denen sie aber die Haltung der Mitglieder verzerrt hatten und sie dafür verurteilten, daß sie Dinge glaubten, die sie nie gelehrt hatten. In den meisten Fällen hatte der Schriftsteller sie niemals besucht und hatte sich allein auf das Wort von Ex-Mitgliedern oder auf ein oder zwei Schriftstücke verlassen. Solche oberflächliche Betrachtung stellte die Glaubenssätze und Praktiken der Gruppe nicht nur falsch dar, sondern war auch nicht in der Lage zu erfassen, worin die grundlegende Anziehungskraft für die Herzen und Köpfe der Personen in ihrer religiösen Suche bestand.[2]

Ich habe immer gedacht, daß die Kirche Besseres verdient hat, und vor vielen Jahren habe ich mich dazu entschlossen, sie mit den notwendigen Informationen zu versorgen, die erforderlich waren, um sowohl mit ihren neuen Nachbarn in Frieden zu leben, als auch ihr missionarisches Leben mit einem hohen Grad an Integrität fortzuführen. Ich habe außerdem junge Gelehrte ermutigt, die in diesem Feld arbeiten wollten und war absolut begeistert über die Anzahl jener, die sich dazu entschlossen hatten, den Großteil ihrer Forschungszeit dem Studium von unkonventionellen Religionen zu widmen. Auf der Basis dieser Berufswahl sollte dieses Werk von meinen christlichen Kollegen verstanden werden. Unsere Nachbarn, die andere Glaubenshaltungen haben, sollten zunächst verstanden und geschätzt werden, denn sie sind unsere Nachbarn und nicht ein böses Unbekanntes, das wie ein Parasit in der Gemeinde wächst. Wenn wir, nachdem wir sie verstanden und als menschliche Wesen kennengelernt haben, noch immer ein Problem mit ihrer Theologie oder ihrem Verhalten haben, dann haben wir einen Zusammenhang, in dem wir unsere Themen darlegen können. Wir dienen dem Anliegen Christi nicht, indem wir Menschen anderen Glaubens als Anhänger des Satans brandmarken oder über sie mit solch ärger- und haßerfülltem Ton reden, daß die Worte der Liebe niemals gehört werden können.

Die Entscheidung, mein Leben damit zu verbringen, das pluralistische religiöse Leben, das ich um mich herum sah, zu dokumentieren und zu versuchen, es zu verstehen, nahm ich als Mandat für mein Studieren von Ramtha. Die einflußreichste Kraft in meinem beruflichen Leben waren die Schriftwerke eines Mannes, den ich niemals getroffen hatte, der aber dennoch mein Held wurde: Elmer T. Clark. Clark widmete sein Leben der Methodistischen Kirche im Süden, wo ich aufgewachsen bin. Während des größten Teils jener Zeit war er Verwalter des Missionskommitees. Nebenher schrieb er einen Klassiker der Religionspsychologie:

The Psychology of Religious Awakening, und seine späteren Jahre verbrachte er damit, über die Geschichte der Methodisten zu schreiben. Er stellte eine immense Bibliothek zusammen, die bei seinem Tod in das Archiv der Vereinigten Methodistischen Kirche überging.

Während meine Zeitgenossen sich für UFOs, Elvis Presley oder Alabama-Fußball begeisterten, war meine Aufmerksamkeit während meines letzten Schuljahrs in der High School von einem der Bücher Clarks gefangen: *The Small Sects in America*. Nachdem ich es gelesen hatte, wollte ich alles verschlingen, was über amerikanische alternative Religionen geschrieben worden war. Und durch mein Lesen kam ich unter anderem zu dem Schluß, daß die umfassende Beschreibung der Geschichte und des Lebens neuer religiöser Bewegungen, im besonderen einer Bewegung, deretwegen es eine öffentliche Kontroverse gegeben hatte, bei weitem interessanter und komplizierter war, als die wenigen Fakten, die von der Presse berichtet wurden oder die Anschuldigungen von Ex-Mitgliedern.

Die meisten Reporter sind nicht an einer so umfassenden Geschichte interessiert. Sie arbeiten mit Terminen und müssen die Nachrichten bekommen, und Nachrichten scheinen wenig mehr zu sein als die Verbreitung eines Gerüchts über Fehlverhalten oder irgendeine merkwürdige Aktivität. Ex-Mitglieder, sogar jene mit rechtmäßigen Beschwerden, neigen dazu, ihre Erlebnisse – im schlimmsten Falle zweideutige Situationen – als völlig negative Begegnungen zu rekonstruieren. Sie neigen dazu, die Anführer zu dämonisieren und die Mitglieder zu zombieartigen Anhängern zu machen. Harmlose Bemerkungen werden zu bösen Drohungen, der Gruppenjargon zu verschwörerischen Fantasien. Wenn eine Gemeinschaft mit Anschuldigungen, Gerüchten und Halbwahrheiten bombardiert wird, werden sie wie Federn im Wind: äußerst schwer zu fassen. Ich habe nicht jede Anschuldigung erwähnt, die über Ramtha zirkulierte, ich habe aber die wichtigeren vorgetragen und einen Zusammenhang geboten, durch den man ein besseres Verständnis für die Anschuldigungen bekommen kann.

Mit dem Nachlassen der Sektenkriege, wodurch das Studium neuer Religionen von der Randzone zu seinem angemessenen Platz innerhalb religiöser Studien gelang, wurde ein entscheidender Grund für dieses Werk klar ersichtlich. Im Hinblick auf die Anzahl an Gelehrten von neuen Religionen, die in der letzten Generation erschienen sind, ist es bedauerlich, daß von den sechshundert bis eintausend neuen Religionen einige kontroverse Religionen übermäßig studiert wurden und einigen eine begrenzte Beobachtung zuteil wurde, doch die meisten waren für die Gelehrten nicht von Interesse. Ramtha's School of Enlightenment gehörte zu der letzten Gruppe trotz ihres vielfach anerkannten Erfolgs, der großen Menge von Literatur, die sie veröffentlicht hat und der Kontroverse, die sie umgab.

Ramthas Schule ist ein typisches Beispiel für die Gruppe, die die Gelehrten im allgemeinen vernachlässigen. Erstens unterscheidet sie sich von den meisten untersuchten Gruppen dadurch, daß sie keine Religion für Jugendliche ist. Ihre größte Anziehungskraft übte sie nicht so sehr auf junge Erwachsene aus als auf Menschen, die sich in den Dreißigern oder Vierzigern befinden, die bereit sind, einen zweiten Übergang in ihrem Leben zu vollziehen. Demzufolge hat sie keine der jugendlichen Charakteristiken (oder Probleme), die mit Gruppen wie der Vereinigungskirche oder der Hare Krishna-Bewegung verbunden sind. Die weitere Erforschung ähnlicher Gruppen wird eine willkommene Korrektur der begrenzten theoretischen Auseinandersetzung mit neuen Religionen, die allein auf einigen Jugendgruppen basieren, bringen.

Zweitens ist Ramthas Schule eine esoterische Schule, was bedeutet, daß viele ihrer Lehren, einschließlich der wichtigsten, nicht allgemein an Außenstehende weitergegeben werden. Selbst fortgeschrittene Schüler, die an einer Anfangsveranstaltung teilnehmen, werden dringend ermahnt, in der Gegenwart neuerer Schüler keine fortgeschrittenen Übungen auszuüben. Solche Geheimhaltung kann ein Hindernis sein, doch in den meisten Fällen ist es keine permanente Barriere. Wie ich feststellte, als ich Magie und Hexerei Anfang der 80er Jahre untersuchte, sind die meisten esoterischen Gruppen froh darüber, einen außenstehenden Gelehrten zu empfangen, und werden sogar die Teilnahme an ihren vertraulichsten Riten und Verehrungen erlauben. Der Gelehrte wird jedoch einige Zeit damit verbringen müssen, das Vertrauen der Gruppe zu gewinnen und die Weltanschauung, innerhalb derer die Riten und Übungen logisch werden, zu verstehen. Am wichtigsten ist es, daß der Gelehrte darauf achtet, die Gruppe zu respektieren und das Gefühl von Heiligkeit der Gruppe nicht zu verletzen.[3]

Drittens ist Ramthas Schule eine esoterische gnostische Schule. Viele Gelehrte hat es gereizt, östliche Gruppen oder christliche Auferstehungsgruppen zu studieren. Westliche gnostische Gruppen sind trotz der Aufmerksamkeit, die der New Age-Bewegung geschenkt wird, von geringerem Interesse. Dieser Mangel ist einer der grundlegenden Fehldarstellungen der Literatur. Obwohl die Vereiniger und die Krishnas behaupten, zehntausende von Anhängern zu haben, gehen die New Age-Bewegung und esoterische Traditionen, (buchstäblich)

von Millionen von Anhängern aus. Die meisten Gemeinden in Amerika haben niemals ein mobiles Vereinigungsteam, Hare Krishnas bei der Ausübung von *kirtan* oder einen Gasthörer der Scientologen gesehen. Doch mehr als 20 Prozent der amerikanischen Öffentlichkeit geben zu, daß sie an Astrologie glauben, und mehre Millionen sind formal mit dem New Age-Milieu verbunden und sind nun einer ihrer vielen Teilgruppen angeschlossen. Somit ist Ramtha's School of Enlightenment, obwohl sie an sich relativ klein sein mag, das Symbol eines bedeutenden alternativen Trends im westlichen religiösen Leben: der Aufstieg eines neuen Gnostizismus.

Es ist meine Hoffnung, daß dieses Buch zu anderen Studien über gnostische und verwandte Gruppen in ihren Besonderheiten anregen wird, und nicht nur als zusätzliche Teilgruppen eines großen amorphen New Age-Milieus. Aufgrund der wechselnden Namen, unter denen der moderne Gnostizismus gewachsen ist, fangen wir gerade erst damit an, den Aufstieg dieser bedeutenden Form westlicher alternativer Spiritualität in einer Weise zu verfolgen, die unser Wissen in die ausgedehnteren Erwägungen einer aufsteigenden weltweiten pluralistischen religiösen Kultur integriert. Das Wiederaufleben des Gnostizismus gehört zusammen mit dem Aufsteigen des Islam und dem Zustrom östlicher Religionen zu den bedeutendsten Veränderungen innerhalb der westlichen Religion im zwanzigsten Jahrhundert.

ANHANG

DER GNOSTIZISMUS DES ALTERTUMS

Indem JZ Knight den Namen *gnostisch* für Ramtha's School of Enlightenment beansprucht, hat sie Ramthas Lehren in die Familie der bedeutendsten alternativen religiösen Tradition im Westen eingereiht. Der Gnostizismus, ebenso wie das Christentum, fand seinen Ursprung im Mittelmeergebiet des Altertums und tauchte im zweiten Jahrhundert A.D. auf der historischen Bühne auf, als seine Befürworter einen langwierigen Kampf mit Christen um die Hegemonie in Europa begannen. Die Kirche gewann, und obwohl eine gnostische Gruppe, die Manichäer, sich in östlicher Richtung über Asien bis nach China ausbreitete, wurde der westliche Gnostizismus auf eine Fußnote in der christlichen Geschichte reduziert, und die meisten seiner alten Schriftstücke hielt man für verloren. Als sich die moderne, kritische historische Forschung entwickelte, waren die Hauptquellen für ein Verstehen des Gnostizismus die christlichen Bücher, die versehentlich einige Fragmente der gnostischen Schriftstücke im Verlauf der Widerlegung des gnostischen Standpunktes bewahrt hatten.

1947-1948, etwa zu derselben Zeit wie die Entdeckung der Schriftrollen am Toten Meer, wurde dann in Ägypten eine Bibliothek gnostischer Texte entdeckt, die über die Jahrhunderte hinweg aufgrund der trockenen Wüstenumgebung erhalten geblieben waren. Nachdem diese Schriftrollen von Nag Hammadi, im Niltal nordwestlich von Luxor, anerkannt und veröffentlicht worden waren, ermöglichten sie ein vollständigeres Verständnis der theologischen Sichtweise des Gnostizismus und eine Wertschätzung seiner Bedeutung in der alten Welt. Die Schriftrollen erlaubten den Gelehrten auch, die Texte, die im Verlaufe der Jahrhunderte produziert worden waren und sich auf die frühen gnostischen Lehren bezogen, zu erkennen und zusammenzustellen. Die Miteinbeziehung archäologischer Fundstücke, die von asiatischen gnostischen Gruppen mit Informationen von den Mandäern, der einzigen überlebenden alten gnostischen Gruppe im Iran, hinterlassen worden waren, ermöglichten zusätzlichen Einblick. Es war endlich möglich, eine Geschichte des gnostischen Gedankens vom Altertum bis zur Gegenwart zu konstruieren.

Die Anfänge des Gnostizismus

Die Entdeckung der Bibliothek von Nag Hammadi intensivierte die Debatte über die Ursprünge des Gnostizismus, insbesondere, in welchem Verhältnis er zum Christentum stand. Entwickelte sich der Gnostizismus innerhalb des Christentums oder hatte er einen eigenständigen Ursprung und entwickelte eine Beziehung mit der Kirche, als sich das Christentum im gesamten Mittelmeerbecken ausbreitete? Es gibt gute Argumente für beide Seiten. Es gibt jedoch im Neuen Testament Anzeichen für zumindest eine frühe Form dessen, was vollentwickelte gnostische Systeme zu sein scheinen.[1]

Obwohl der Gnostizismus vorchristliche Wurzeln zu haben scheint, blühte und gedieh er im zweiten Jahrhundert. Er wurde innerhalb der Kirche als eine Sammlung von Tendenzen und alternativen Ideen sichtbar, die von Schriftstellern, deren Bücher später in das Neue Testament übernommen wurden, verdammt wurden. Die Kirche begann dann einen hartnäckigen Kampf gegen gnostische Lehrer. In seinem antiketzerischen Schriftwerken verdammte Bischof Irenaeus jene Gnostiker, die viel von der christlichen Sprache übernommen hatten aber eine ganz andere Perspektive von Gott, der Erlösung und dem Kosmos anboten.[2]

Gemäß dem grundlegenden gnostischen Mythos, von dem es zahlreiche Variationen gab, entstand das Universum als eine harmonische Ausströmung aus dem Wahren Gott des himmlischen Reiches. Dieses Reich war bevölkert von den Äonen, den ewigen Wesen, Repräsentanten der ewigen Essenz Gottes. Gott wohnt im Abgrund der Stille, die man nicht durch Worte verstehen kann, und dennoch kann man einiges Wissen über Gott durch den Bezug zu den Äonen erlangen. Nach Ansicht der Valentinier, einer der wichtigsten gnostischen Sekten, sind die höchsten Äonen der Intellekt (nous) und die Wahrheit. Ebenso nahe bei Gott, doch nicht so nah wie der Intellekt, sind das Wort (Logos) und das Leben. Andere Äonen sind Glaube, Hoffnung, Liebe und Einheit. Die Äonen bevölkern die verschiedenen Ebenen des himmlischen Reiches. Für die Gläubigen stellen die Äonen eine Hierarchie der Tugenden dar, die als die gottähnlichsten dargestellt werden.

Gemäß dem valentinischen Mythos verstand nur der Intellekt, der Sohn, Gott in vollkommener Weise.[3] Die anderen Äonen wünschten sich, Gott so unmittelbar zu kennen wie der Intellekt, wurden jedoch durch Gottes Ferne daran gehindert. Dann entwickelte die Äonin Sophia (Weisheit) ein heftiges Verlangen, Gott zu kennen, und in ihrem Eifer ging sie zu Gott, tat es aber ohne ihren Gefährten mitzubringen. Dadurch machte sie sich eines Vergehens schuldig, und durch ihre Handlung entstand ein Fehler. Sophia (oder nach anderen Darstellungen ein Aspekt von ihr) wurde aus dem himmlischen Reich hinausgeworfen (oder fiel aus ihm heraus). In ihrem erniedrigten Zustand, aufgrund ihrer vorherigen Absicht, Gott zu kennen, gebar sie den Demiurge, ein geringeres Wesen, das ein unvollkommenes Abbild des Wahren Gottes war.

Das gnostische System präsentierte eine doppelte Schöpfung: die Schöpfung der himmlischen Bereiche (einschließlich der Seelen der Menschen) und die Schöpfung unserer physischen Welt, die von dem einzigen Fehler herrührte, der sich in den himmlischen Bereichen ereignete. Der Demiurge (oder Artisaner) ist so benannt, weil er verantwortlich war für die Gestaltung dieser Welt. Er wurde als der Schöpfer-Gott identifiziert, der im Alten Testament beschrieben wird. Der Gott der Bibel wird somit als ein geringeres Abbild des Wahren Gottes angesehen, und in gleichem Maße stellt diese Welt ein verzerrtes Modell des himmlischen Reiches dar.

Der Demiurge, ein Wesen, das erstmals in den Schriftwerken Platos auftaucht, wurde eine zentrale Figur im valentinischen Mythos. Er wirkte durch sieben Wesen, Archone oder Engel genannt, die er erschuf und die mit ihm zusammenarbeiteten. Gemäß einer Beschreibung der menschlichen Schöpfung gestaltete Demiurge die physische Welt, einschließlich des menschlichen Körpers. Doch in seinem Versuch, den Menschen Vitalität zu verleihen, atmete er das Leben in sie hinein. Dieser Atem trug das göttliche Licht, das Sophia ihm vom himmlischen Reich weitergegeben hatte. Somit sind Menschen göttliche Wesen eines himmlischen Reiches, doch sie sind in Körpern aus Materie gefangen - Körper, die von Demiurge gestaltet wurden.

Der Demiurge wünschte, als der Wahre Gott anerkannt zu werden und die menschliche Seele zu beherrschen. Er machte das Gesetz zu einem Werkzeug seiner Herrschaft. Die Menschheit war durch die Unkenntnis ihrer wahren Natur gefangen. Obwohl die spezifische Weise, auf die die Menschen sich in dieser Welt verfingen, bei den gnostischen Lehrern unterschiedlich war, war das Endergebnis dasselbe: aufgrund von Unkenntnis können die Menschen ihr göttliches Geburtsrecht in den höheren Ebenen nicht wiedererlangen.

Um die Menschheit zu retten, stiegen Intellekt oder Wort aus dem himmlischen Reich herab und offenbarten den Menschen die Wahrheit über ihre Herkunft und ihre Bestimmung. Um diese Lehre zu vermitteln identifizierte Intellekt sich mit dem Christus, stieg zu Jesus zum Zeitpunkt seiner Taufe herab und sprach von da an durch Jesus und offenbarte die Wahrheit über die menschliche Natur. Der Christus ging zum Zeitpunkt des Todes Jesu fort und kehrte zurück in den Himmel. Obwohl Jesus litt, starb und wiederauferstand, konnte der Christus, ein geistiges Wesen, weder leiden noch sterben. Für die Gnostiker war Christus nicht der Titel von Jesus dem Erlöser, sondern ein getrenntes göttliches Wesen, das anders als Jesus war.

Die Trennung zwischen Christus und Jesus symbolisiert eine Unterscheidung, die sich durch den gesamten Gnostizismus hindurchzieht, und macht einen klaren Unterschied zwischen der wirklichen geistigen Welt und der sichtbaren erschaffenen Welt, zwischen Geist und Materie, zwischen Seele und Körper. In einigen Systemen wird die materielle Welt als verunglimpft dargestellt; sie ist schlecht. In anderen ist sie lediglich eine geringere Realität, schlecht nur deshalb, weil sie ein Ort ist, an dem die göttlichen Seelen der Menschen gefangen sind. Der Gnostizismus führte jedoch eindeutig zu einer geringeren Meinung über die materielle Welt, die oft von einer Zurückziehung von solchen Sitten wie der Gesellschaftsordnung oder dem Gesetz begleitet wurde. Gnostiker neigten dazu, entweder Asketen zu werden oder Entsager (weil die sichtbare Welt schlecht war) oder Wüstlinge (weil das Handeln in der Welt letztendlich irrelevant ist).

Der Gnostizismus reifte zu einer vollständigen Alternative zum biblischen Christentum heran. Er kann durch mehrere charakteristische Ideen identifiziert werden, einschließlich der folgenden:

1. Gott ist distanziert, unpersönlich und unkennbar und wird am engsten identifiziert mit den Eigenschaften der Äonen, den Repräsentanten der ewigen Essenz Gottes, die das himmlische Reich füllen.

2. Die Welt entstand durch hierarchische Strahlung (Ausstrahlung) anstatt durch einen Akt der Schöpfung seitens einer persönlichen Gottheit. So existiert das Universum in übereinandergeschichteten Abschnitten, wobei die höheren Ebenen durchgeistigter und näher bei Gott sind, und die unterste Ebene die physische Welt ist. Eine Erlösung erfordert das Wissen von den Ebenen und die Fähigkeit, sie zu durchqueren.

3. Gott ist nicht verantwortlich für die materielle Welt oder für die weltliche Gesellschaftsordnung. Beide werden entweder als schlecht oder bestenfalls als nur wenig gut angesehen und haben keine grundlegende Relevanz für die Erlösung der Menschheit oder ihr Schicksal.

Der Gnostizismus breitet sich aus

Diese Ideen, die in eine Vielzahl an Systemen übernommen wurden, wurden von einer Generation an die nächste weitergegeben. Im dritten Jahrhundert wurden sie verändert, um sich der Dualität von Manichäismus und Mandäanismus anzupassen.[4] Nachdem das Christentum Herrschaft über das Römische Reich erlangt hatte, wurde Manichäismus als Ketzerei verfolgt, fand jedoch Zuflucht in den islamischen Ländern und im Balkan als Bogomilismus, wo er für mehrere Jahrhunderte überlebte. Gegen Ende des ersten Jahrtausends breitete er sich in Zentralasien aus, wo er bis zu den Invasionen der Mongolen im dreizehnten Jahrhundert florierte. Manichäer wurden in China bis ins siebzehnte Jahrhundert hinein erwähnt. Mandäanismus hat etwas dürftig im südlichen Irak und im Iran bis heute überlebt. In den 70er Jahren zählte die mandäianische Gemeinschaft ungefähr 14.000 Mitglieder, doch aktuelle Zahlen sind nicht erhältlich. Sie ist nicht nur fortgezogen, sondern ihr Heimatland wurde zu einem Schlachtfeld sowohl im Iran-Irak-Krieg (1980-1988), als auch dem Irak-Kuwait-Konflikt (1990-1991).

Gnostische Tendenzen tauchen ständig in theologischen Kontroversen der Kirche wieder auf, als sich die Kirche im Mittelalter zur herrschenden religiösen Institution des Mittelalters entwickelte. Gnostizismus war eine anhaltende Versuchung für die Mystiker und tauchte periodisch verstärkt wieder auf in Form von organisierten religiösen Gemeinschaften. Zum Beispiel war die paulizianische Bewegung, die erstmals im siebten Jahrhundert in Armenien auftrat, eine neue Version des Manichäismus. Obwohl die Bewegung jegliche Bindung an Mani, den Gründer des Manichäismus, abstritt, behielt sie die meisten seiner Doktrinen bei. Die Paulizianer glaubten, daß sich der Christus an Jesus vor seiner Geburt anheftete. Von Jesus wurde gesagt, daß er durch den Körper der Jungfrau wie Wasser durch eine Röhre hindurchgegangen sei; ein Glaube, den die Kirche als äußerst beleidigend gegenüber der Jungfrau Maria betrachtete. Die Herabsetzung der Materie als schlecht, führte die Paulizianer dazu, die Taufe als eine rein geistige Angelegenheit zu betrachten, und sie lehnten die Ausübung des Abendmahls ab.

Die byzantinische Regierung versuchte, die Verbreitung der paulizianischen Bewegung auszulöschen, doch Verfolgung beschleunigte nur weiteres Wachstum. Die Verfolgung setzte sich in Abständen während des elften Jahrhunderts fort, zu welcher Zeit sich das Zentrum der Bewegung zum südlichen Balkan verlagert hatte, am stärksten nach Bulgarien und Bosnien. Dort überfielen während des fünfzehnten Jahrhunderts die Moslems die paulizianischen Gemeinschaften, doch sie überlebten, bis die ottomanischen Moslems in die Türkei zurückgedrängt wurden. Bemühungen, die Paulizianer zu konvertieren, erfolgten erst im siebzehnten Jahrhundert, und von dualistischen Sekten wird noch immer berichtet, daß sie im südlichen Balkan existieren, obgleich die Verbindung zwischen diesen heutigen Sekten und den Paulizianern nicht fest etabliert worden ist.

Ein dualistischer Gnostizismus tauchte im zwölften Jahrhundert entlang der französich-italienischen Grenze auf. Ursprünglich Cathari genannt, wurden die Gläubigen schließlich als Albigenser bezeichnet, nach der Stadt Albi, im Distrikt von Languedoc, wo eine Versammlung zusammengerufen wurde, um Kräfte gegen sie zu mobilisieren. Die Albigenser schienen paulizianische Wurzeln zu haben, da die Paulizianer in Italien bereits im siebten Jahrhundert aktiv waren. Die Vernichtung der Albigenser Mitte des dreizehnten Jahrhunderts bildet eine der blutigsten Episoden in der Geschichte der römisch-katholischen Kirche und der Inquisition.[5]

DIE KABBALA

Obwohl der Gnostizismus in christlicher Form in solchen Gruppen wie den Paulizianern und den Albigensern fortbestand, fand er auch als die Kabbala ein neues Zuhause innerhalb der jüdischen Gemeinschaft. Die Gelehrten sind unterschiedlicher Meinung bezüglich der Ursprünge, einige führen sie auf die babylonische (Irak) jüdische Gemeinschaft zurück. Was auch immer der Anfang war, das sich entwickelnde Gedankengut wurde im *Book of Zolar* im dreizehnten Jahrhundert von Moses de Leon (1250-1305) niedergeschrieben. In dieser Form zirkulierte es in jüdischen Gemeinschaften in ganz Europa. Möglicherweise erschien das Buch *Sepher Yesirah* (das Buch der Schöpfung) früher.

Die Kabbala (unterschiedlich buchstabiert als cabala, quabalah, qabala etc.), ein hebräisches Wort, das "von der Tradition erhaltene Lehren" bedeutet, schlägt das Ausströmen der Welt von Gott, dem Ein Soph vor. Gott ist der vorher existierende Eine, über den nichts wirklich gesagt werden kann. Es ist jedoch angemessen über den Ein Soph zu sagen, daß er aktiv und kreativ wurde und die Sephirte, die göttlichen Ausstrahlungen als Instrument für die Schöpfung hatte. Der erste Sephiroth, Kether, war einfach der Wunsch, sich zu manifestieren. Jeder Sephiroth erzeugte dann wieder einen anderen, bis zehn erschienen, wobei der letzte, Malkuth, die manifestierte Welt war. Die zehn Sephirothe werden als der Baum des Lebens dargestellt (siehe Abbildung 6), mit Kether an der Spitze und Malkuth unten. So wie die Äonen der alten Gnostiker, stellte jeder Sephiroth eine ideale Tugend oder ideale Qualität dar, die der Ein Soph besitzt. Sie sind wie folgt:

1. Kether (Krone)	Sein, Existenz
2. Chochmah	Weisheit
3. Binah	Intelligenz, Veständnis
4. Chesed	Barmherzigkeit, Liebe
5. Geburah	Stärke, Strenge, Gerechtigkeit
6. Tiphareth	Schönheit
7. Netzach	Festigkeit
8. Hod	Ruhm
9. Yesod	Grundlage
10. Malkuth	Königreich

Einige Darstellungen der Kabbala enthalten einen elften Sephiroth, Daath, zwischen und hinter Chochmah und Binah verborgen. Daath verweist auf Wissen (sexueller Natur) und spielt oft eine wichtige Rolle in modernen Sex-Magick-Systemen.

Nachdem der Baum des Lebens errichtet war, war er zu fast unbegrenzten Erweiterungen fähig, um all die Phänomene einzubeziehen, auf die man treffen könnte. Zum Beispiel wurde der Baum als das Modell eines Menschen angesehen. Er existierte als der himmlische Urmensch (und ist in seiner Darstellung buchstäblich ein Sexist), von dem der menschliche Körper lediglich ein Schatten ist. Wenn er auf das Bild eines menschlichen Körpers gelegt wird, befindet sich Kether am Kopf und Malkuth zu den Füßen. Die drei Dreiecke im Baum können als die Dreiergruppen der intellektuellen (Existenz, Weisheit, Intelligenz), moralischen (Liebe, Gerechtigkeit, Schönheit) und physischen (Festigkeit, Ruhm, Grundlage) Tugenden oder Qualitäten betrachtet werden.

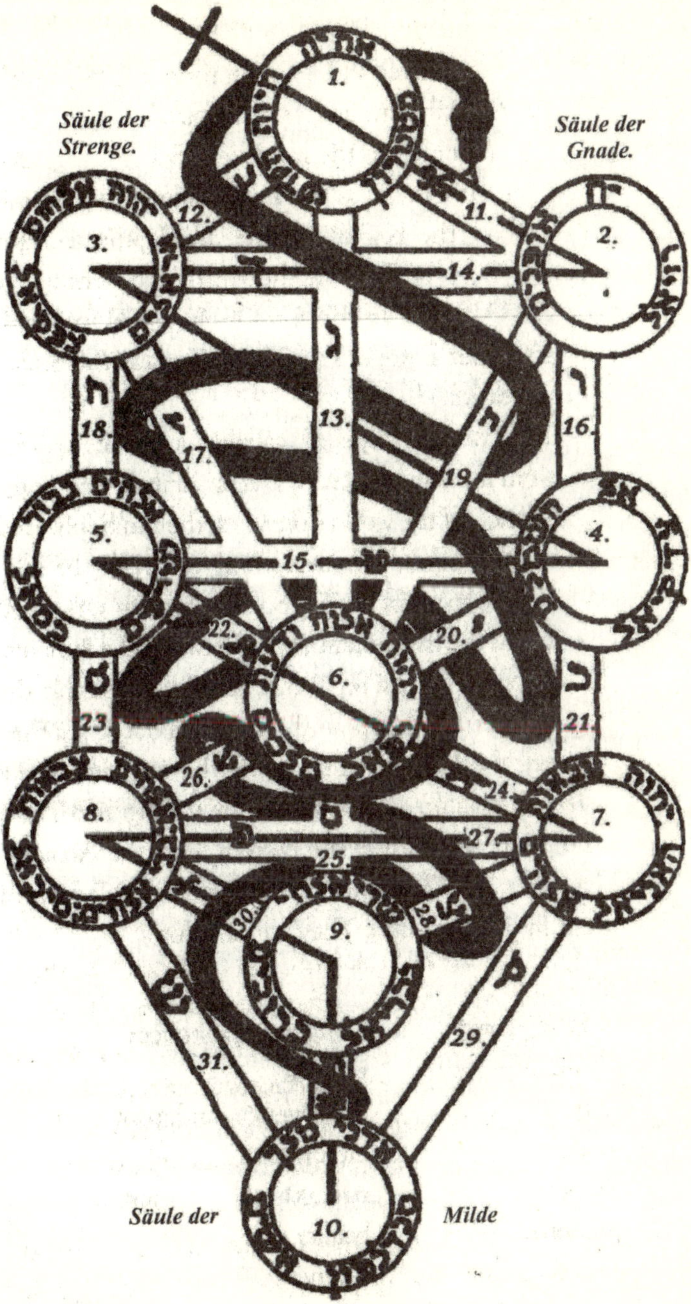
Säule der
Strenge.
Säule der
Gnade.
Säule der
Milde
1.
2.
3.
4.
5.
6.
7.
8.
9.
10.
11.
12.
13.
14.
15.
16.
17.
18.
19.
20.
21.
22.
23.
24.
25.
26.
27.
28.
29.
30.
31.

Der Baum konnte zu vier Welten vervielfacht werden, die alle aus einem vollständigen Baum bestehen, wobei die erste Welt die Welt des himmlischen Menschen ist, die unmittelbare Emanation des Ein Soph. Hiervon wurde die Welt der Schöpfung erzeugt, die *briatische* Welt, die von dem Engel Metatron bewohnt wird. Als nächstes erscheint die weniger verfeinerte Welt der Gestaltung, die *yetziratische* Welt, der Ort der Engel. Schließlich folgt die Welt der Materie und der Handlung. Die Menschheit beginnt ihre Existenz in diesem Reich.

Falls die vier Schichten und die zehn Sephirothen nicht genügten, konnte jeder Sephiroth einen vollständigen Baum enthalten. Jeder Sephiroth war mit anderen Sephirothen durch Linien oder Pfade verbunden. Die Pfade verbanden die Tugenden miteinander, wodurch sich eine neue Linie philosophischer Erforschung öffnete. Die Arbeit des Pfades ist eine beliebte Übung der modernen okkulten Kabbalisten.

Mit der Kabbala können wir zum ersten Mal ein vollständiges gnostisches System untersuchen. Die Übernahme der Kabbalah seitens einer Teilgruppe der jüdischen Gemeinschaft und seine darauffolgende Entdeckung durch die erste Generation protestantischer Gelehrter (die die hebräische Sprache lernten bei dem Versuch, die lateinische Sprache zu umgehen und zu der Originalsprache der Bibel zurückzukehren) brachte der Kabbala eine größere Bekanntheit und garantierte ihr Überleben – und ihre Erniedrigung durch die Amateure.

Wir können in der Kabala jedoch eine Methode sehen, die Welt durch ein intensives System persönlicher Erforschung und Entwicklung zu organisieren, wodurch eine logische Struktur moralischer Entwicklung geboten wird, die zu einem mystischen Erlebnis führt. Das System beginnt mit Malkuth, der weltlichen Welt, die gemeistert werden muß, bis irgendein wirklicher Fortschritt in den anderen Sephirothen gemacht werden kann. Es war eine Tradition, daß man nicht mit dem Studium der Kabbalah beginnen sollte, bevor man sein vierzigstes Lebensjahr erreicht hatte, weil man seine Umgebung meistern und Lebenserfahrung sammeln mußte. Wenn man sich jedoch den Pfaden entlang und zu immer höheren Sephirothen hinaufzuarbeiten begann, standen verschiedene Methoden zur Auswahl, die vom Magischen bis hin zum Mystischen rangierten, vom Aktiven bis hin zum Passiven, und sie betonten konzentrierten Willen oder Betrachtung (obgleich gewöhnlich ein bißchen von beiden). Entlang des Weges, ebenso wie in vielen mystischen Systemen, die dem inneren Leben beachtliche Aufmerksamkeit schenken, boten sich übersinnliche Phänomene und die Kommunikation mit Geistwesen (Engeln und Dämonen) als Anreiz zu weiterem Wachstum und als Ablenkung von der endgültigen Suche an.

Die Kabbala genoß ihre größte Ära mit Beginn des achtzehnten Jahrhunderts, als sich die Hassidische Bewegung (mystische jüdische Sekte) in den gesamten großen jüdischen Gemeinschaften des östlichen Europas ausbreitete. Die Gruppe jedes Landes entwickelte ihre Abstammung von Lehrern um einen ursprünglichen großen Lehrer oder Rabbi, der gewöhnlich wegen seiner beispielhaften großen Heiligkeit, intellektuellen Errungenschaften und Fähigkeiten, Wunder zu vollbringen, geehrt wurde. Die Hassidim florierten, bis ihre Gemeinschaften während des Holocaust größtenteils vernichtet wurden. Glücklicherweise waren einige Rabbis in der Lage zu fliehen und ihre Arbeit in Amerika und Israel fortzusetzen.

Im neunzehnten Jahrhundert wurde die Kabbala, die größtenteils von späteren Generationen protestantischer Gelehrter fallengelassen worden war, von einem ehemaligen katholisch-seminarisch gewordenen Okkultisten wiederentdeckt: Alphonse-Louis Constant, der unter seinem kabbalistischen Pseudonym Eliphas Lévi bekannt wurde (1810-11875). Lévi sah in der Kabbala ein Werkzeug für die Wiederbelebung der Magie, die den Tarot, die Numerologie und die Anrufung von Geistern miteinander verband.

Die Kabbala reicht bis in die altertümliche Vergangenheit zurück, hat aber in ihrer verfeinerten Form als ein aktives System in der heutigen Welt überlebt. Sie besitzt alle Charakteristiken der altertümlichen Gnosis (Weisheit). Gott ist distanziert, unbeschreibbar, unpersönlich und existiert jenseits der Kategorien der Sprache. Sogar die Idee einer Existenz würde den Ein Soph begrenzen. Die Welt entsteht durch die hierarchische Emanation –

vom Geistigen zum weniger Geistigen zum Materiellen. Die Welt der zehn Sephirothe ähnelt stark den Reichen der Äonen, durch die der geistige Aspekt der Menschheit hindurchgehen muß, um zu seinem Ursprung in den Himmeln zurückzukehren. Erlösung erfolgt durch einen inneren Vorgang der Entwicklung und des Erreichens des Ziels. Die weltliche Welt muß gemeistert werden, doch nur als einen Schritt auf dem Weg, sie hinter sich zu lassen.

Trotz des Wissens, das die altertümlichen Texte über die gnostische Kosmologie bieten, wird der praktischen Seite des gnostischen Lebens nur geringe Aufmerksamkeit geschenkt. Was taten die Gnostiker, um ihre mystischen Ziele zu erreichen? Kein Übungssystem wurde erörtert, obgleich verschiedene Rituale, einschließlich der Taufzeremonien, bekannt waren. Geschlechtsverkehr war in einigen Gruppen ein wesentlicher Bestandteil. Ebenso wie es eine generelle Geringschätzung der materiellen, sichtbaren Welt gab, gab es aber auch eine Abkehr von Zeremonien und Verehrungen, wie sie gewöhnlicher Weise ausgeübt wurden, einschließlich des Bedürfnisses nach regelmäßigen Zeremonien wie dem Abendmahl oder der Messe. Eine persönliche Gottheit akzeptiert Verehrung; eine unpersönliche Gottheit braucht dies nicht.

Mit der Kabbala zeigt sich unser Wissen über die praktische Ausübung. Hassidische Schulen kombinieren das Studium von Texten, extatischem Tanz, Leben mit dem Rabbi, das Gebet und Kontemplation, um ein mystisches Leben zu erreichen. Wie von Magiern übernommen, bietet die Kabbala einen Rahmen für magische Übungen, die der Entwicklungsstufe angemessen sind – wobei Rituale, parapsychologische Entwicklung, Geisterbeschwörung, geführte Meditation und das bewußte Formen von Bildern (aktive Imagination) die wichtigsten Techniken sind. Israel Regardie spricht von den Vorgängen kabbalistischer zeremonieller Magie als der westlichen Form von Yoga, einer disziplinierten Form innerer Erforschung, die zum Erreichen mystischer Ziele führt.[6]

Der Gnostizismus hat demnach in seinen unterschiedlichen Formen innerhalb Europas überlebt, obwohl er im katholischen Westen ständig bedroht war, wenn immer er die Aufmerksamkeit der Kirche auf sich zog. Die Inquisition entwickelte sich in eine gut geölte Maschine, die die Albigenser bekämpfte, ihre Aufmerksamkeit dann aber auf andere gesellschaftliche Dissidenten richtete. Schließlich griff sie das Problem der Hexerei an.

Der Kreuzzug gegen die Hexerei begann 1480; seine Wut wurde jedoch von zwei anderen drohenden Problemen im Zaum gehalten. Erstens: der Islam war von der Türkei durch das Donautal nach Europa eingedrungen, hatte Budapest überfallen und bedrohte Wien. Zweitens: im Norden führten die Forderungen nach einer Reformierung der dekadenten Kirche zum Ausbruch einer protestantischen Reformation. Die Moslems wurden bei Wien gestoppt, doch der Protestantismus breitete sich auf Großbritannien, Deutschland, Skandinavien, Teile der Schweiz und schließlich Holland aus. Obwohl die römisch-katholischen Christen die Probleme bezüglich des Schutzes ihrer westlichen Flanke vor dem Islam und die neue Realität eines geteilten Christentums an die Spitze ihrer Prioritäten stellten, fanden die Protestanten und die Katholiken ein gemeinsames Interesse darin, Leute anzugreifen, die sie als Hexen bezeichneten. In der Zwischenzeit erschien unauffällig eine radikale neue Form des Gnostizismus – die Alchimie.

Die Alchimie und ihre Erben

Einige wissenschaftliche Lehrbücher behandeln die Alchimie noch immer als einen Vorläufer der Chemie, eine Art Protochemie, die von vorwissenschaftlichen Intellektuellen weiterbetrieben wird, die noch immer Kinderspiele in ihren Laboratorien spielen. Was kann man schließlich in einem Laboratorium erreichen, wenn kein Verständnis von den Elementen, den atomaren Strukturen und den grundlegenden Bausteinen wissenschaftlicher Methodik vorhanden ist? Wir wissen jetzt, daß unser Verständnis der Alchimie von einer Ära geformt wurde, die die Wissenschaft und ihre Errungenschaften verehrte, und die wenig oder überhaupt kein Verständnis hatte von dem, was als alberner Aberglaube des Okkulten betrachtet wurde.

Das Wiederaufleben des Okkulten bot einen neuen Zusammenhang, in den man zu den alchimistischen Texten zurückkehrt, die überhaupt keinen Sinn ergeben, wenn sie wissenschaftlich gelesen werden, insbesondere wenn wir versuchen, Experimente zu rekonstruieren, um Gold zu machen oder das Lebenselixier zu herzustellen. Wir begeben uns auf eine törichte Suche nach dem Stein der Weisen, wenn wir hoffen, ihn eines Tages als Halskette zu tragen.

Die Alchimie war ein Versuch, ein neues gnostisches System zu schaffen, in dem man das, was damals eine wissenschaftliche Sprache war, als Code für philosophische und religiöse Spekulationen benutzte. Wir können diese Absicht durch die frühen alchimistischen Lehrer verstehen. Nicolas Valois zum Beispiel bemerkte: "Der gute Gott gab mir dieses göttliche Geheimnis durch meine Gebete und die guten Absichten, die ich hatte, es in rechtschaffener Weise anzuwenden; die Wissenschaft ist verloren, wenn die Reinheit des Herzens verloren ist." Heinrich Khunrath empfahl den jungen Alchimisten "theosophisch zu beten und physio-chemikalisch zu arbeiten". Daher klagte Comte de Buffon, einer der Gründer der modernen Wissenschaft: "Man muß zugeben, daß aus den Büchern über Alchimie nichts zu holen ist.. Die *Hermetische Tafel* und die *Tourbe des Philosophes*, Philalethes und verschiedene andere, die ich mir die Mühe gemacht habe zu lesen und sogar ernsthaft zu studieren, haben mir nichts als Unklarheiten und unverständliche Vorgänge geboten."[7]

Die Alchimie scheint im dreizehnten Jahrhundert in den Schriftwerken von Nicolas Flamel aufgetaucht zu sein, der behauptete, er habe diese Ideen nach dem Buch eines Abraham, einem Juden, entwickelt.[8] Die alchimistischen Texte, gewöhnlich mit kunstvollen symbolischen Zeichnungen illustriert, beschreiben das Große Werk, den Prozeß, den Unrat der menschlichen Seele in das verfeinerte Gold des erleuchteten himmlischen Menschen zu verwandeln. Die Illustrationen machen als Bilder weltlicher Realitäten (wissenschaftlicher oder anderer) wenig Sinn, aber als gnostisches System der inneren Entwicklung machen sie vollkommenen Sinn. Basil Valentin, der Mitte des 17. Jahrhunderts schrieb, präsentierte das Bild eines Mannes, der das Universum trägt. Um ihn herum wehte ein Banner, mit dem lateinischen Satz: *Visita Interriota Terra Rectificando Invenies Occultum Lapidem*. Das heißt übersetzt "Besuche das Innere der Erde, durch Richtigstellung wirst du den verborgenen Stein finden", eine deutliche Einlandung zur inneren Erforschung. Ebenso interessant ist aber das Wort, das aus dem ersten Buchstaben jedes Wortes auf dem Banner gebildet ist: VITRIOL. Vitriol war eine gewöhnliche Substanz, die wir als Schwefelsäure kennen. Das in vergangenen Zeiten bekannte ätzende Vitriol war jedoch nicht, was der junge Alchimist benötigte.

Die Alchimie war fähig zu überleben und zu florieren, zumindest unter den Intellektuellen, während Hexenprozesse den politischen Körper spalteten. Die Alchimisten waren fähig, die intellektuellen Spiele zu spielen, indem sie ihre philosophische Suche als scheinbar wissenschaftliche Bemühungen tarnten. Populäre Mißverständnisse wurden durch Scharlatane gefördert, die behaupteten, in der Lage zu sein, für finanziell knappe Herrscher Gold zu produzieren oder das Lebenselixir für eine Öffentlichkeit, die von allen möglichen Krankheiten geplagt wurde. Wenige machten sich die Mühe die Texte zu lesen, in denen die Geheimnisse häufig bekannt gegeben wurden. So wie Valois von dem Stein des Philosophen sagte: "Es ist ein Stein von großer Tugend und wird ein Stein genannt und ist doch kein Stein."[9], so sprechen andere Texte von dem "wahren Quecksilber", von dem das gewöhnliche Metall nur ein entarteter Sohn ist.

In der Alchimie wird der Lebensbaum der Kabbalah durch einen Schmelzofen ersetzt, der im allgemeinen als eine aufrechte Struktur dargestellt wird, deren innerer Bereich gewöhnlich in drei Ebenen unterteilt ist. Ein Manuskript des siebzehnten Jahrhunderts lieferte eine Liste alchimistischer Anwendungen wie der Klärung, Sublimation, Glühen, Exuberation, Fixierung, Lösung, Reinigung und Fermentierung, die zur Herstellung des Elixiers führen.

Die Alchimie ist von vitaler Bedeutung, weil sie betrieben wurde, als die römisch-katholischen und später die protestantischen Christen sehr daran interessiert waren, rivalisierende Theologien zu unterdrücken. Die Alchimie nahm während des ganzen siebzehnten Jahrhunderts ab und verschwand fast vollständig im achtzehnten Jahrhundert als Teil des allgemeinen Übergangs des okkulten Gedankens von älteren, übernatürlichen Modellen zu neueren, wissenschaftlichen Modellen. Ihr Ruf, der von den neuen Wissenschaftlern des achtzehnten Jahrhunderts zerstört worden war, machte dem modernen Okkultismus der Rosenkreuzer und der spekulativen Welt des Freimaurertums Platz.[10]

Die Alchimie trug die gnostische Tradition durch das Mittelalter. Sie war aber eindeutig die Tradition von wenigen: von einigen der Gelehrtesten der europäischen Intelligenz und von mehreren der raffiniertesten Gauner. Trotz einer äußerst intoleranten Führungselite waren sie in der Lage, das Spiel zu spielen, das erforderlich war, um ihren Studien nachzugehen und mit ihren Kollegen zu kommunizieren. Ihre verschlüsselte Sprache konnte die Eingeweihten informieren, wohin ihre Spekulationen sie geführt hatten, während sie die Nichteingeweihten überzeugten, daß sie lediglich Gegenstände geringer Bedeutung für die Theologie diskutierten und ganz sicher keine Herausforderung für die Orthodoxen waren. Einer der interessanteren Widersprüche jener Ära war, daß die Könige und Königinnen Alchimisten zu sich als Ehrengäste einluden, während die Inquisition die Praktizierenden der Magie in den Dörfern ganz Europas jagte.

Die Wiederentdeckung von Hermes

Die Wiederentdeckung von Hermes Trismegistus (Dreimal-Größter Hermes), eines altertümlichen ägyptischen Schriftstellers, trug zur Tiefe des Inhalts der alchimistischen Texte in der Zeit des späten Mittelalters bei. Einige hielten ihn für einen Zeitgenossen Moses; andere glaubten, daß er die Inkarnation von Thoth (oder Tehuti) sei, des ägyptischen Gottes des Lernens, weil Hermes der griechische Name von Thoth ist. Hermes scheint jedoch der Name zu sein, den mehrere Schriftsteller benutzten, die eine ähnliche Weltanschauung teilten und die alle ihr Werk auf den altertümlichen ägyptischen Meister zurückführten. Obwohl die Schriftwerke von Hermes im frühen Mittelalter bekannt waren, wurden sie ignoriert, weil man glaubte, daß sie von Schülern des griechischen Philosophen Plotinus (204 – 270 A.D.) geschrieben worden waren.

Die Texte überlebten lediglich in ihrer griechischen Übersetzung und stammen angeblich aus der Zeit der griechischen Eroberung Ägyptens, in der sie von den altertümlichen ägyptischen Texten abgeschrieben wurden, von denen angenommen wird, daß sie sich in den Händen der Priesterschaft befanden. Die hermetischen Texte scheinen jedoch eher von der griechisch-platonischen Philosophie abzustammen und nicht den Stempel ägyptischen Ursprungs zu tragen. Obwohl einige bereits aus der Zeit des ersten Jahrhunderts A.D. sein können, scheinen sie in einem Zeitraum bis zum dritten Jahrhundert A.D. geschrieben worden zu sein. Es ist auch wahrscheinlich, daß viele von ihnen verloren gingen, was mit so vielen altertümlichen Texten geschah, von denen es nur wenige Exemplare gab. Für unsere Zwecke ist wichtig, daß eine von Ficinus angefertigte lateinische Übersetzung der überlebenden hermetischen Texte 1471 veröffentlicht wurde und 1554 eine Ausgabe der griechischen Originaltexte von Turnebus. Die Texte wurden später das ganze sechzehnte Jahrhundert hindurch zu mehreren Anlässen neu veröffentlicht, in der Zeit, als Europa durch die Abspaltung eines großen Teils des nördlichen Europas und Englands von der römisch-katholischen Kirche erschüttert wurde.

Ficinus' Übersetzungen erweckten weitreichendes Interesse an den hermetischen Schriftwerken, und acht Auflagen erschienen vor 1500. Weitere sechzehn Auflagen erschienen während der ersten Hälfte des 17. Jahrhunderts. Von diesen Texten ist der erste, *Poimandres*, der wichtigste, weil die spätere hermetische Tradition sich größtenteils darauf stützte. 1541 erschien jedoch eine lateinische Übersetzung des berühmtesten hermetischen Dokuments. Dieses kurze Werk, *The Emerald Tablet* (Die Smaragdtafel), so benannt, weil angenommen wird, daß es ursprünglich in Phönizien in einen Smargadstein geprägt worden war, faßt die hermetische Vision zusammen:

> Wahrhaftig, ohne Irrtum, sicher und höchst wahr; das, was oben ist, ist so wie das, was unten ist, und das, was unten ist, ist so wie das, was oben ist, um die Wunder des Einen Dinges zu bewirken; und so wie alle Dinge von dem Einen waren, durch die Vermittlung des Einen, kamen von diesem Einen alle Dinge durch Anpassung; der Vater von ihm ist die Sonne, die Mutter von ihm ist der Mond; der Wind trägt es in seinem Bauch; die Nähr-

> mutter davon ist die Erde. Dies ist der Vater aller Perfektion oder Vollendung der ganzen Welt. Die Macht von ihm ist vollkommen integral, wenn sie in die Erde gelenkt wird. Du sollst die Erde vom Feuer trennen, das Feine vom Groben, sanft, mit viel Weisheit; sie steigt von der Erde zum Himmel auf, und steigt wieder zur Erde hinab; und erhält die Stärke des Überlegenen und des Unterlegenen, so daß du den Ruhm der ganzen Welt hast; laß daher alle Dunkelheit vor dir fliehen. Das ist die starke Kraft aller Kräfte, die alles Feine überwindet und jedes feste Ding durchdringt. So wurde die Welt erschaffen. So waren alle wundervollen Anpassungen, von denen dies die Art und Weise war. Deshalb werde ich "Dreifach-Größter Hermes" genannt, der die Drei Teile der Philosophie der ganzen Welt hat. Das, was ich geschrieben habe, ist vollendet hinsichtlich der Wirkungsweise der Sonne.[11]

Die Redewendung "wie oben, so unten" wurde der Grundstein dessen, was Hermetiker die Lehre der Entsprechung nannten – die materielle Welt war das geringere Spiegelbild der überlegenen geistigen Welt. Die Redewendung tauchte später an zahlreichen Stellen okkulter Schriftwerke unter Autoren auf, die mit der hermetischen Literatur nicht vertraut waren. Diese Literatur ist jedoch wegen ihrer Abwandlung des gnostischen Mythos interessant. In den *Poimandres* zum Beispiel, dem bedeutendsten unter den hermetischen Texten, wird Hermes in einem Traum von Poimandres besucht, der sich selbst als den "Geist der höchsten Souveränität" beschreibt. Poimandres vermittelt in Worten und Bildern die Geschichte der Emanation (oder Schöpfung) der Welt von Gott. "Leben ist die Vereinigung von Wort und Geist", sagte er. Erst gab es Geist, der auch als Licht gesehen wird. Das Wort kam vom Licht, dem Sohn Gottes. Das Licht bestand auch aus zahlreichen Kräften, die eine geordnete, aber ungebundene Welt bildeten, die archetypische Form, die vor allen Dingen und vor aller Zeit existierte.

In seiner Vision erschien eine Dunkelheit, die sich in eine wässerige Substanz umwandelte. Diese Substanz empfing das

Wort, und wurde so durch das Empfangen in eine geordnete Welt gestaltet. Die Elemente (Erde, Luft, Feuer und Wasser) teilten sich. Der erste Geist, der bisexueller Natur ist, schuf dann einen zweiten Geist, einen Schöpfer von Dingen. Aus Feuer und Luft machte der zweite Geist sieben Verwalter (die sieben Planeten, die der altertümlichen Welt bekannt waren), die über das Schicksal wachten (ein Hinweis auf die Astrologie). Das Wort, das aus der gleichen Substanz war wie Geist, der Schöpfer, vereinigte sich dann mit ihm, um die Welt der lebenden Kreaturen zu erschaffen – Vögel, Fische, Vieh.

An diesem Punkt kam der erste Geist zu dem Vorgang hinzu, um einen Menschen zu gebären, ein Wesen, das ihm selbst glich (das neben anderen Charakteristiken, bisexuell war). Da Gott am Menschen Gefallen fand, gab er ihm die ganze Welt. Der erste Geist übergab die Welt, die vom Geist, dem Schöpfer, geformt worden war, an den Menschen. Der Mensch entschied, in dieser Welt der "Materie ohne Sinn" zu leben. Der Mensch ist somit einzigartig, da er durch seine Herkunft unsterblich ist und als Folge davon alle Dinge in seiner Macht hat, aber auch an der Sterblichkeit teilhat und somit dem Schicksal, dem Verlangen und dem Vergessen ausgesetzt ist.

Der Mensch schuf sieben Wesen, die ihm glichen und ebenso bisexuell waren. Nach einer gewissen Zeit wurden die Körper, die die Wesen an ihre bisexuelle Natur banden, frei, und alle Kreaturen teilten sich in männlich und weiblich. Diese neuen Wesen wurden angewiesen, sich fortzupflanzen und alle Menschen erkennen zu lassen, daß sie unsterblich waren und daß der Grund für den Tod ein fleischliches Verlangen ist. Jene, die ihre Unsterblichkeit erkennen, kehren zu Gott zurück; jene, die in ihrem fleischlichen Verlangen gefangen sind, wandeln in der Dunkelheit der Sinneswelt und erleiden immer wieder den Tod. Jene jedoch, die in dieser Welt die Gnosis erhalten, können entfliehen und zurückkehren.

Die Kabbalah und die Hermetik stellen den Höhepunkt mittelalterlicher gnostischer Spekulationen dar. Die Gedankentiefe, die hinter beiden steht, zeigt sich durch die fortbestehende

Fähigkeit, Menschen durch den modernen Gnotizismus im zwanzigsten Jahrhundert zu inspirieren. Wie der moderne Gnotizismus zu der Gründung der New Age-Bewegung und schließlich zu der Einrichtung von Ramtha's School of Enlightenment geführt hat, ist ausführlicher in Kapitel 3 erörtert worden.

ANMERKUNGEN

KAPITEL 1

1. Wenn nicht anders erwähnt, wurde das Material aus JZs Autobiographie entnommen: *A State of Mind: My Story,* und aus verschiedenen Interviews mit ihr.

2. Das Buch Judith steht in der Apocrypha, einem Teil der Hebräischen Schriften, die nicht in den protestantischen Ausgaben der Bibel stehen aber in der Heiligen Schrift der Römischen Katholiken enthalten ist.

3. Douglas Dean, et al, *Executive ESP.*

4. Max Toth und Garz Nielsen, *Pyramid Power*

KAPITEL 2

1. Die Idee von den verlorenen Kontinenten Atlantis und Lemurien als Ursprungsort der Menschheit kam im frühen zwanzigsten Jahrhundert auf als Alternative zu dem gleichermaßen unklaren Garten Eden im Euphrat-Tigris-Tal im heutigen Irak. Sie wurde zuerst von Helena P. Blavatsky, der Mitbegründerin der Theosophischen Gesellschaft vertreten, wurde dann aber weiterentwickelt von dem Theosophen William Scott-Elliott und fand ihren Höhepunkt in *Die Geschichte von Atlantis* und *Das verlorene Lemurien.* Der Kontinent von Atlantis war bekannt durch die alten Schriften von Pato, der die Geschichte benutzte, um einige Punkte in seiner politischen Theorie zu machen.

Die Geschichte von Lemurien ist eine ganz andere Sache. Die Idee des Kontinents begann im neunzehnten Jahrhundert, als mehrere Biologen von einer Landbrücke zwischen Süd-Afrika und Indien sprachen, um damit die eigenartige Verbreitung der Lemuren zu erklären. Diese Hypothese ist durch unser heutiges Verständnis von einer Verschiebung der Kontinente ersetzt worden. Nach Madame Blavatskys Auffassung wurde Lemurien aber ein pazifisches Equivalent von Atlantis und ein integrales Element ihres Verständnisses von der kosmischen Evolution. Von der Theosophie ging diese Vorstellung über auf die okkulte Gemeinschaft und ist in letzter Zeit von vielen New-Agern akzeptiert worden. Für eine vollständigere Erklärung siehe J. Godon Melton, Jerome Clark und Aidan Kelly eds. *New Age Encyclopedia.*

2. *Ramtha ISBN 3-89539-050-X,* ed. Steven L. Weinberg, 7. Dieses Buch und Deborah Kerins *Der Geschichtenerzähler ISBN 3-89539-057-7* lieferten die Information über Ramtha.

3. Siehe Kapitel 7 bezüglich der Auseinandersetzung mit dem Aufsteigen

4. Kerins, *Der Geschichtenerzähler ISBN 3-89539-057-7,* 60-66, 18-20.

5. Ibid., 87. Ramtha zuzuhören war nicht so schwierig, wie später zu lesen, was er gesagt hatte. Dennoch sind die meisten froh, daß er in den letzten Jahren gelernt hat, normaler zu sprechen.

6. Knight, *A State of Mind,* 312, 324. Ramtha hat JZ einige Zeit lang nicht die Augen geöffnet, und als es schließlich geschah, war Jeremy ziemlich unvorbereitet.

7. Über Pseudo-Medien siehe : J. Gordon Melton, *Enzyklopädie des Okkultismus und der Parapsychologie.*

8. Nach mehreren Jahrzehnten konzentrierter Studien, war die erste Generation von Parapsychologen eindeutig desinteressiert. Aber in den letzten Jahrzehnten ist das Thema wieder aktuell geworden durch psychologische Diskussionen über das Spektrum von losgelösten Bewußtseinszuständen. Diese reichen von pathologischen Zuständen wie die multiple Persönlichkeitsstörung bis zu funktionalen Zuständen wie selbst eingeleitete Trancezustände, die man bei einem Medium sieht. Gegenwärtige Studien haben auch einen multikulturellen Aspekt entwickelt, denn solche Zustände haben auch unterschiedliche Bewertungen in verschiedenen kulturellen Zusammenhängen. Psychologische Studien haben sich mehr auf das Aufzeichnen des Unterbewußtseins konzentriert, besonders indem sie die Meßgeräte benutzen, die heute zur Verfügung stehen, anstatt sich zu bemühen, die objektive Natur eines Wesens zu untersuchen, das in Fällen von Besessensein durch einen Geist auftritt. Für eine Einführung in die heutigen Studien, siehe Robert Ornstein, *Multimind ;* L. Tinnin: “mental Unity, Altered States of Conscious-

ness, and Dissociation," *Dissociation* 3 (1990): 154-59; und Steven Jay Lynn und Judith W. Ruhe, eds., *Dissociation: Clinical and Theoretical Perspectives.*

9. Elizabeth A. Sharp, *William Sharp (Fioan Macleod): A Memoir,* 424. Zu Sharps Büchern, die ursprünglich unter dem Namen Fiona Macleod veröffentlicht wurden, gehören *Divine Adventure, The Immortal Hour* und *The Sin-Eater.*

10. Vergleiche Walter Franklin Prince, *The Case of Patience Worth;* und Irving Litvag: *Singer in the Shadows: The Strange Case of Patience Worth.*

KAPITEL 3

1. Zur modernen gnostischen Tradition siehe Antoine Faivre und Jacob Needleman, eds., *Modern Esoteric Spirituality,* Peter Washington, *Madame Blavatsky's Baboon: A History of the Mystics, Mediums and Misfits Who Brought Spiritualism to America,* Joscelyn Godwin, *The Theosophical Enlightenment;* und "Ancient Wisdom Family," in J. Gordon Melton: *Encyclopedia of American Religions.*

2. Eine sehr hilfreiche Einführung in das Rosenkreuzertum und die Referenz für diesen Abschnitt ist In *The Rosy Cross Unveiled* von Christopher McIntosh. Die grundlegenden Texte sind leicht zugänglich bei Paul M. Allen, comp., *A Christian Rosenkreutz Antology.* Für eine neuere Ausgabe mit einer fachlichen Einleitung und Anmerkungen siehe Valentin Andrae (Christan Rosenkreutz, pseud.), *Fama Fraternatis* (1614); *Confessio Fraternatis* (1615); *Chymische Hochzeit*, Anno 1459 (1616), ed. Richard van Dülmen.

3. Er reiste durch die Länder der islamischen Welt. Diese Welt war nur wenige Jahrhunderte zuvor eine Quelle umfassender neuer Information für Europa geworden, darunter keine geringeren als die Schriften von Aristoteles. In der Form des Ottomanischen Reiches war es auch in einen zweihundertjährigen Kampf mit der christlichen Welt verstrickt. Konstantinopel wurde 1453 eingenommen und am Anfang des nächsten Jahrhunderts drangen die Ottomanen bis an die Tore von Wien vor. Zu der Zeit, als Andrae auftrat, war die christliche Welt in der Offensive,

aber es sollte noch viele Jahre dauern, bis die Ottomanen aus dem Balkangebiet vertrieben waren.

4. Julius F. Sachse, *The German Pietists of Provincial Pennsylvania,* 1694-1708.

5. Es gibt eine Menge Literatur über die Freimaurer, einschließlich der vielen Anti-Freimaurer Schriften, die die Organisationen wegen ihrer Geheimhaltung angriffen und sie für antichristlich hielten. Für die Geschichte und und das Wachsen moderner spekulativer Freimaurerei, siehe Roy A. Wells, *The Rise and Development of Organized Freemasonry;* Allen E. Roberts, *Freemasonry in American History;* Mary Ann Clawson, *Constructing Brotherhood: Class, Gender, and Fraternalism;* und Richard William Weisberger, *Speculative Freemasonry and Enlightenment.* Für mehr Auseinandersetzung mit der Theologie der Freimaurer siehe Albert Pike, *Morals and Dogma of the Ancient and Accepted Scottish Rite of Freemasonry;* und J.D. Buck, *Mystic Masonry.*

6. Siehe Anhang für Information über die Kabbalisten.

7. Der Krieg zwischen dem Freimaurertum und der Katholischen Kirche hat *weitreichende* Implikationen und hat sich auf andere Kontroversen übertragen. Ein illustrativer Zwischenfall wird von Massimo Introvigne beschrieben in: "The Devil Makers: Contemporary Evengelical Anti-Mormonism," *Dialogue: A Journal of Mormon Thought* 27, no. 1 (Frühjahr 1994): 153-69.

8. Über Randolph siehe John Patrick Deveney, *Paschal Beverly Randolph: A Nineteenth-Century Black American Spiritualist, Rosicrucian, and Sex Magician* , und kürzere Abhandlungen in Joscelyn Godwin, *The Theosophical Enlightenment;* und J. Gordon Melton, "Paschal Beverly Randolph: America's Pioneer Occultist", in Jean Baptiste Martin und Francoise LaPLantine, ed., *Le Defi Magique: Esoterisme, Occultisme, Spiritisme.*

9. Für einen Überblick über die Rosenkreuzer-Gruppen des 20. Jahrhunderts siehe J. Gordon Melton, *Encyclopedia of American Religions.*

10. Eine überschauliche Präsentation von Emogene S. Simmons sind die zwei Bände von *Introductory Study Course in Theosophy.* Die grundlegenden Lehren sind auch in Büchern wie Charles W. Leadbeater, *A Textbook of Theosophy,* und Theoso-

phical Society, *A Primer of Theosophy: A Very Condensed Outline* . Über das Erscheinen der Meister in der modernen Zeit siehe Curuppumullage Jinarajadasa, *Early Teachings of the Masters,* 1881 – 1883 und *Letters from the Masters of Wisdom,* Charles W. Leadbeater, *The Masters and the Path,* Lynn E. Perkins, *The Masters as New Age Mentors,* und Elisabeth Clare Prophet, *The Great White Brotherhood in the History, Culture and Religion of America.* Die meisten New Age-Channel haben behauptet, Kontakt mit mindestens einem der Meister der Großen Weißen Bruderschaft zu haben; viele UFO-Kontaktpersonen haben behauptet, daß diejenigen, die man früher für Meister hielt, tatsächlich Mitglieder einer Regierung seien, die in der gesamten Galaxie operieren.

Kapitel 4

1. Knight, A State of Mind, 377.

2. Wohlstandsbewußtsein bezieht sich nicht so sehr auf die metaphysischen Gesetze als auf soziale Realitäten in einer offenen und relativ wohlhabenden Gesellschaft. Die Möglichkeiten einer bedeutenden ökonomischen Aufwärtsbewegung sind abhängig von Offenheit und dem Vorhandensein von bedeutenden Mengen übermäßigen Reichtums. Im heutigen Amerika ist es auch abhängig von einem Verständnis, daß unsere Gesellschaft im großen Ganzen harte Arbeit nicht so sehr belohnt wie die Fähigkeit zu organisieren und soziale Resourcen zu manipulieren. Somit wird einer Person, die es versteht mit einem Mitarbeiterstab zu arbeiten und dessen spezielle Fähigkeiten zu nutzen (d. h. ein Manager) mehr gezahlt als einem Facharbeiter, der das Produkt der Firma herzustellen versteht. Protestanten haben wegen ihrer Verbindung zum Kapitalismus eine positivere Haltung zum Wohlstand gehabt als Römische Katholiken, sahen aber ein Problem in dem Gedanken Wohlstand mit Frömmigkeit oder Heiligkeit zu vereinen und waren gegen die Bemühung, Reichtum in die Hände von spirituellen Führern zu legen. Es ist vollkommen zulässig, daß Pastoren Einkommen haben, die knapp unter dem Durchschnitt ihrer Gemeinde liegen; aber diejenigen, die Bemühungen zeigen, sich finanziell zu verbessern, werden heftig kriti-

siert. Pastoren bleiben die am niedrigsten bezahlten in unserem hoch ausgebildeten Beruf. Die katholische Perspektive, die den Armutsschwur seitens der Mitglieder von religiösen Orden schätzt, und die Protestanten, für die die Integrität religiöser Führer zumindest teilweise auf ihrer Nichtbeteiligung an der größeren wirtschaftlichen Ordnung basiert, bieten einen Zusammenhang der Kritik an religiösen Führern, die von dieser Norm abweichen. Vor kurzem war die einfache Kritik an dem Herzeigen seines Wohlstands entscheidend dafür, daß die öffentliche Meinung sich gegen den Fernsehprediger Jim Bakker wandte zu einem Zeitpunkt, wo die meisten seiner ehemaligen Anhänger die rechtlichen Abläufe, die zu seinem Sturz führten, einfach nicht verstanden. Jeder verstand, daß Bakker in den Augen des Durchschnittszuschauers ein immenses Gehalt bezog. Zu Wohlstandsbewußtsein siehe: *The Dynamic Laws of Prosperity;* Sanaya Roman und Duane Packer:*Creating Money;* und Charles Fillmore: *Prosperity.*

Das Geldthema hat die New Age-Gemeinschaft gespalten. Diejenigen New Ager, die sich am meisten mit ökologischen und anderen sozialen Problemen beschäftigen, haben sehr aktiv argumentiert, daß nur begrenzte Resourcen existieren und daß die Transformation (d.h. Zerstörung) von Langzeitresourcen zu kurzlebigem Reichtum aufhören muß. Sie vertreten einfach ein Leben unter dem wirtschaftlichen Durchschnittslevel und eine Ausrichtung auf die Freude am Leben in einer Weise, die nicht von andern "stiehlt", die vielleicht weniger weise oder weniger stark sind, einen Anteil an den Gütern der Welt zu erlangen.

3. Fawn Vrazo:"Indeed" *Albuquerque Journal Magazine* (31. Mai 1983): 12, 14-15.

4. Der Begriff *Religion* hat christlichen Ursprung, wobei *Religion* und *Christentum* an einem Punkt synonym sind. Als sich die vergleichende Religionswissenschaft entwickelte, wurden andere Religionen verglichen mit der Ähnlichkeit von Glaube und Funktion des Christentums. Viele Gesetze, die jetzt absolut archaisch sind, basierten auf dieser Art von Überlegung und definierten Religion für rechtliche Zwecke im Sinne einer Beziehung zu einem theistischen Gott und dessen Verehrung, was für nicht

theistische Religionen wie den Humanismus und den Theravada Buddhismus eine große Schwierigkeit darstellte.

5. Für einen Überblick über die New Age-Bewegung siehe Paul Heelas: *The New Age Movement*; Richard Kyle: *The New Age Movement in American Culture*; und William Bloom, ed.: *The New Age: An Anthology of Essential Writings.*

6. Jess Stern: *Soul Mates*, 129

7. Shirley McLaine: *Tanz im Licht,* 125-27, 135; Stern: *Soul Mates*, 119

8. Robin Westen: *Channelers*: *A New Age Directory*, 109

9. Siehe John Ballou Newborough, *Oahspe: A New Bible in the Words of Jehovih and His Angel Embassadors ...* ; and Levi H. Dowling: *The Aquarian Gospel of Jesus the Christ*. Für einen historischen bibliographischen Überblick der umfangreichen Literatur des Channelns siehe Joel Bjorling: *Channeling: A Bibliographic Exploration.*

10. Zu Cayces Aktivität des Channelns siehe Harmon Hartzell Bro: *A Seer Out of Season: The Life of Edgar Cayce;* und Thomas Segrue: *There is a River: The Story of Edgar Cayce.* Außerdem hat die Association for Research and Enlightenment in Virginia Beach , Virginia, viele Beispiele von Cayces gechanneltem Material veröffentlicht. Zu Bailey siehe John R. Sinclair: *The Alice Bailey Inheritance.* Die Arcane School hat Alice Baileys gechanneltes Material im Druck; zu den wichtigeren gehören *Discipleship in the New Age, A Treatise on Cosmic Fire,* und *A Treatise on White Magic.* Ballards wichtigstes Werk als Bote wurde als dritter Band der Saint Germain Serie von der I AM Religious Activity veröffentlicht. Seine gechannelten Botschaften wurden als Artikel in der I AM *Voice* veröffentlicht und später als zusätzliche Bände der Saint Germain Serie nachgedruckt. Siehe Great Cosmic Being Mighty Victory: *The "I AM" Discourses.*

11. J. Gordon Melton und George M. Eberhart: *The Flying Saucer Contactee Movement, 1950-1990.*

12. In den 80er Jahren, am Ende der Mode des Channelns, erschienen mehrere Bücher, inklusive William H. Kautz und Melanie Brannon: *Channeling: The Intuitive Connection;* Jon Klimo: *Channleing: Investigations on Receiving Information from Paranormal Sources;* Joe Fisher: *Hungry Ghosts: An Investigation into*

Channeling and the Spirit World; und Arthur Hastings: *With the Tongues of Men and Angels: A Study of Channeling.* Das Buch von Hastings ist von all diesen das zuverlässigste.

13. *Ramtha ISBN 3-89539-050-X, ed.* Weinberg, 2.

14. Eine Erörterung der Veränderungen kann man finden in : *Ramtha: Eine Einführung ISBN 3-89539-054-2,* ed. Weinberg, 45-47. Viele physiologische Veränderungen wurden in den physiologischen Tests aufgezeichnet, die in Kapitel 8 beschrieben sind.

15. Ramtha: *Liebe Dich selbst ins Leben ISBN 3-89539-062-3,* ed. Weinberg, ix.

16. Auf diesen Punkt werde ich in Kapitel 8 zurückkommen, wenn wir über die Kritiker von JZ und Ramtha sprechen. Ein hilfreicher Anfang ist "Nichts als die Wahrheit", Kapitel 12 in *Ramtha,* ed. Weinberg.

17. *Ramtha: Liebe Dich selbst ins Leben ISBN 3-89539-062-3,* ed. Weinberg, 146-47.

18. *Ramtha: Eine Einführung ISBN 3-89539-054-2,* ed. Weinberg, 64; *Ramtha ISBN 3-89539-050-X,* ed. Weinberg, 35

19. *Ramtha ISBN 3-89539-050-X,* ed. Weinberg, 29-30, 20-21. Der Unbekannte Gott ist ein Bezug auf die Predigt des Apostels Paulus auf dem Areopagus in Abschnitt 17:16-31

20. Eine der populärsten Analysen weltprägender Philosophie erschien in den Schriften von Thomas Troward im frühen zwanzigsten Jahrhundert. Trowards Philosophie basierte auf den Erkenntnissen der neuen Psychologie, besonders auf den aufregenden Entdeckungen hinsichtlich des Verstandes, die durch das Phänomen der Hypnose hervorkamen, und aus denen er die Idee des obejektiven und subjektiven Bewußtseins entwickelte. Das objektive Bewußtsein entsprach ungefähr dem normalen Wachbewußtsein. Das subjektive Bewußtsein wurde dem Unterbewußtsein gleichgesetzt, besonders dem Aspekt des Bewußtseins, das im hypnotischen Trance aufgedeckt wurde.

Das subjektive Bewußtsein scheint in vieler Hinsicht erstaunlich. Es konnte ihm gegebene Suggestionen in einer Weise umsetzen, die weit größer war als die Fähigkeit des objektiven Bewußtseins. Das subjektive Bewußtsein, so meinte Troward, stellt ableitende Überlegungen an. Es kann notwendige Schlußfolgerungen ziehen, wenn man ihm zwei Möglichkeiten präsentiert. Es operiert mit der Wahrhaftigkeit der Annahmen, die ihm im Laufe des Lebens gegeben wurden. Es nimmt die Gedanken, die ihm von dem subjektiven Bewußtsein auferlegt wurden und erarbeitet durch Ableitung deren letztendliche Konsequenzen. Der Körper empfängt die Wirkungen der Aktivität des subjektiven Bewußtseins. Das subjektive Bewußtsein baut den Körper entsprechend den Suggestionen, die ihm vom objektiven Bewußtsein gegeben werden.

Troward überlegte, daß der Zustand des Körpers bedingt ist durch die Glaubenshaltungen des subjektiven Bewußtseins. Er dehnte seine Beobachtungen dann auf die Lebensbedingungen der Person aus. Die Leute hatten eine Neigung, das um sich herum zu haben, von dem ihr subjektives Bewußtsein ihnen sagte, daß sie es haben sollten. Wenn sie ihr Leben verbessern wollten, mußte ihr objektives Bewußtsein die neuen Bedingungen ihrem subjektiven Bewußtsein einprägen und ihrem subjektiven Bewußtsein erlauben, ihre unmittelbare Umwelt Schritt für Schritt neu zu gestalten. Trowards Gedanken wurden die Basis der Lehren von Edward Holmes, auf denen die Kirche der Religiösen Wissenschaft gegründet wurde.

Für weitere Information siehe Thomas Troward, *The Edinburgh Lectures on Mental Science.* Siehe auch Ernest Holmes: *The Science of Mind.*

21. *Ramtha ISBN 3-89539-050-X*, ed. Weinberg, 101

22. Ibid., 144

23. Ich habe mich nicht bemüht, die Einzelheiten von JZs Autobiographie zu überprüfen. Mehrere Reporter, die Artikel über JZ und Ramtha geschrieben haben, erwähnten ihre Bemühungen und haben wie zu erwarten nur verschiedene Sichtweisen der Ereignisse finden können aber keine Diskrepanzen, die darauf schließen lassen würden, daß JZ ihre Vergangenheit bewußt falsch darstellt. Ich habe mit ihrem Sohn Chris gesprochen, der einige der Ereignisse aus seiner Perspektive erzählte. Ihm fehlten einige Details, aber er fügte andere hinzu. Er ist kein aktives Mitglied der Schule und hat somit einige Beobachtungen über seine Mutter aber keine Zweifel an ihrer Ehrlichkeit. Obwohl er einige Ereignisse ganz anders erlebt hat, fand er keine Fehler in

ihrer Darstellung. Das ist zu erwarten. Wir erleben die Ereignisse alle unterschiedlich und messen ihnen unterschiedliche Bedeutung bei.

24. Khit Harding, *Das Eigene Werden: Ein Handbuch für Meister ISBN 3-89539-058-5*; Ramtha: *Liebe Dich selbst ins Leben ISBN 3-89539-062-3*, ed. Weinberg; und Schuler Ingle: "Here's Ramtha!", *New Age Journal,* Juni 1986, 12.

25. "JZ Knight/Ramtha in Sydney, 7./8. November 1987", *Australia's New Age News 1*, no. 10 (Dezember 1987): 1,20.

26. Eine Abschrift dieser Gründungsveranstaltung wurde zusammengestellt von Diane Munoz-Smith.

Kapitel 5

1. *Ramtha ISBN 3-89539-050-X,* ed. Weinberg, 7. Anfang 1996 waren Ramthas philosophische Lehren nicht gedruckt verfügbar.Während meiner Forschung und meines Schreibens waren sie nur mündlich im Unterricht zu hören oder auf Audiokassetten, die von jeder Veranstaltung gemacht wurden. Sie haben auch eine konstante Entwicklung durchgemacht, da Ramtha neue Metaphern einbringt, um seine Sicht von der Welt zu erklären und die neuen spirituellen Übungen, die er fortgeschrittenen Schülern gibt. Von den geschriebenen Texten (Abschriften von Ramthas Vorträgen) erklärt das Weiße Buch (die übliche Bezeichnung für *Ramtha ISBN 3-89539-050-X*) sein philosophisches System.

2. *Ramtha ISBN 3-89539-050-X,* ed. Weinberg, 48-49.

3. Studenten der christlichen Geschichte werden eine Verbindung mit den Formen der christlichen Theologie herstellen, die stark beeinflußt sind von der Philosophie Platos und eng verbunden sind mit der mystischen *via negativa* der christlichen Mystik. Trotz der Verbindung, die mit den mehr abstrakten Ebenen der christlichen Theologie hergestellt werden können, ist der Unterschied zwischen der Perspektive von Ramtha und der des Christentums jedoch wichtig. Die Bestätigung Gottes als dem Allmächtigen, der die Welt durch einen Willensakt geschaffen hat, führt natürlich zur Verehrung als angemessene Reaktion. Gott als das Nichts fordert keine derartige verehrende Reaktion.

Die Beziehung der Person zu dem anderen Verständnis von Göttlichkeit ist deswegen völlig anders, angefangen mit der Schöpfung.

4. Schüler haben ein grundlegendes Problem, einen Punkt des Gnostizismus zu verstehen. Die Ausstrahlung der Welt, dem unbeschreibbaren Anfangspunkt, geschieht mit nichträumlichen Metaphern. Diese Metaphern verschleiern aber ein noch grundlegenderes Verständnis des Selbst, das alle Ebenen im Selbst verkörpert. Um die begrenzte Realität der räumlichen Metapher zu verstehen, muß man die psychologische Realität dessen erfahren, was die räumliche Metapher auszudrücken versucht. Diese Erfahrung wird durch die spirituellen Disziplinen der Schule vermittelt.

5. Zum Beispiel siehe nahe Todeserfahrungen, von denen in Büchern wie Raymond Moodys *Leben nach dem Leben* und dessen Fortsetzungen berichtet wird. In diesem Punkt distanziert sich Ramtha von den meisten New Age-Lehren. Für ihn ist die dritte Ebene, die Ebene des Lichts, relativ niedrig im riesigen Ausmaß der Dinge und in Bezug zur siebten Ebene. Dies ist aber die Ebene, über die die meisten New Ager schreiben und zu der sie ihre Leser und Schüler führen. Laut Ramtha ist es auch die Ebene des christlichen Himmels. Der christliche Gott wohnt dort. Der christliche Gott ist Licht. Der christliche Gott ist auch männlich, und über der dritten Ebene gibt es in Ramthas System keinen geschlechtlichen Unterschied.

6. In der Auseinandersetzung mit den niedrigeren Ebenen, den Licht- und Astralwelten, haben die Lehren eine eindeutige Verbindung mit den metaphysischen Bewegungen des zwanzigsten Jahrhunderts, wie dem Spiritismus und der Theosophie. Ramtha beschreibt diese Welten mit einer Reihe von Namen. Sein hauptsächlicher Unterschied gegenüber den traditionelleren Darstellungen dieser Ebenen betrifft die Art und Weise, wie man mit ihnen in Beziehung tritt.

7. In der Schöpfung und der Evolution des menschlichen Körpers bezieht sich Ramtha auf die biblische Schöpfungsgeschichte der ersten Kapitel der Genese. Er interpretiert die Schöpfungsgeschichtem als eine etwas verdrehte Beschreibung des tatsächlichen Vorgangs. Gott (d.h. die Götter) schufen Adam

(den menschlichen Körper) aus dem Lehm der Erde (den Partikeln von Energie und Materie). Die Götter formten den Menschen mach ihrem eigenen Bild (d.h. sie machten sich ein "Bild" von einem Körper basierend auf den Licht- und Astralkörpern, wie sie an dem Punkt existierten). Indem Ramtha den Bezug zu der Schöpfungsgeschichte herstellt, verbindet er seinen Schöpfungsmythos mit einem vertrauteren Mythos. Er interpretiert den Mythos aber in einer Weise, bei der er viele der männlichen Aspekte wegläßt. Die Existenz jenseits der dritten Ebene ist geschlechtslos, und beide Geschlechter werden gleichzeitig geschaffen. Dies ist besonders bedeutungsvoll für viele Schülerinnen. Hier benutzt Ramtha das Wort *Traum* mit der Bedeutung: im Bewußtsein und energetisierten Gedanken halten.

8. Schöpfungsgeschichte, 2:21-22

9. J.B. Phillips, *Ring of Truth,* 118-19. Siehe Karlis Osis und Eriendur Haraldson: *At the Hour of Death*, für eine Reihe von Berichten über die Todeserfahrung, einschließlich sehen des Astralkörpers.

10. Ich entdeckte, wie ähnlich die Astralebene und die Lichtebene sind, als ich Pastor war und meine Gemeinde wissen ließ, daß ich an ihren Erfahrungen als Christen interessiert war und sie bat, mir Dinge zu erzählen, die geschehen waren und ihren Glauben bestätigt hatten. Als sie sahen, daß ich zuhörte und ohne es abzuwerten oder mich darüber lustig zu machen Stellung nahm, erzählten sie mir unzählige Geschichten davon, daß sie Erscheinungen ihrer vor kurzem verstorbenen Verwandten gesehen hatten und innere Führung , Antworten, Gebete und Visionen von Engeln bekommen hatten.

11. Der Spiritismus des neunzehnten Jahrhunderts entstand als eine populäre religiöse Bewegung, die Leuten Zugang zu überlebenden Geistwesen bot auf der Ebene, die Ramtha als die Astralebene bezeichnen würde, und die begann Ebenen des Jenseits zu beschreiben, die man eigentlich für unzugänglich hielt. Durch Hellsichtigkeit und Telepathie lehrte sie auch Wege, durch die Leute Zugang zu den übersinnlichen Ebenen bekommen konnten, und zu diesem Zweck wurden übersinnliche Schulungen durchgeführt. Die Geistwesen förderten die Praktiken spiritueller Heilung. Die psychische Forschung hat diese

Gruppen studiert in der Hoffnung, daß sie etwas gefunden hätten. Traditionlle religiöse Gruppen jeder Art haben die Gültigkeit des Kontakts mit Geistwesen anerkannt, haben ihn geschätzt und einen Raum geschaffen für solche Kontakte. Sie haben auch heilige und übernatürliche Sprache (Wunder, Gaben des Heiligen Geistes etc) benutzt, um Kontakte zu beschreiben. Religiöse Leute neigen aber dazu, diese Ereignisse als zufällig, willkürlich (geschehen nur, wenn Gott entscheidet zu handeln) oder als die persönliche Fähigkeit von einzigartigen Leuten (Heiligen und Mystikern) anzusehen. Sie scheuen zurück vor jeglichem Versuch, diese außergewöhnlichen Erfahrungen zu alltäglichen Ereignissen zu machen, denn wenn Wunder anfangen würden, jeden Tag zu geschehen, dann würden sie aufhören Wunder zu sein. Dieser Unterschied in der Haltung gegenüber spirituellen Erfahrungen schafft einen großen Unterschied im Lebensstil derer in metaphysischen Traditionen und denen, die an mehr traditionellem Glauben festhalten, besonders dem westlichen Theismus.

Angesichts dieser Tatsache kann man den eigenartigen Platz sehen, den der Pentecostalismus in der religiösen Welt geschaffen hat. Pentecost-Kirchen sind absolut orthodox im allgemeinen Glauben und dessen Ausübung. Sie legen auch großen Wert auf das aktive Leben jedes Mitglieds mit dem Heiligen Geist. Als ein Zeichen dafür, daß der Geist im Innern wohnt, erwartet man von ihnen, daß sie andere Sprachen sprechen. Als ein weiteres Zeichen der Anwesenheit des Geistes manifestieren Mitglieder Gaben des Geistes, wie zum Beispiel das Wort der Weisheit (was für einen Außenstehenden sehr der Telepathie und Hellsichtigkeit ähnelt), den Prophezeihungen (was der Vorahnung gleicht) und der göttlichen Heilung (was der übersinnlichen Heilung gleicht). Großer Wert wird auf die Ausübung dieser Gaben während des Gottesdienstes und anderen weniger formalen Versammlungen gelegt. Man sagt, daß Wiederbelebungen geschehen, wenn eine reiche Manifestation der Gaben an einem besonderen Ort und zu einer besonderen Zeit geschieht. Geistliche (wie Oral Roberts), die regelmäßig solche Gaben demonstriert haben, bekommen den höchsten Status. Das andere Extrem sind Geistliche, die nicht in der Lage waren, solche Gaben regelmäßig zu demonstrieren und versuchten, ihren Status durch die Anwendung dieselben mentalen Tricks zu erreichen, die zuvor von vorgetäuschten spiritistischen Medien benutzt wurden, um den Anschein zu erwecken, daß solche Gaben in ihrem geistlichen Amt existierten.

12. Indem er "primitive" Menschen beschreibt, hat Ramtha eine Gelegenheit das Thema einzubringen, das hinter seinen Lehren steht und auf den höheren Ebenen wichtig wird. *Homo erectus* war nach heutigen Maßstäben nicht schön, aber Schönheit muß man als relativ verstehen, relativ im Bezug auf das Diktat der Gesellschaft. In vielen Bereichen haben Ramthas Schüler Erfahrungen und entwickeln Muster, die sie von der Norm absetzen. Man kann der Meinung sein, daß sie sich mit merkwürdigen Gedanken und Praktiken beschäftigen. Wenn sie aber ihre Perspektive verändern, lernen sie auch, daß eine gewisse äußerliche Erscheinung unwichtig ist. Dieser Gedanke erscheint auch in vielen Formen in vielen Glaubensrichtungen.

Kapitel 6

1. Für ein traditionelleres Verständnis der Chakren siehe Charles W. Leadbeater, *Die Chakren*, Anodea Judith: *Wheels of Life: A User's Guide to the Chakra System*, Zacher F. Landsdowne: *The Chakras and Esoteric Healing*, und Peter Rendel: *Introduction to the Chakras* . Obwohl die Existenz von zehn Chakren in der technischeren Literatur erwähnt wird (dargestellt an verschiedenen Stellen des Körpers je nach dem, ob der Körper sitzend oder stehend dargestellt wird), so werden gewöhnlich nur sieben Chakren beschrieben und in den theosophischen Lehren benutzt.

2. Der Gedanke der Kundalini wurde im Westen im späten neunzehnten Jahrhundert eingeführt und wurde in Büchern der Theosophischen Gesellschaft veröffentlicht. In "The Hindu System of Medicine", einem hervorragenden Essay von B.D. Basu, veröffentlicht in *Guy's Hospital Gazette* (London, 1889), wurde ein früher Versuch gemacht, das tantrische Verständnis des Körpers und das Chakrensystem zu dem menschlichen Nervensystem in Beziehung zu setzen. In traditionellen Lehren wird die

Kundalini-Energie auf zwei verschiedene Weisen geweckt. Der Yogi kann eine Kombination von Hatha Yoga Stellungen (*Asanas)* durchführen, Atmung (*Pranayama*) und verschiedene Kombinationen von Konzentration und Meditation. Oder der Schüler kann zu einem Guru (Lehrer) gehen, der die Kundalini durch einen Prozeß genannt *Shaktipat* psychisch stimuliert und so erweckt. Ramtha lehrt keine *Asanas*, und er meidet speziell die Meditation zu Gunsten der Konzentration.

Ein amerikanischer Lehrer, Pierre Bernard (1875-1955), bei seinen Anhängern auch bekannt als Oom the Magnificent (Oom der Herrliche) lehrte eine Form von Kundalini in der ersten Hälfte des zwanzigsten Jahrhunderts in seinem Ashram in Long Island. Aber erst in den 60er Jahren begannen Gurus, die Kundalini Yoga lehrten, den Gedanken in Nord Amerika populär zu machen. Der Erste war wohl Yogi Bhajan, Führer der Sikh Dharma. Ihm folgte eine Reihe von Gurus wie Yogi Desai, Swami Muktananda und Pandit Gopi Krishna. Gopi Krishna versuchte weiter zu gehen als Basu, indem er eine biologische Basis der Kundalini vertrat. Siehe Gopi Krishna: *The* Biological *Basis of Religion and Genius.*

3. Was in dem folgenden Text zusammengefaßt ist, wird Schritt für Schritt mit präzisen Instruktionen gelehrt. Da dieses Buch nicht als C&E Anleitung gedacht ist, habe ich mich darauf konzentriert, die gesamten Übungen zu präsentieren und ihre Absicht zu analysieren.

4. Es gibt eine umfangreiche Literatur über Kirlian Photographie, aber eine Zusammenfassung und eine Liste relevanter Forschung ist in Henri. E. Montandon: "Psychophysiological Aspects of the Kirlian Phenomenon: A Confirmatory Study", *Journal of the American Society for Psychical Research* 71, no. 1 (Januar 1977): 45-49.

5. An diesem Punkt setzt Ramtha sein Verständnis von dem Energiefeld um den Körper in Beziehung zu dem elekromagnetischen Spektrum, den verschiedenen Formen, die die strahlende Energie annimmmt, wenn sie durch Zeit und Raum geht. In der Reihenfolge abnehmender Energie werden die Hauptformen der Strahlung genannt: *Gammastrahlen, X-Strahlen (Röntgenstrahlen), Ultraviolet, sichtbares Licht, Infrarot, Micro*

und Radio. Max Plank führte den Gedanken ein, daß Strahlungsenregie am besten verstanden werden kann als das Ausstrahlen von winzigen Mengen, d. h. *Quanten*, und Einstein sagte, daß Quanten am besten verstanden werden können als Teilchen, die er *Photon* nannte. Die Energie eines jeden Photons steht in direktem Bezug zu der Frequenz der damit verbundenen Strahlung.

6. Diese Übung, beobachtet in Tibet, wurde von Alexandra David-Neel beschrieben in *Magic and Mystery in Tibet.*

7. Dies wurde auf dramatische Weise in der *Star Trek* Episode mit dem Titel:Wink of an Eye" dargestellt, wo Captain Kirk und die Crew der *Enterprise* einen Planeten besuchen, von dem sie einen Notruf erhalten hatten, nur um festzustellen, daß er unbewohnt war. Bei dem Versuch das Problem zu lösen, trinkt Captain Kirk Kaffee, der mit dem lokalen Wasser hergestellt wurde. er schien zu verschwinden, aber in Wirklichkeit beschleunigte sich seine Stoffwechselrate und entsprach der Rate des Bewohner des Planeten. Sie bewegten sich (vibirierten) so schnell, daß sie unsichtbar waren für die sich langsam bewegende Mannschaft. Sie konnten die Mannschaft des Raumschiffs sehen, aber die Mannschaft konnte die Einwohner nicht sehen, obwohl sie den gleichen Raum einnahmen. Versuche verbal mit der Crew zu kommunizieren, wurden nur als brummende Geräusche wahrgenommen, wie wenn man eine Schallplatte in der falschen Geschwindigkeit abspielt. Schließlich war Kirk in der Lage eine Nachricht zu schreiben und sie der Mannschaft zu hinterlassen, die sie fand, das Problem löste und ihren tapferen Captain zurückbekam.

8. Siehe zum Beispiel die Aussagen auf Ramthas Audiokassette *The Emotional Body,* 5. September 1994, Ramtha Dialogues. Obwohl ich keine wissenschaftlichen Behauptungen für die berichteten Heilungen aufstelle (sie sind zu neu und noch nicht unabhängig dokumentiert), so sind es dennoch interessante und aufregende Geschichten, wie alle Berichte von Leuten, die durch ihre Hinwendung zum spirituellen Reich geheilt wurden. Ich muß zugeben, ich war sehr beeindruckt, als ich die neuen, zur Hälfte nachgewachsenen oberen Vorderzähne einer Frau sah, die freundlicherweise ihren Abend unterbrochen hatte, um mich zu treffen.

Kapitel 7

1. Eine populäre Schreiberin des *Golden Thread,* Kathy Arnold, hat *Manifestations of Greatness* veröffentlicht, eine Zusammenstellung ihrer Kolumnen, die auf den Erfahrungen mit Ramtha basieren.

2. J. Gordon Melton und Robert L. Moore: *The Cult Experience: Responding to the New Religious Pluralism.* Zu den Lebensphasen siehe Daniel J. Levison: *The Seasons of a Man's Life,* oder die populären Bücher, die auf seinen Erkenntnissen basieren.

3. Die Midlife-Krise als Phänomen wurde zunächst in den 60er Jahren erkannt und wurde in den 70ern allgemein anerkannt. Der Begriff bezieht sich auf erfolgreiche Manager, die frustriert waren von ihren Karrieren und plötzlich, oftmals ohne Freunde oder Kollegen zu warnen, ihren Tätigkeiten aufgaben und in völlig fremden Bereichen Arbeit suchten. Oftmals machten sie sich selbstständig. Andere machten traumatische Scheidungen durch und begannen das zu leben, was ihre Freunde als starke Phantasien ansahen, und sie veränderten ihr gesellschaftliches Leben vollkommen. Frauen gehen oftmals durch diesen Übergang als Anpassung an die Tatsache, daß ihre jüngsten Kinder das Haus verlassen. Unter Ramthas Schülern sind mehr Frauen als Männer, im Verhältnis 3 zu 1.

4. Constance Jones, "Students in Ramtha's School of Enlightenment: A Profile from Demographic Survey, Narrative, and Interview", ein Papier vorgetragen bei der Konferenz "Auf der Suche nach dem Selbst", Yelm, Washington, 8-9-Februar 1997 (erscheint in Kürze).

5. Einige von Ramthas Kommentaren über UFOs wurden veröffentlicht in *UFOs und die Beschaffenheit der Wirklichkeit ISBN 3-89539-055-0*, ed. Judi Pope Koteen.

6. Siehe auch Frank Don: *Earth Changes Ahead*, und Hugh Lynn Cayce: *Earth Changes Update.*

7. *Ich bin Ramtha 3-89539-063-1,* ed. Cindy Black, Richard Cohn and Greg Simmons, 76-77. Gemäß meinen eigenen Beob-

achtung des New Age kamen die schrecklichsten Voraussagen über die Erdveränderungen von der Autorin und Channel Ruth Montgomery, die eine Polarverlagerung im Jahre 1999 vorhersagte, die das Neue Zeitalter einleiten wird, indem dadurch die Mehrheit der Erdbevölkerung getötet würden. Siehe Ruth Montgomerys *Aliens Among Us.* Es sind diese äußerst schreckllichen apokalyptischen Vorhersagen, auf die Ramtha zu reagieren scheint.

8. *Ramtha Intensiv: Wendezeit ISBN 3-89539-052-6., ed. Steven L. Weinberg, Carol Wright und John Clancy.* Als Einwohner von Santa Barbara, Kalifornien, dachte ich, daß es anscheinend mehr als an Zufall war, daß ich die Nachforschungen für mein Buch begann, kurz nachdem ein großes Feuer in Santa Barabara mehr als 500 Häuser verbrannt und nur zwei Blocks entfernt von meinem Büro stattgefunden hatte. Und zu den Ereignissen in dem nahegelegenen Los Angeles zählten ein größeres Erdbeben und vernichtende Feuer und Überschwemmungen, die einen Teil von Malibu zerstörten. Während ich im Januar 1995 an diesem Kapitel arbeitete, füllte ein größeres Erdbeben mit dem Zentrum in Kobe, Japan, die Nachrichten; es hatte zufällig am ersten Jahrestag des Erdebebens in Los Angeles stattgefunden. Gleichzeitig gab es im Staat von Kalifornien und besonders in Santa Barbara große Überschwemmungen aufgrund von ununerbrochenen Regenfällen während zwei Wochen. JZ erinnerte mich ruhig daran, daß diese Ereignisse die Worte Ramthas bestätigten.

9. Typisch war die Situation der Schauspielerin Linda Evans. In genauen Einzelheiten erzählte sie mir von dem Bruch ihrer Ehe mit John Derek und wie sie mitten in ihren Versuchen, ihr Leben in den Griff zu bekommen, Teil des New Age-Milieus wurde. Ein großer Teil ihres Selbstimages basierte auf ihrer Beziehung mit ihrem Ehemann, und, wie sie es später beschrieb: "Ich wollte etwas in mir finden, das ohne Mann okay war." Nach zehn Jahren des Suchens, in denen sie wenig mehr entdeckte als Pflaster, um vorübergehend den Schmerz zu betäuben, entdeckte sie Ramtha, und sie und JZ wurden schließlich Freundinnen. In den späten 80er Jahren kaufte sie ein Haus in der Nähe von Tacoma und zog sich schließlich ganz aus Beverly Hills zu-

rück und zog als aktive Schülerin fest nach Washington. Siehe Jean-Noel Bassior: Talking with Linda Evans: A Psychic Changed my Life", *Redbook*, Mai 1988, 86-88.

Einige der Sorgen darüber, daß Schüler nach Washington ziehen, wurden verstärkt durch die gleichzeitigen Erreignisse um das Bemühen, Rajneeshpuram aufzubauen, eine Stadt für Anhänger des indischen spirituellen Lehrers Rajneesh (Osho), und die Entwicklung einer Gemeinde von Mitgliedern der Church Universal and Triumphant in einem Tal direkt nördlich vom Yellowstone Park in Montana. Die meisten Sorgen richteten sich auf Anti-Entwicklungs-Interessen in verschiedenen Gemeinden, die den Zustrom von Leuten in eine ihrer Meinung nach stabile ländliche Gegend stoppen wollten.

10. Wenn auch höchst untypisch, im Jahre 1990 begannen Schüler unterirdische Bunker zu bauen, ein Projekt, daß aufgegeben wurde, nachdem es aufgedeckt und in der Presse veröffentlicht worden war.

11. Meine inoffiziellen Beobachtungen wurden bestätigt in der Gemeindestudie von Charles LeWarne aus dem Jahre 1996 : "The Pride of the Prairie Encounters Ramtha", präsentiert bei der Konferenz "Auf derSuche nach dem Selbst", Yelm, Washington, 8-9. Februar 1997. Er bemerkte, daß die Ängste und der Ärger, der während der ersten Jahre der Schule zum Ausdruck gebracht wurde, zu Nichts geführt haben. Er fügte hinzu: "Die Ramtha-Schüler haben einen Grad von Akzeptanz in verschiedenen Aspekten des Gemeindelebens erreicht, obwohl sie auch eine Wirkung auf dessen Veränderung hatten.

12. Ramthas Verständnis von Einer Weltordnung ist in dem Anfangsteil von *Der letzte Walzer der Tyrannen ISBN 3-89539-051-8*, ed. Jodi Pope Koteen. Mit der Rothschild-Verschwörungstheorie ist oftmals ein heftiger Antisemitismus verbunden, und im späten zwanzigsten Jahrhundert auch mit einer politischen Opposition gegenüber den Vereinten Nationen. Es spricht für Ramtha, das nichts von beidem vorhanden ist.

13. Klimo *Channeling: Investigations on Receiving Information from Paranormal Sources.*

14. Im Bezug auf Anschuldigungen ehemaliger Schüler siehe Leslie Brown: "Ramtha's New Age Shrouded in Doom",

The Morning News Tribune, 24. Mai 1992. Es gab einigen Grund für die Beschwerden. Erstens gibt es mit Sicherheit Leute in der Schule, die um JZs Aufmerksamkeit konkurrieren. Das ist fast eine Tatsache. Es passiert seit JZ ihren Berühmheitsstatus bekam und wird sich leider für den Rest ihres Lebens fortsetzen. Im Vergleich zu Führern anderer neuer Religionen, die ich studiert habe, haben Knight/Ramtha wenig getan, um so eine Konkurrenz zu fördern, und ich finde das kleine Element von Wahrheit an dieser Beschwerde ist wenig Grund, JZ oder die Schule zu kiritisieren. Zweitens hat sich die Schule als Mysterienschule entwikkelt, und zu so einer Schule gehört ein hoher Grad von Geheimhaltung, der in den frühen 80er und Mitte der 80er Jahre nicht vorhanden war. Man kann sicherlich dieser Meinung sein, und ich bin sehr dafür, daß spirituelle Angelegenheiten kein Geheimnis sein sollten, daß alle Lehren zu jeder Zeit für jeden Suchenden zur Verfügung stehen sollten. Aber dennoch, das ist eine Angelegenheit, über die ehrliche und hingebungsvoll spirituelle Menschen unterschiedlicher Meinung sind, und es gibt gute Argumente auf beiden Seiten. Man kann auch die Bitterkeit einiger verstehen, die glaubten, daß die Gruppe von einer offenen zu einer mehr geschlossenen Haltung übergegangen war.

Während und unmittelbar nach dem Prozeß von 1992, dessen Verhandlungen wochenlang die Titelseiten der Presse füllten, war JZ, was zu erwarten war, etwas verärgert darüber, daß sie mit ihrem Ex-Mann eine öffentliche Tortur durchmachen mußte. Ich stellte fest, daß Schüler sich Sorgen wegen der Verhandlungen machten, aber wenn auch ein paar in den Gerichtssälen saßen, so waren die meisten doch ziemlich gleichgültig. Sie lasen die Zeitungen und sahen die Nachrichten im Fernsehen und waren leicht verärgert darüber, daß das Bild, das in den Medien vermittelt wurde, nicht ihrer Erfahrung mit der Schule entsprach. Einige brachten ihre Verletztheit zum Ausdruck darüber, daß Nachbarn sie mieden oder *schlecht* von ihnen sprachen, nur weil sie die Schule besuchten; sie schienen aber gelernt zu haben, so ein Verhalten gelassen zu nehmen.

15. Der Begriff *Aufstieg* wurde vor allem von Guy W. Ballard benutzt, dem Gründer der I AM Bewegung in den 30er Jahren und von dieser sowie einer damit verwandten I AM Grup-

pe (Church Universal and Triumphant) wurde der Gedanke weitergegeben und wurde populär in der New Age-Bewegung. Der Aufstieg ist ein christliches Thema, das gnostische Gruppen in gewisser Weise anspricht, die den Gedanken der Wiederauferstehung des Körpers im orthodoxen christlichen Sinne ablehnten. Zum Beispiel präsentiert die I AM Bewegung jeden Sommer einen Wettbewerb am Mount Shasta, Kalifornien, in Bezug auf das Leben Jesu. Die Geschichte bewegt sich bei dem Wettbewerb entsprechend den I AM Lehren vom Abendmahl des Herrn direkt zur Himmelfahrt, wobei jegliche Erwähnung der Kreuzigung ausgelassen wird. Über den Gebrauch des Aufstiegs im New Age heute siehe Joshua David Stone, *The Complete Ascension Manual for the Aquarian Age*, Joannna Cherry, *Ascension for You and Me,* und Tony Stubbs, *An Ascension Handbook.*

16. *Ramtha ISBN 3-89539-050-X*, ed. Weinberg, 71

Kapitel 8

1. Es scheint, wenn man Raschkes kritische Fähigkeiten beiseite stellt sowie die beständigen Berichte derer, die diese Berichte tatsächlich untersucht hatten, daß Raschke die Aussagen verschiedener Leute bezüglich der Realität des Satanismus in Amerika für bare Münze nahm. Im Laufe der 80er Jahre hatten sich mehrere Ordnungsbeamte und Gelehrte auf die Suche nach den Satanisten gemacht, und kamen immer wieder mit Geschichten hervor, die sich bei genauer Prüfung von außen in nichts auflösten. Vor kurzem haben zwei staatlich finanzierte Forscher, Philip Shaver von der Universität von Kalifornien und Davis und Pamela Freyed von der False Memory Syndrom Foundation (Falsches Erinnerungssyndrom-Stiftung) eine bundesweite Untersuchung durchgeführt, und nachdem sie 12.000 Fälle untersucht hatten, konnten sie keinen einzigen mit einer echten Basis finden.

2. Katherine Lowry: "Channelers", *Omni 10,* (März 1988): 46-50, 146-50.

3. Texe Marrs: *Secrets of the New Age*, 95-96, und *Mystery Mark of the New Age,* 117

4. Lowry "Channelers", *Omni,* 146

5. Klimo: *Channeling: Investigations on Receiving Information from Paranormal Sources*, 342.

6. Ibid., 44. Dies war eine Ansicht die Steven Bakker, der ehemalige Ramtha - Mitarbeiter, der in *20/20* erschien, immer wieder vorbrachte. Siehe auch Allen Spraggett, *Arthur Ford, the Man Who Talked with the Dead.*

7. Die Geschichte von JZs Begegnung und Ehe mit Jeff Kight wird in einem gewissen Maß in ihrer Autobiographie *A State of Mind* erzählt. Sie und Jeff teilten ein Interesse an spirituellen Dingen und eine Leidenschaft für arabische Pferde. An einem Punkt glaubte sie, daß er ihr Seelengefährte sei. Viele Leute in den spirituellen Bewegungen und anderen parapsychologischen Gruppen haben die Existenz einer Person vertreten, mit der man (die Erklärungen sind unterschiedlich) eine kosmische Beziehung hat. Das Zeichen für einen Seelengefährten ist gewöhnlich eine Mischung aus intensiver Leidenschaft und einer Gemeinsamkeit auf einer mehr sprirituellen Ebene. (Ramtha zu dem Thema vielen Leuten vorgestellt in *Seelengefährten 3-89539-053-4.*) Nach einer leidenschaftlichen Beziehung setzte sich leider Jeff Knights bisexuelle Anlage durch, und er begann neue Beziehungen in der homosexuellen Szene zu haben, was er JZ verheimlichte. Er bekam auch AIDS, und selbst als er von seiner Krankheit wußte, setzte er sie der Ansteckung aus. Sie wurden 1989 geschieden. Zum Zeitpunkt ihrer Trennung erhielt er die Bargeldreserven und zog weg von der Ranch, während sie alle Schulden übernahm, die durch das Scheitern des Geschäfts mit den arabischen Pferden entstanden waren, und die eine siebenstellige Zahl erreicht hatten. Die letzten Jahre von Jeff Knights Leben (er starb 1994) wurden mit dem Streit um das Scheidungsurteil aufgrund von JZs beachtlicher Erholung verbracht, obwohl seine Bemühungen von den Gerichten abgelehnt wurden

8. Ken Harrell: "Psychic Ordered Linda Evans to Rub Her Face in Horse Dung - And She Did." *Globe,* 14. Juli 1992, 19.

9. Mit wenigen Ausnahmen haben selbst die Anschuldigungen von Unehrlichkeit von den Führern nichts zu tun mit den Gruppen oder den Führern. Es sind lediglich Aussagen der

Nichtgläubigen, daß sie die Religion für nicht glaubhaft halten. Es ist oft so, daß religöse Mythen unkonventionelle Aussagen enthalten, die, wenn man sie aus dem Zusammenhang nimmt, irrational, sonderbar, albern oder im direkten Gegensatz zum gesunden Menschenverstand klingen. In den 40er Jahren hat der Staatsanwalt von Los Angeles die Führer der extravaganten I AM Religious Activity genau mit diesem Argument ins Gericht genommen. Die Ideen von I AM waren so lächerlich, behauptete er, daß sie niemand glauben konnte. Deswegen müßten Guy und Edna Ballard unehrliche Führer sein, die die Öffentlichkeit täuschten. Der Fall rief die berühmte Meinung des Richters des Obersten Gerichts Douglas hervor: daß man den religösen Glauben einer Person, egal wie sonderbar er uns in dem Moment erscheint, nicht vors Gericht bringen könnte. Leute, die je versucht haben zu erklären, warum sie glauben, daß ein dreiunddreißigjähriger ungebildeter Zimmermann, der vor zweitausend Jahren als Verbrecher getötet wurde, tatsächlich der Schlüssel für den Sinn im Universum ist, können verstehen, wie Leute, die nicht im christlichen Umfeld aufgewachsen sind, ernsthaft denken können und Gesetze erlassen basierend auf dem Denken, daß die einzige Möglichkeit, wie Missionare Leute bekehren konnten, war, daß sie sie mit Geld belohnten.

10. Jean-Noel Bassoir:"Linda Evans und JZ Knight", *Body, Mind and Spirit* 50
(Mai/Juni 1992): 45

11. JZ bot an, das Geld an alle Investoren zurückzuzahlen. Viele akzeptierten. Andere, die noch aktiv in der Schule waren, lehnten es ab, Geld zu nehmen mit der Bemerkung, sie hätten mit offenen Augen investiert und wüßten von dem Risiko. Sie hatten das Gefühl, es sei ihre Verantwortung und nicht die von JZ, ihre Verluste auszugleichen. Eine kleine Gruppe lehnte JZs Angebot ab und beschloß, sich neu zu organisieren und etwas aus ihrer Investition zu beziehen.

12. Ramtha: *Liebe Dich selbst ins Leben ISBN 3-89539-062-3*, ed. Weinberg, 217, 214

13. Die Haltung reflektiert den Westminster Katechismus, der das Ziel des Lebens darin sieht, für immer Gott zu dienen und Freude an Gott zu haben.

14. *C&E Workshop für Anfänger,* 15. Oktober 1994, Ramtha Dialogues, Audiokassette.

15. Catherine Collins und Douglas Franz: "Let Us Pray" : *Modern Maturity* 22 (Juni1994): 22, John Crutcher:"Ramtha, the Enlightened One?" Teil 1 und 2, *Common Ground* 10 (Juli 1995): 24-27, 38-39, (August 1995), 21 - 25, 35.

16. Berichtet in Stanley Krippner et al. "Channeling Ramtha: Psychlogical and Phenomenological Data", und Ian Wickramsekera et al. "On the Psychlogy of Ramtha's School of Enlightenment", Papiere vorgetragen anläßlich der Konferenz "Auf der Suche nach dem Selbst", Yelm, Washington, 8-9 Februar 1997.

Epilog

1. Ich warne New Ager, daß die Schule kein netter Ort ist, sie ist kein Ort der Sanftheit und des Lichts, und sie ist gewiß nicht für jeden. Sie ist anstrengend, ihre Disziplinen sind intensiv und keinem wird erlaubt, sich auf seinen Lorbeeren der Vergangenheit auszuruhen. Sie ist sehr anders als New Age Workshops, und die Teilnahme wird ganz anders sein als bei der letzten Sitzung mit einem Channel. Sie ist etwas Neues am metaphysischen Horizont. Sie sind gewarnt.

2. Dieser oberflächlilche Ansatz war bei den einzelnen beobachteten Gruppen unterschiedlich. Die Mormonen und die Zeugen Jehovas, große Gruppen mit Variationen der bekannten calvinistischen Theologie, wurden eingehender studiert, aber nur wenige nahmen sich die Zeit, auch nur den grundlegenden theologischen Rahmen esoterische und nichtchristlicher Gruppen zu verstehen. Ich erinnere mich immer noch an den intensiven Austausch, den ich mit einem Kollegen hatte, der über neue Religionen schrieb. Er hatte ein absolut schreckliches Buch geschrieben, und in einem Stück, das ich schrieb, bemerkte ich, daß ich es nicht empfehlen konnte, weil es viele Fehler enthielt. Er schrieb mir einen wütenden Brief von der Sorte, die ich gewöhnlich ignoriere, aber dieser erwischte mich an einem selten ruhigen Tag, und so antwortete ich. Ich nahm ein Kapitel des Buches und auf sechs Seiten mit einfachem Zeilenabstand führte

ich die Vielzahl der sachlichen Fehler an (ohne die wesentlichen Auslassungen zu erwähnen), und bemerkte dann, daß ich dies mit jedem Kapitel tun könnte, wobei jedes einen neue Religion abhandelte.

3. Jedes Mal, wenn ein Vertrauensbruch geschieht, wird es umso schwerer für die nächste Person, die Zugang zu der Gruppe sucht. So ein Bruch kann geschehen, wenn ein Gelehrter das Vertrauen der Gruppe nur mit der Absicht gewinnt, die Information als Angriff zu benutzen oder die Gruppe in einer polemischen Weise zu exponieren.

Anhang

1. Über den Ursprung und die Geschichte des Gnostizismus siehe Kurt Rudolph, *Gnosis: The Nature and History of Gnosticism,* Charles W. Hedrick und Robert Hodgson, Jr. eds., *Nag Hammadi, Gnosticism and Early Christianity,* Robert M. Grant, *Gnosticism: A Source Book of Heretical Writings from the Early Christian Period,* und Antoine Faivre, *Access to Western Esotericism.* Immer noch wertvoll ist die klassische Studie von Hans Jonas: *The Gnostic Religion: The Message of the Alien God and the Beginnings of Christianity.* Seit dem Fund von Nag Hammadi sind die Studien des Gnostizismus aufgeblüht, und oft erscheinen neue Bücher und Artikel. Für Texte über die gnostischen Gospel .siehe Edgar Hennecke, ed. *New Testament Apocrypha, vol. I, Gospels and Related Writings.*

In den Episteln des Paulus werden gewisse Lehren, die man später als gnostisch identifizierte, stark verdammt. In dem Brief an die Kolosser zum Beispiel warnt er davor, sich von beeindruckenden Worten, Philosophie und menschlichen Traditionen, einschließlich der Verehrung der Engel, verführen zu lassen (2:18). Die ersten Briefe des Johannes ermahnen die Kirche, Geistwesen zu testen (d.h. falsche Propheten), und der Test sollte sein, ob sie leugnen, daß Jesus im Fleisch gekommen ist, eine grundlegende gnostische Einstellung. Andere haben das gesamte erste Kapitel des Johannes-Evangeliums als antignostischen Text angesehen, indem einige der Schlüsselworte (wie das griechische *logos* oder “Wort”) genommen wurden und gegen sie verwendet wurden. Noch andere haben den Ursprung des Gnostizismus auf Simon Magus zurückgeführt (Abschnitte 8:9-24).

2. Ich finde die Argumente, die den christlichen Ursprung des Gnostizismus unterstützen am überzeugendsten. Der Gnostizismus scheint höchstwahrscheinlich in der Kirche entstanden zu sein als ein Ausdruck der Erlösungslehren und hat später ein Eigenleben angenommen und entwickelte viele Formen, die nicht unbedingt auf dem Christentum beruhen. Siehe *Irenaeus of Lyons versus Contemporary Gnosticism,* ed. J.T.Nielsen, der alle relevanten gnostischen Texte abdruckt, die Irenaeus zitiert.

3. Der valentinische Mythos ist aus dem *Gospel der Wahrheit.* Siehe Kendrick Grabel, ed. *The Gospel of Truth,* oder Hennecke, ed. *New Testament Apocrypha.*

4. Dualistische Systeme sehen die Welt geteilt in zwei etwa gleiche Kräfte von Gut-Böse oder Licht-Dunkel, wobei die Menschheit an der Front der Schlacht gefangen ist. Siehe George Widengren, *Mani and Manichaeism.*

5. Milan Loos, *Dualistic Heresy in the Middle Ages.*

6. Vergleiche Israel Regardie, *The Garden of Pomegranates* und *The Middle Pillar: A Co-relation of the Principle of Analytic Psychology and the Elementary Technique of Magic.*

7. Zitiert in Grillot de Givry, trans., *A Pictorial Anthology of Witchcraft, Magic and Alchemy,* 349, 350. Über die Geschichte der Alchemie siehe Mircea Eliade, *The Forge and the Crucible,* Antoine Faivre, *The Golden Fleece and Alchemy*, und Allison Coudert, *Alchemy: The Philosopher's Stone.*

8. Dies berühmte Manuscript von Abraham dem Juden (b. 1362) wurde in das Buch von Abraham ben Simeon von Worms (15. Jahrhundert) aufgenommen und ist übersetzt und verbreitet worden von S.L. Mac Gregor Mathers als *The Book of the Sacred Magic of Abra-Melin the Mage...* und existiert jetzt in verschiedenen Ausgaben.

9. de Givry, 366

10. Es gibt noch ein paar zeitgenössische Vertreter der Alchemie, und der Psychotherapeut Carl G. Jung untersuchte alchimistische Texte wegen ihres Wissens vom Unterbewußtsein.

Für heutige Spekualtionen siehe J. H. Reyner, *The Diary of a Modern Alchemist*, Armand Barbault, *Gold of a Thousand Mornings,* und Frater Albertus, *The Alchemist of the Rocky Mountains.*

11. Hermes Trismegistus, *Dreifach-Größter Hermes,* Übersetzung G.R.S. Mead. Für eine englische Übersetzung der Hermes Texte (einschließlich *Poimandres*) siehe Hermes Trismegistus, *Hermetica: The Ancient Greek and Latin Writings...,*Übersetzung Walter Scott oder in dt. Übersetzung von M. Miller (bisher unveröffentlichtes Manuskript, Michaels Verlag, 86971 Peiting). *The Emerald Tablet* war vorher nur durch den Kommentar aus dem zwölften Jahrhundert bekannt, und sein altes Datum ist größtenteils eine Mutmaßung.

Bibliographie

Ramtha's School of Enlightenment

Bücher

Arnold, Kathy. Manifestations of Greatness. Yelm, Wash.: K. Arnold, 1996.

Harding, Khit. RAMTHA DAS EIGENE WERDEN, ISBN 3-89539-058-5, Edition Ramtha Bd. 9, im IN DER TAT VERLAG, 86971 Peiting.

—. RAMTHA DAS MANIFESTIEREN, ISBN 3-89539-059-3, Edition Ramtha Bd. 10, im IN DER TAT VERLAG, 86971 Peiting.

Kerins, Deborah. DER GESCHICHTENERZÄHLER, ISBN 3-89539-057-7, Edition Ramtha Bd. 8, im IN DER TAT VERLAG, 86971 Peiting.

Knight, J. Z. A State of Mind: My Story. New York: Warner Books, 1987.

Mahr, Douglas. Destination Freedom: A Time-Travel Adventure. 2 vols.

Englewood Cliffs, N.J.: Prentice-Hall, 1988-89.

—. Voyage to the New World—. Friday Harbor, Wash.: Masterworks, 1985.

Michael. RAMTHA-UNSER LEBEN, ISBN 3-89539-061-5, Edition Ramtha Bd. 12, im IN DER TAT VERLAG, 86971 Peiting.

Ramtha (Spirit), [channeled by] J. Z. Knight. ICH BIN RAMTHA, ISBN 3-89539-063-1, Edition Ramtha Bd. 14, im IN DER TAT VERLAG, 86971 Peiting.

—.DER LETZTE WALZER DER TYRANNEN, ISBN 3-89539-051-9, Edition Ramtha Bd. 2, im IN DER TAT VERLAG, 86971 Peiting.

—.LIEBE DICH SELBST INS LEBEN, ISBN 3-89539-0062-3, Edition Ramtha Bd. 13, im IN DER TAT VERLAG, 86971 Peiting.

—. Ramtha (das große weiße Buch), ISBN 3-89539-050-X, Edition Ramtha Bd. 1, im IN DER TAT VERLAG, 86971 Peiting.

—. Ramtha:EINE EINFÜHRUNG, ISBN 3-89539-054-2, Edition Ramtha Bd. 5, im IN DER TAT VERLAG, 86971 Peiting.

—. Ramtha Intensiv: WENDEZEIT, ISBN 3-89539-052-6, Edition Ramtha Bd. 3, im IN DER TAT VERLAG, 86971 Peiting.

—. Ramtha Intensiv: SEELENGEFÄHRTEN, ISBN 3-89539-053-4, Edition Ramtha Bd. 4, im IN DER TAT VERLAG, 86971 Peiting.

—. UFOs und die Beschaffenheit von Wirklichkeit, ISBN 3-89539-055-0, Edition Ramtha Bd. 6, im IN DER TAT VERLAG, 86971 Peiting.

—. FINANZIELLE FREIHEIT, ISBN 3-89539-056,9, Edition Ramtha Bd. 7, im IN DER TAT VERLAG, 86971 Peiting.

CD

RAMTHA - DER RUF AUS DER STILLE, Meditationen, Texte u.a. aus dem großen weißen Buch RAMTHAS, ISBN 3-89539-064-X, Edition Ramtha Bd. 15, im IN DER TAT VERLAG, 86971 Peiting, 1999.

Videokassetten (Herausgegeben von Ramtha Productions)

Audience with Ramtha, 1984

Change: The Days to Come, 1986.

The Next Step: Super Consciousness, 1986.

The Power to Manifest, 1987.

Ramtha and His Teachings, 1986.

Audiokassetten(Herausgegeben von Ramtha Dialogues)

Advanced C & E Workshop, April 27-28, 1991.

Beginning C & E Workshop, February 3-4, 1990.

Beginning C & E Workshop, February 5-6, 1994.

Beginning C & E Workshop, October 15, 1994.

The Emotional Body, September 5, 1994.

An Evening with Ramtha, February 3, 1989.

Selected Stories, 1989.

Yahweh-Jehovah, 1982.

Artikel

Anderson, Rick. "While She Tuned to the Spirit, They Repo'ed Her Rolls." The Seattle Times, April 18, 1988.

Bassior, Jean-Noel. "Linda Evans and JZ Knight." Body, Mind and Spirit 11, no—. 3 (May/June 1992): 44-47.

—. "Talking with Linda Evans: A Psychic Changed My Life." Redbook, May 1988, 86-88.

Brown, Leslie. "Ramtha's New Age Shrouded in Doom." [Tacoma, Wash.] The Morning News Tribune, May 24, 1992.

Carlton, Jim. "Picking Up Roots to Follow Ramtha." The Orange County [Calif.] Register, December 29, 1986.

Collins, Catherine, and Douglas Franz. "Let Us Prey." Modern Maturity 22 (June 1994): 22-32.

Crutcher, John. "Ramtha, the Enlightened One?" Parts 1 and 2. Common Ground 10 (July 1995): 24-27, 38-39; (August 1995): 21-25, 35.

Danese, Roseann. "A Match Made In Heaven." The Windsor [Ontario] Star, October 24, 1987.

Egan, Timothy. "Worldly and the Spiritual Clash in New Age Divorce." The New York Times, September 25, 1992.

French, Thomas. "Ramtha: Ancient Teacher or Fraud?" St. Petersburg [Fla.] Times, February 16, 1987.

Goldsmith, Steven. "Comings and Goings at Ranch Stir Town's Fears." Seattle Post-Intelligencer, October 12, 1989.

Hackett, George, with Pamela Abramson. "Ramtha, a Voice from Beyond." Newsweek, December 15, 1986.

Harrell, Ken. "Psychic Ordered Linda Evans to Rub Her Face in Horse Dung-And She Did." Globe, July 14, 1992.

Holland, Judy. "Dealing with Cults Can Be Dangerous to Your Health, Group Warns." [Olympia, Wash.] The Olympian, November 1, 1987.

Home, Vance. "Pink Prophet? Woman Claims 35,000-Year-Old Spokesman for God Occupies Her Body." Wausau [Wis.] Daily Herald, August 21, 1986.

—. "Retailing Ramtha in Rainier." [Olympia, Wash.] The Olympian, May 28, 1986.

Ingle, Schuler. "Here's Ramtha!" New Age Journal, June 1986, 12.
Iwasaki, John. "JZ Knight Not Faking It, Say Scholars." Seattle Post-Intelligencer, February 10, 1997.
"JZ Knight/Ramtha in Sydney, 7/8N November 1987," Australia's New Age News 1, no. 10 (December 1987): 1, 20.
"J. Z. Knight Sued Over Horse Deal." The Seattle Times, October 11, 1989.
Kuechle, Jeff. "Designs on Ramtha." The [Portland] Oregonian, January 16, 1987.
Lattin, Don. "Northwest Drawing Doomsayers." San Francisco Chronicle, September 4, 1989.
"Linda Evans Wedding Plans Hit a Snag over New Age Guru's Role in Ceremony." Star, September 7, 1993.
Lindsay, Robert. "Teachings of `Ramtha' Draws Hundreds West." The New York Times, November 16, 1986.
Lowry, Katherine. "Channelers." Omni 10 (March 1988): 46-50, 146-50.
Marshall, John. "A Big Divorce in Yelm: Is This the Right Channel?" Seattle Post-Intelligencer, March 9, 1989.
—. "Threats Run Ramtha Out of Colorado." [Loveland, Colo.] Daily Reporter Herald, March 16, 1989.
Matassa, Mark. "New Age Is Fast Becoming Old Hat in Yelm small Town Leams to Live with Ramtha."' The Seattle Times, April 17, 1990.
Melton, J. Gordon. "An Initial Encounter with Ramtha." Gnosis (Fall 1996): 13-18.
Modie, Neil. "Yelm Medium Secure in Her Identity and Ramtha's." Seattle Post-Intelligencer, July 26, 1995.
"New Age Leader Rouses Town." [Salem, Ore.] Statesman Journal, October 10, 1989.
O'Toole, Kevin. "Ancient Spirit Speaks through Housewife." Weekly World News, May 24, 1983.
Pristin, Terry. "The Other Gurus Who Guide the Stars." Los Angeles Times, February 16, 1992.
Rhodes, Elizabeth. "State of Mind: JZ Knight Preaches Self Love through a 35,000-Year-Old Spirit." The Seattle Times, October 25, 1987.

Ryan, Ruth. "Linda Evans Seeks Role as Landlady." Los Angeles Times, August 27, 1989.

Satir, F E. "JZ Knight's Journey Began Years Ago." [Olympia, Wash.] The Olympian, February 16, 1997.

—. "Ramtha's School's First Test." The Olympian, February 16, 1997.

—. "Shining Light on Ramtha." The Olympian, February 6, 1997.

"Some in Yelm Hoping to Tune Out New Age Channeler." The [Portland] Oregonian, October 10, 1989.

Vrazo, Fawn. "Indeed!" Albuquerque Journal Magazine (May 31, 1983): 12, 14-15. First published as "By a Spirit Possessed: An Ancient Voice Lures a Modem Audience." The Philadelphia Inquirer, April 7, 1983.

Williams, B. J. "Head Trip." Northwest Magazine, August 9, 1987, 7-10.

Zohs, Christina—. "In Search of the Self: The Role of Consciousness in the Construction of Reality." The Golden Thread, March 1997, 9-16.

ANDERES MATERIAL

Bücher

Allen, Paul Marshall, comp. A Christian Rosenkreutz Anthology. Blauvelt, N.Y.: Rudolf Steiner Publications, 1968. Reprint, 2nd ad., val. 10 of Spiritual Science Library, Blauvelt, N.Y.: Garber Communications, 1981.

Andrae, Valentin (Christian Rosencreutz, pseud.]. Fame Fraternitatis (16l4); Confessio Fraternitatis (l615); Chymische Hochzeit: Christiani Rosencreutz, Anno l459 (l6l6). Edited by Richard van Dulmen. 3rd ad. Stuttgart: Calwer, 1981.

Bailey, Alice A. Discipleship in the New Age. Philadelphia: George S. Ferguson, 1944. Reprint, 1976.

—. A Treatise on Cosmic Fire. New York: Lucis Publishing, 1925. Reprint, 1995.

—. A Treatise on White Magic. New York: Lucis Publishing, 1934. Reprint 1991.

Bjorling, Joel. Channeling: A Bibliographic Exploration. New York: Garland Publishing, 1992.

Blavatsky, Helena Petrovna. The Secret Doctrine. 2 vols. London: London Theosophical House, 1889. Reprint, Pasadena, Calif.: Theosophical University Press, 1988.

Bloom, William, ad. The New Age: An Anthology of Essential Writings. London: Rider, 1991.

Bra, Harmon Hartzell. A Seer Out of Season: The Life of Edgar Cayce. New York: New American Library, 1989.

Buck, J. D. Mystic Masonry. Cincinnati, Ohio: Robert Clarke Co., 1887. Reprint, Kila, Mont.: Kessinger, 1994.

Cayce, Hugh Lynn. Earth Changes Update. Virginia Beach, Va.: ARE Press, 1980.

Cherry, Joanna. Asceruion for You and Me. MI. Shasta, Calif: Ascension Mastery International, 1985.

Clark, Elmer Talmage. The Psychology of Religious Awakening. New York: Macmillan, 1929. Reprint, Ann Arbor, Mich.: University Microfilms Intemational, 1980.

—. The Small Sects in America. Nashville: Cokesbury, 1937. Rev. ad., Nashville: Abingdon, 1965.

Clawson, Mary Ann. Constructing Brotherhood: Class, Geruler, and Fraternalism. Princeton, N.J.: Princeton University Press, 1989.

David-Neel, Alexandria. Magic and Mystery in Tibet. New York: University Books 1965.

de Montfaucon de Villars, Abbé N. Comte de Gabalis: Discourses on the Secret Sciences and Mysteries in Accordance with the Principles of the Ancient Magi and the Wisdom of the Kabalistic Philosophers. Kilo, Mont.: Kessinger, 1992.

Deveney, John Patrick. Paschal Beverly Randolph: A Nineteenth-Century Black American Spiritualist, Rosicrucian, and Sex Magician. Albany: State University of New York Press, 1997.

Don, Frank. Earth Changes Ahead. New York: Warner, 1981.

Dean, Douglas, et al. Executive ESP. Englewood Cliffs, N.J.: Prentice-Hall, 1974.

Dowling, Levi H. The Aquarian Gospel of Jesus the Christ. 1907. Reprint, Marina dal Rey, Calif.: DeVorss, 1991.

Faivre, Antoine, and Jacob Needleman, ads. Modern Esoteric Spirituality. New York: Crossroad, 1992.

Fillmore, Charles. Prosperity. Kansas City, Mo.: Unity School of Christianity, 1936. Reprint, Lee's Summit, Mo.: Unity, 1979. Fisher, Joe. Hungry Ghosts: An Investigation into Channeling and the Spirit World. Toronto: McClelland & Stewart, 1990.

Fludd, Robert. A Compendius Apology for the Fraternity of the Rosy Cross. Leyden, The Netherlands: Godfrey Basson, 1616.

Godwin, Joscelyn. ARCTOS ISBN 3-89539-287-1, Edition neue Perspektiven im Michaels Verlag, 86971 Peiting, 1997.

Godwin, Joscelyn. The Theosophical Enlightenment. Albany: State University of New York Press, 1994. Goodman, Jeffrey. We Are the Earthquake Generation. New York: Seaview, 1978. Grant, Robert M. Gnosticism: A Source Book of Heretical Writings from the Early Christian Period. New York: Harper & Brothers, 1961. I Great Cosmic Being Beloved Mighty Victory (Spirit). The "I AM" Discourses. The Saint Germain Series, val. III. Channeled by Guy Warron Ballard. Chicago: Saint Germain Press, 1935. Reprint, Schaumberg, Ill.: Saint Germain Press, 1993.

Hastings, Arthur. With the Tongues of Men and Angels: A Study of Channeling. Fort Worth, Tex.: Holt, Rinehart & Winston, 1991.

Heelas, Paul. The New Age Movement. Oxford: Blackwell Publishers, 1996.

Holmes, Emest. The Science of Mind. New York: Robert M. McBride and Co., 1926.

Jinarajadasa, Curuppumullage. The Early Teachings of the Masters, 1881-1883. Adyar, Madras, India: Theosophical Publishing House, 1923.

—. Letters from the Masters of Wisdom. 2 vols. Adyar, Madras, India: Theosophical Publishing House, 1919, 1925. Reprint, Wheaton,Ill.: Theosophical Publishing House, 1988.

Judith, Anodea. Wheels of Life: A User's Guide to the Chakra System. St. Paul, Minn.: Llewellyn Publications, 1986.

Kautz, William, and Melanie Brannon. Channeling: The Intuitive Connection. San Francisco: Harper & Row, 1987.

Klimo, Jon. Channeling: Investigations on Receiving Information , from Paranormal Sources. Los Angeles: Jeremy P Tarcher, 1987.

Krishna, Gopi. The Biological Basis of Religion and Genius. New York: Harper & Row, 1972.

Kyle, Richard. The New Age Movement in American Culture. Lanham, Md.: University Press of America, 1995.

Landsdowne, Zachery E The Chakras and Esoteric HeaLing. Weir's Beach, Maine: Samuel Weiser, 1986.

Leadbeater, Charles Webster. The Chakras. Adyar, Madras, India: Theosophical Publishing House, 1927. Reprint, Wheaton, Ill.: Theosophical Publishing House, 1990.

—. The Masters and the Path. Adyar, Madras, India: Theosophical Publishing House, 1927. 4th ad., abridged, 1983.

—. A Textbook of Theosophy. Adyar, Madras, India: Theosophical Publishing House, 1912. Reprint, 1979.

Levison, Daniel J. The Seasons of a Man's Life. New York: Alfred A. Knopf, 1978.

Lewis, James R., and J. Gordon Melton, ads. Perspectives on the New Age. Albany: State University of New York Press, 1992.

Livtag, Irving. Singer in the Shadows: The Strange Case of Patience Worth. New York: Macmillan, 1972.

Lynn, Steven Jay, and Judith W Rhue, ads. Dissociation: Clinical and Theoretical Perspectives. New York: Guilford Publications, 1994.

MacLaine, Shirley. Dancing in the Light. New York: Bantam Books, 1985.

—. Out on a Limb. New York: Ballantine, 1983.

Marts, Texe. Dark Secrets of the New Age. Westchester, Ill.: Crossways Books, 1987.

—. Mystery Mark of the New Age. Westchester, Ill.: Crossways Books, 1988.

McIntosh, Christopher. The Rosy Cross Unveiled. Wellingborough, Northamptonshire, U.K.: Aquarian Press, 1980.

Melton, J. Gordon. Encyclopedia of American Religions. 5th ad. Detroit: Gale Research Co., 1996.

—. Encyclopedia of Occultism and Parapsychology. 4th ad. 2 vols. Detroit: Gale Research Co., 1996.

—. "Paschal Beverly Randolph: America's Pioneer Occultist." In Jean-Baptiste Martin and Francoise LaPlantine, ad., Le Defi Magique: Esoterisme, Occultisme, Spiritisme. Lyon, France: Presses Universitair de Lyon, 1994.

—, Jerome Clark, and Aidan Kelly, ads. New Age Encyclopedia. Detroit: Gale Research Co., 1990; New Age Almanac. Detroit: Visible Ink Press, 1990.

—, and George M. Eberhart. The Flying Saucer Contactee Movement: l950-l990. Santa Barbara, Calif.: Santa Barbara Centre for Humanistic Studies, 1990.

—, and Robert L. Moore. The Cult Experience: Responding to the New Religious Pluralism. New York: Pilgrim Press, 1982.

Montgomery, Ruth. Aliens Among Us. New York: Putnam's, 1985. Moody, Raymond. Life After Life. New York: Bantam Books, 1975. Newbrough, John Ballou. Oahspe: A New Bible in the Words of Jehovih and His Angel Embassadors; A Sacred of the Dominions of the Higher and Lower Heavens on the Earth for the Past Twenty-four Thousand Year .... New York: Oahspe Publishing Association, 1882. Reprint, Amherst, Wis.: Palmer, 1972.

Ornstein, Robert. Multimind. Boston: Houghton-Mifflin, 1986.

Osis, Karlis, and Eriendur Haraldsson. At the Hour of Death. New York: Hastings House, 1986.

Perkins, Lynn E The Masters As New Age Mentors. Lakemont, Ga.: CSA Press, 1976.

Phillips, J. B. Ring of Truth: A Translator's Testimony. New York: Macmillan, 1967.

Pike, Albert. Morals and Dogma of the Ancient and Accepted Scottish Rite of Freemasonry. Richmond, Va.: L. H. Jenkins, 1871. Reprint, Kila, Mont.: Kessinger, 1992.

Ponder, Catherine. The Dynamic Laws of Prosperity. Englewood Cliffs, N.J.: Prentice-Hall, 1962.

Prince, Walter Franklin. The Case of Patience Worth. Boston: Boston Society for Psychical Research, 1927. Reprint, New Hyde Park, N.Y.: University Bocks, 1964.

Prophet, Elizabeth Clare. The Great White Brotherhood in the History, Culture, and Religion of America. Los Angeles: Summit University Press, 1976.

Raschke, Carl A. The Interruption of Eternity: Modern Gnosticism and the True Origins of the New Religious Consciousness. Chicago: NelsonHall, 1980.

—. Painted Black: From Drug Killings to Heavy Metal: The Alarming True Story of How Satanism Is Terrifying Our Communities. San Francisco: Harper & Row, 1990.

Rendel, Peter. Introduction to the Chakras. London: Aquarian Press, 1979.

Roberts, Allen E. Freemasonry in American History. Richmond, Va.: Macoy Publishing & Masonic Supply Co., 1985.

Roberts, Jane. How to Develop Your ESP Power. New York: E Fell, 1966. . Reprint, Hollywood, Fla.: Lifetime, 1997.

Roman, Sanaya, and Duane Packer. Creating Money. Tiburon, Cali£: HJ Kramer, 1988.

Sachse, Julius Friedrich. The German Pietists of Provincial Pennsylvania, 1694-1708. Philadelphia, 1895. Reprint, New York: AMS Press, 1970.

Scott-Elliott, William. The Story of Atlantis, and, The Lost Lemuria. London: Theosophical Publishing House, 1925. Reprint, Wheaton, Ill.: Theosophical Press, 1962.

Segrue, Thomas. There Is a River: The Story of Edgar Cayce. New York: Henry Holt, 1945. Reprint, Alexandria, Va.: Time-Life, 1992. Sharp, Elizabeth Amelia. WiUiam Sharp (Fiona Macleod): A Memoir.

New York: Duffield & Co., 1910.

Sharp, William [Fiona Macleod, pseud.]. The Divine Adventure. Portland, Maine: T B. Masher, 1903.

—. The Immortal Hour. Portland, Maine: T B. Masher, 1907.

—. The Sin-Eater. Chicago: Stone & Kimball, 1895. Reprint, Freeport, N.Y.: Books for Libraries Press, 1971.

Simmons, Emogene S. Introductory Study Course in Theosophy. 2 vols. Wheaton, Ill.: Department of Education, Theosophical Sociery in America, 1935. Revised edition, 1969.

Sinclair, John R. The Alice Bailey Inheritance. Wellingborough, Northamptonshire, U.K.: Turnstone Press, 1984.

Spraggett, Allen. Arthur Ford, the Man Who Talked with the Dead. New York: New American Library, 1973.

Stern, Jess. Soul Mates. New York: Bantam Books, 1984.

Stone, Joshua David. The Complete Ascension Manual for the Aquarian Age. Sedona, Ariz.: Light Technology Communication Services, 1994.

Stubbs, Tony. An Ascension Handbook. Livermore, Calif.: Oughton House Publications, 1991.

Theosophical Society. A Primer of Theosophy: A Very Condensed Outline. Chicago: Rajput Press, 1909.

Toth, Max, and Gary Nielsen. Pyramid Power. London: Freeway, 1974.

Troward, Thomas. The Edinburgh Lectures on Mental Science. New York: Robert M. McBride & Co., 1909. Reprint, Dodd, Mead, 1977.

Washington, Peter. Madame Blavatsky's Baboon: A History of the Mystics, Mediums, and Misfits Who Brought Spiritualism to America. New York: Schocken Books, 1995.

Weisberger, Richard William. Speculative Freemasonry and the Enlightenment. Boulder, Colo.: East European Monographs, 1993.

Wells, Roy A. The Rise and Development of Organized Freemasonry.

London: Lewis Masonic, 1986.

Westen, Robin. Channelers: A New Age Directory. New York: Perigee Books, 1988.

Artikel

Basu, B. D. "The Hindu System of Medicine." Guy's Hospital Gazette (London), 1889.

Introvigne, Massimo. "The Devil-Makers: Contemporary Evangelical Anti-Mormonism," Dialogue: A Journal of Mormon Thought 27, no. 1 (spring 1994): 153-69.

Montandon, Henri E. "Psychophysiological Aspects of the Kirlian Phenomenon: A Confirmatory Study." Journal of the American Society for Psychical Research 71, no. 1 (January 1977): 45-49.

Tinnin, L. "Mental Unity, Altered States of Consciousness, and Dissociation." Dissociation 3 (1990): 154-59.

GNOSTIZISMUS DES ALTERTUMS (ANHANG)

Abraham hen Simeon. The Book of the Sacred Magic of Abra-Melin the Mage, As Delivered by Abraham the Jew unto His Son Lamech, A.D. 1458. Translated by Samuel Liddell MacGregor Mathers. London: J. M. Watkins, 1898. Reprint, New York: Causeway, 1974.

Albertus, Frater. The Akhemist of the Rocky Mountains. Salt Lake City: Paracelsus Research Society, 1976.

Barbault, Armand. Gold of a Thousand Mornings. London: Neville Spearman, 1975.

Coudert, Allison. Akhemy: The Philosopher's Stone. London: Wildwood House, 1980.

Eliade, Mircea. The Forge and the Crucible. London: Rider, 1962.

de Givry, Grillot, trans. A Pictorial Anthology of Witchcraft, Magic and Akhemy. New Hyde Park, N.Y.: University Books, 1958.

Faivre, Antoine. Access to Western Esotericism. Albany: State University of New York Press, 1994.

—. The Golden Fleece and Akhemy. Albany: State University of New York Press, 1993.

Grabel, Kendrick, ad. The Gospel of Truth. Nashville, Tenn: Abingdon, 1960.

Grant, Robert M. Gnosticism: A Source Book of Heretical Writings from the Early Christian Period. New York: Harper & Brothers, 1961.

Hedrick, Charles W , and Robert Hodgson, Jr., ads. Nag Hammadi, Gnosticism, and Early Christianity. Peabody, Mass.: Hendrickson, 1986.

Hennecke, Edgar, ad. New Testament Apocrypha. Val. 1 , Gospels and Related Writings. Philadelphia: Westminster Press, 1963. Trismegistus, Hermes. Hermetica: The Ancient Greek and Latin Writings

Which Contain Religious or Philosophical Teachings Ascribed to Hermes Trismegistus. Translated by Walter Scott. Oxford:

Clarendon, 1911. Reprint, Bath, England: Solos Press; Lower Lake, Calif.: Atrium, 1993.

—. Thrice-Greatest Hermes; Studies in Hellenistic Theosophy and Gnosis. Translated by George Robert Stow Mead. London: Theosophical Publishing Society, 1906. Reprint, Kila, Mont.: Kessinger, 1995.

Irenaeus. Irenaeus of Lyons versus Contemporary Gnosticism: A Selection from Books I and II of Adversus Haereses. Edited by Jan Tjeerd Nielsen. Leiden: E. J. Brill, 1977.

Jones, Hans. The Gnostic Religion: The Message of the Alien God and the Beginnings of Christianity. Boston: Beacon Press, 1963.

Loos, Milan. Dualistic Heresy in the Middle Ages. Prague (Praha): Academia, 1974.

Regardie, Israel. The Garden of Pomegranates. London: Rider, 1932. Reprint: St. Paul, Minn.: Llewellyn Publications, 1970

—. The Middle Pillar: A Co-relation of the Principles of Analytical Psychology and the Elementary Techniques of Magic. Chicago: Aries Press, 1933. Rev. ad., St. Paul, Minn.: Llewellyn Publications, 1970.

Reyner, J. H. The Diary of a Modern Akhemist. London: Neville Spearman, 1974.

Rudolph, Kurt. Gnosis: The Nature and History of Gnosticism. San Francisco: HarperSanFrancisco, 1987.

Widengren, George. Mani and Manichaeism. London: Weidenfelds & Nicholson, 1965.

1. RAMTHA (das große weiße Buch) DM 32,00
ISBN 3-89539-050-X

2. DER LETZTE WALZER DER TYRANNEN, DM 24,00,
ISBN 3-89539-051-8

3. WENDEZEIT- Die künftigen Tage, DM 24,00,
ISBN 3-89539-052-6

4. SEELENGEFÄHRTEN, DM 24,00
ISBN 3-89539-053-4

5. EINE EINFÜHRUNG, Ausgewählte Lehren, DM 25,00
ISBN 3-89539-054-2

6. UFOs und die Beschaffenheit von Wirklichkeit, DM 32,00
ISBN 3-89539-055-0

7. FINANZIELLE FREIHEIT - Die Wahl, DM 26,00
ISBN 3-89539-056-9

8. DER GESCHICHTENERZÄHLER, DM 32,00
ISBN 3-89539-057-7

9. DAS EIGEN WERDEN - Ein Handbuch für Meister, DM 48,00
ISBN 3-89539-058-5

10. DAS MANIFESTIEREN - Ein Handbuch für Meister, DM 38,00
ISBN 3-89539-059-3

11. ERLEUCHTUNG FINDEN -
RAMTHAS ALTE SCHULE DER WEISHEIT, DM 39,80
ISBN 3-89539-060-7

12. RAMTHA - UNSER LEBEN, DM 32,00
ISBN 3-89539-061-5

13. LIEBE DICH SELBST INS LEBEN, DM 39,80
ISBN 3-89539-062-3

14. ICH BIN RAMTHA, DM 39,80
ISBN 3-89539-063-1

15. DER RUF AUS DER STILLE, Meditationen, DM 39,80
ISBN 3-89539-064-X

geplante neue Titel in der **EDITION RAMTHA** im **IN DER TAT VERLAG** für 1999:

EDITION RAMTHA Bd. 13
RAMTHA: LIEBE DICH SELBST INS LEBEN
3-89539-062-3
DM ca. 39,80

EDITION RAMTHA Bd. 14
RAMTHA: ICH BIN RAMTHA
3-89539-063-1
DM ca. 39,80

EDITION RAMTHA Bd. 15
RAMTHA: DER RUF AUS DER STILLE
MEDITATIONEN
CD
3-89539-064-X
DM ca. 39,80

MVV
Michaels Verlag / Vertrieb GmbH
Sonnenbichl 12 · 86971 Peiting
Telefon 08861/59018 · Fax 08861/67091

DAS BUCH FÜR ALLE RAMTHA-FREUNDE

RAMTHA

Unser Leben

In diesem Werk offenbart sich RAMTHA in dem Leben seiner Schüler. Faszinierend erleben wir hier die lebensverändernde Qualität seiner einzigartigen Lehren.
Spiritualität und Werden – den Gott in Dir zum Blühen bringen.
»RAMTHA – unser Leben« ist ein wunderschönes Dokument über die Wirksamkeit seiner Botschaft.
Nehme Anteil an der Manifestation dieser Träume – nehme Anteil an den persönlichen Wundern und dem Durchbruch, den jeder Einzelne seiner Schüler erleben durfte.
100 Geschichten machen dieses Buch zu »RAMTHAS Buch der Liebe«.

Preis 32,00 DM
ISBN 3-89539-061-5

DER 12. BAND EINER EINMALIGEN EDITION. EIN BUCH, AUF DAS WIR ALLE LANGE WARTEN MUSSTEN.
JETZT IN DEUTSCHER SPRACHE!

DER WEG DER ERLEUCHTUNG:

RAMTHA'S ALTE SCHULE DER WEISHEIT

Dies ist das lang ersehnte neueste Werk aus der RAMTHA EDITION

Kein anderes Werk führt uns so auf diese eindrückliche Weise zu den wesentlichen Aussagen Ramthas, wie wir es in diesem Buch finden. Folgen wir dem Buch, finden wir uns im Herzen wieder. Im eigenen Herzen.
Ein Buch, das mehr als eine Einführung ist. Ein Buch, das mehr als eine Biographie ist.
»Der Weg der Erleuchtung – RAMTHA's ALTE SCHULE DER WEISHEIT«, ist die schriftgewordene Essenz seiner Lehren. Ein Buch, auf das viele tausend Ramtha Schüler gewartet haben.
Nach der Neuerscheinung »RAMTHA unser Leben« hier nun der 12. Band der Edition, indem Amerikas bekanntestes Channeling sich offenbart. Die zwei Neuerscheinungen der RAMTHA EDITION dienen einmal mehr dazu, unsere Herzen aufzuschließen – sie laden uns ein auf eine Reise zu einem fremden Stern – einem Stern, dessen Leuchten Du auch in Deinem Herzen finden kannst.

Hardcover
Preis 39,80 DM

MVV Michaels Verlag / Vertrieb GmbH
Sonnenbichl 12 · 86971 Peiting
Telefon 08861/59018 · Fax 08861/67091

DER GESCHICHTENERZÄHLER

"Der Geschichtenerzähler" ist eine Sammlung von über 30 Geschichten, die Ramtha über die Jahre hinweg erzählte.
Die Originalform von Ramthas Sprache wurde beibehalten.
Der erste Teil des Buches umfaßt Geschichten, die zu Ramthas Zeiten stattgefunden haben. Die anderen sollen dem Leser bewußt machen, wer er ist und wie er lebt.
Ramtha: "Geschichten waren das Mittel, tiefes Wissen zu offenbaren, oft in einfacher Ausdrucksweise. Diese Erzählungen waren die Schätze vieler Generationen... Sie sollen all denen als Lehre dienen, die neben den Erwartungen der Gesellschaft noch andere Werte im Leben suchen....."

Preis: 32,00 DM
ISBN 3-89539-057-7

FINANZIELLE FREIHEIT

DIE WAHL

Ein humorvoll verfaßtes und inspirierendes Buch. Ramtha erklärt, auf welche Weise unerfüllte Träume eine Begrenzung darstellen, sowohl für Wachstum und Entwicklung wie auch letztendlich für Ihr finanzielles Wohlbefinden. Finanzielle Freiheit wird Ihnen dabei helfen, Ihre Träume zu erfüllen, und wird eine neue Dimension von Möglichkeiten und Wahlfreiheiten eröffnen, die den Leser auf seinem Weg zu persönlicher und finanzieller Freiheit in einen immer machtvolleren Stand versetzen werden.

Preis: 26,00 DM
ISBN 3-89539-056-9

MVV

Michaels Verlag / Vertrieb GmbH
Sonnenbichl 12 · 86971 Peiting
Telefon 08861/59018 · Fax 08861/67091

DER LETZTE WALZER DER TYRANNEN

Dieses Buch entlarvt die Geschichte und die Pläne der sogenannten „Grauen Männer", der geheimen Familien und der Mittelsmänner der Macht, die die Börse dirigieren, denen das „Federal Reserve"-System (Zentralbank) sowie der größte Teil der Geldversorgung der Welt gehört. Dieses Buch prüft auch, welchen Weg die Natur einschlagen wird; wobei das Leben, wie wir es kennen, offensichtlich am Rande der Katastrophe steht. Es ist aber ein Buch der Hoffnung, denn es wird kaum jemand widersprechen, daß elementare Veränderungen stattfinden müssen, die - so sagt Ramtha - in der Verherrlichung und Erleuchtung der Menschheit enden werden.

Preis: 24,00 DM
ISBN 3-89539-051-8

UFOS UND DIE BESCHAFFENHEIT VON WIRKLICHKEIT

Einblick in außerirdisches Bewußtsein und interdimensionalen Geist.
Dieses Buch wird Ihre Betrachtungsweise dessen, was man Ihnen je erzählt hat, ändern. Sie haben ein Recht auf das Wissen über den großen Einfluß von Außerirdischen auf die Bibel, auf unsere Regierung und auf unser tägliches Leben. „UFOs und die Beschaffenheit von Wirklichkeit", ist eine Erörterung über lineare Zeit, Objektivität, interdimensionalen Geist, Superbewußtsein und über die Transfiguration von Materie. Es ist gleichfalls ein Buch über Hoffnung. Und Liebe. Und Gott.

Preis: 32,00 DM
ISBN 3-89539-055-0

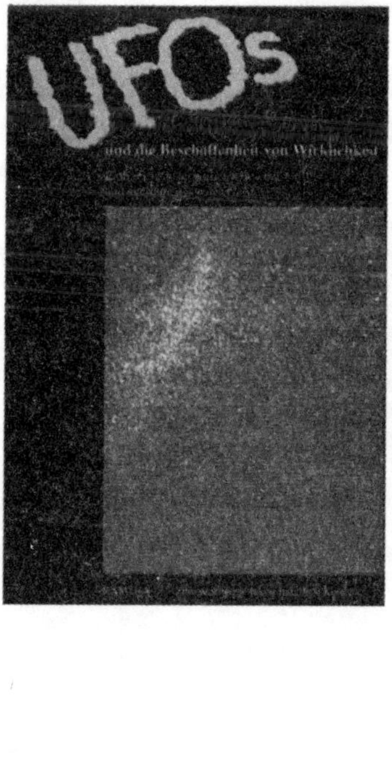

MVV Michaels Verlag / Vertrieb GmbH
Sonnenbichl 12 · 86971 Peiting
Telefon 0 88 61/ 5 90 18 · Fax 0 88 61/ 6 70 91

RAMTHA

Dieser von der Kritik empfohlene Bestseller stellt die Eckpfeiler von Ramthas Lehren vor. Von Ramtha selbst wird es „Das große weiße Buch" genannt. Dieses Werk stellt für die in Unwissenheit und in ihrer Evolution feststeckende Menschheit ein Juwel von unschätzbarem Wert dar. Es setzt in dem Menschen ein Wissen wieder frei, das dieser vor langer Zeit vergessen hat.

Preis: 32,00 DM
ISBN 3-89539-050-X

RAMTHA: EINE EINFÜHRUNG

AUSGEWÄHLTE LEHREN

Dieses vielschichtige Buch nimmt die Emotionen gefangen, fordert den Geist heraus, berührt die Herzen und eröffnet dem Leser die Großartigkeit des Lebens.
Dieses Buch ist eigentlich mehr als eine Einführung, denn diese ausgezeichnete Buchausgabe führt uns das volle Spektrum von Ramthas Lehren vor.

Preis: 25,00 DM
ISBN 3-89539-054-2

RAMTHA INTENSIV: WENDEZEIT

DIE KÜNFTIGEN TAGE

Der erste Band der Intensivserie legt offen, wie die Menschheit bis heute ihre eigene Umwelt zugerichtet hat. Das Buch stellt eine kompromißlose Schau auf die Natur und auch darauf dar, wie sie sich erneuern wird. In diesen einmaligen Lehren drängt uns Ramtha, eine persönliche Eigenständigkeit aufzubauen, um physisch und psychisch jene dramatischen Veränderungen, die wir in der Gesellschaft und der Natur zu erwarten haben, zu überleben.

Preis: 24,00 DM
ISBN 3-89539-052-6

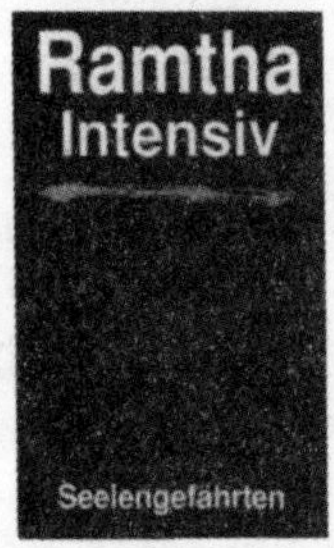

RAMTHA INTENSIV: SEELENGEFÄHRTEN

Der zweite Band der Intensivserie ist eine Aufzeichnung des Seattle Intensivseminar.
Es ist eine leidenschaftliche Lehre über die Wissenschaft von Seelengefährten, die Entwürdigung der männlich-weiblichen Beziehungsverhältnisse, die die Seelengefährten getrennt gehalten hat - und über die Wiedervereinigung der Seelengefährten durch die Macht der Liebe.

Preis: 24,00 DM
ISBN 3-89539-053-4

DIE WEISSE BRUDERSCHAFT

Einer der ganz großen Menschheitslehrer der in diesem Jahrhundert hier auf der Erde gewirkt hat ist Peter Dunov oder mit anderem Namen Beinsa Duno.

Beinsa Duno will ich auf den nächsten Seiten vorstellen, er ist der Begründer der Großen Weißen Bruderschaft.
Er hinterließ uns über 7.000 Vorträge, von denen etwa die Hälfte bisher der Öffentlichkeit zugänglich gemacht wurde.
Sämtliche Bücher, Vorträge und Manuskripte sind in bulgarischer Sprache gehalten und er wendet sich auch in erster Linie an die slawischen Völker. Seine Worte finden den Platz bei seinen Zuhörern über das Herz, obwohl seine Beiträge oft so wirken, als ob er aus der Fülle der Weisheit selber schöpft. Vielleicht ist das Wort „obwohl" an der Stelle völlig falsch, vielleicht ist das immer so, daß ein wirklich Weiser nie nur die Köpfe sondern auch das Herz erreicht.
Die WEISSE BRUDERSCHAFT gehört seit vielen Jahrzehnten zu den spirituell wichtigsten Impulsen die wir hier auf Erden haben. Einzelne Lichtstrahlen ihres Wirkens sind in der Welt bekannt, die Gemeinschaft in Bulgarien, der sich viele, viele tausend Menschen aufs Engste verbunden fühlen dagegen kaum. Bäuerinnen und Handwerker, Schüler, Hausfrauen, Arbeiter und auch Studenten tragen die Worte Beinsa Dunos in ihren Herzen. In Bulgarien ist es das einfache Volk und nicht die intellektuelle Oberklasse, die Zugang zu seinem Werk finden.

In Westeuropa populär geworden ist die WEISSE BRUDERSCHAFT durch einen Schüler Dunos, den in Südfrankreich wirkende Michael Iwanov (Mikhael Aivanhov).

Beinsa Duno verstand sich selber und uns alle als Schüler auf dem Weg zur Meisterschaft. Seine Schüler aber liebten und lieben ihn in solchem Maße, daß sie nur von ihm als einen „Meister" sprechen. Nun, für den einen sind wir alle Meister und für den anderen sind wir alle Schüler und für wieder andere wirkt der Schüler, der einen bestimmten Weg gegangen ist wie ein Meister, dem man mit Liebe und Verehrung begegnen kann. Wir wollen uns nicht an solchen Begriffen „aufhängen". Ich sehe die ganze Zeit während ich diese Zeilen schreibe ein gütiges, lächelndes Gesicht, das sich an der Liebe der „Schüler" zu ihrem Meister erfreut und gar nicht verstehen kann, warum ich mir mit den erklärenden Zeilen so viel Mühe mache.

Denn: „der Wind weht wohin er will und du hörst sein sausen, doch du fragst nicht woher er kommt, noch wohin er weht."
Johannes vom Kreuz

Nachfolgenden Text haben wir der interessanten Zeitschrift *Novalis* entnommen, der Zeitschrift für spirituelles Denken, Ch-8201 Schaffhausen

Wer war nun Beinsa Duno?

Peter Dunov wurde am 11.1.1864 als drittes Kind des bulgarisch-orthodoxen Priesters Konstantin Dounnowsky geboren. Nach seinem Schulabschluß arbeitete er zunächst fünf Jahre lange als Volksschullehrer. Mit 24 Jahren verließ er Bulgarien, um in den USA Theologie und Medizin zu studieren. Er trug sich am theologischen Institut der methodistischen Kirche in Madison (Wisconin) ein. Er belegte auch Kurse an der medizinischen Fakultät der Stadt. Madame R.K.; eine Buchhändlerin aus Stara Zagora, gab über seinen Amerikaaufenthalt das folgende Zeugnis:

„Er hatte nichts, was zu einem jungen Mann in seinem Alter gehört. Dieses ungewöhnliche Verhalten beunruhigte mich. Intelligent wie er war, hätte er mit seinem rednerischen Talent eine große Karriere machen können. Hätte er sich in den USA niedergelassen, so wären ihm alle Türen offengestanden, er hätte Millionär werden können. Zudem spielte er auf zauberhafte Art Violine. Aber Peter Dunov blieb arm wie bei seiner Ankunft. Nie zog er aus seinen reichen Gaben irgendeinen Vorteil; nie schenkte er den sich ihm eröffnenden Möglichkeiten auch nur die geringste Aufmerksamkeit (...) Die anderen Studenten fühlten eine große innere Zuneigung zu ihm. Sie scharten sich um ihn und waren tief angerührt, wenn er ihnen in wundervollen Worten von der Harmonie und der Weisheit des Sternenhimmels sprach und von der Größe Gottes (...) Dann gab es die Momente, wo er sich völlig zurückzog, und die Abwesenheit konnte Stunden und Tage dauern. Gelegentlich machten wir uns auf die

Suche nach ihm, neugierig wo er sich hinbegeben hatte und was er in diesen Stunden der Einsamkeit wohl tat. Manchmal gelang es uns, ihn an abgelegenem Ort zu entdecken. Da war er, den Blick in die Weite gerichtet, oder mit geschlossenen Augen, im Zustand tiefer Meditation und völliger innerer Sammlung. Ein anderes Mal fanden wir ihn ins Gebet vertieft, ohne daß er uns zu bemerken schien. Stieß ihn dann jemand von uns an, so erschrak er, mit einem Gesichtsausdruck, als wäre er aus einem tiefen Traum voller Schönheit erwacht."

Während dieser Zeit wurde ihm klar, seine Aufgabe kann er nur in Bulgarien erfüllen.
Warum Bulgarien? Dieses Land war der Kreuzungspunkt dreier Kulturimpulse. Orpheus hatte einst im Bergland von Rhodope gelebt, an dessen höchstem Berg, dem Massiv von Rila (2.895 Meter), Beinsa Duno später die Grundlagen der Paneurythmie schuf. Im Mittelalter waren es die Bogumilen, welche Bulgarien und das heutige Bosnien bevölkerten und die dortige Kultur prägten. Und schließlich wirkten in Bulgarien die Heiligen Kyrillos und Methodios - die Slawenapostel, welche dem Land unter anderem die Schrift brachten.

Nach seiner Rückkehr in sein Heimatland im Jahre 1895 widmete sich Peter Dunov (Beinsa Duno) mehrere Jahre lang morpho-psychologischen Studien über die er in den Jahren 1901-1902 fünf Aufsätze veröffentlichte. Fünf Jahre vor der Veröffentlichung dieser Aufsätze hatte Dunov ein Buch mit dem Titel Wissenschaft und Erziehung publiziert, in dem er verschiedene experimentelle

Erkenntnisse der Zusammenhänge unserer dreidimensionalen Welt zusammenfaßte.

In der Zeit nach 1895 sprach Dunov in verschiedenen Kreisen über wissenschaftliche und philosophische Themen. Er wurde von zahlreichen Stellen eingeladen, um seine Ansichten über die physische und geistige Welt vorzutragen, in deren Zentrum eine weit über konfessionelle Grenzen hinausgehende Interpretation des Christentum und seiner Lehren stand.

Die außergewöhnlichen Fähigkeiten und Begabungen von Beinsa Duno blieben einflußreichen Stellen der bulgarischen evangelischen Kirche nicht verborgen, die ihn zur Mitarbeit aufforderten und ihm eine entsprechende Stellung anboten, in welcher er seine geistigen Bestrebungen hätte verwirklichen können. Dunov lehnte mit der Begründung ab, daß ihm jegliche dogmatische Einschränkung der Freiheit fremd sei; außerdem könne er kein Gehalt annehmen, man müsse Gott ohne Bezahlung dienen.

Auch die bulgarische Sektion der Theosophischen Gesellschaft wurde auf Peter Dunov und seine esoterischen Lehren aufmerksam. Führende Theosophen hatten sich über einen längeren Zeitraum hinweg vergewissert, daß seine Aussagen mit der theosophischen Esoterik übereinstimmten, und sie dachten daran, ihn für eine Mitarbeit und für die Verbreitung des theosophischen Lehrguts zu gewinnen. Die bulgarischen Theosophen befragten in diesem Zusammenhang verschiedene andere europäische Sektionen, und schließlich lud ihn der Präsident der bulgarischen Sektion ein, um ihm ein Angebot zu unterbreiten. In diesem Treffen brachte man ihm große Hochschätzung für seine Lehrtätigkeit entgegen,

und es kamen die großen Zukunftsmöglichkeiten Beinsa Dunos in Bulgarien und im Ausland zur Sprache.
Es wird berichtet, daß Dunov mit großer Aufmerksamkeit und Wohlwollen die Einladung angehört habe, die ihm ein großes Renommee und persönlichen Erfolg in Aussicht stellte. Am Ende des Gespräches wünschte er der theosophischen Arbeit in Bulgarien aus ganzem Herzen Erfolg, lehnte aber eine Mitarbeit ab.

Am 7. März 1897 begann für Peter Dunov ein bedeutsames Jahr: Es enthüllte sich ihm der Sinn all seiner bisherigen Bemühungen, und er erhielt von oben die entsprechenden Anweisungen für die Verwirklichung seiner Aufgabe. Er war genau 33 Jahre alt. Wahrscheinlich begann er nach dem 7.3.1897 mit der Niederschrift seines Buches *Das Zeugnis der farbigen Strahlen*, in dem er die Beziehungen zwischen dem physisch sichtbaren und dem inneren Licht beschreibt.

Von 1897 bis 1900 tritt in seinem Leben eine Periode der selbstgewählten Isolation ein, in welcher er wahrscheinlich die Form seiner zukünftigen Lehren entwarf. Gegen Ende dieser Isolation versammelte er seine ersten drei Schüler um sich: der Arzt Dr. Mirkowitsch - eine für seine verschiedenen Aktivitäten bekannte Persönlichkeit - war der Älteste in diesem Kreis (1828 - 1909). Er hatte im Jahre 1860 den Papst getroffen, um mit ihm das Problem der religiösen Befreiung Bulgariens zu besprechen. Im selben Jahr veröffentlichte er die erste bulgarische Grammatik; außerdem war er Inaugurator der Phytotherapie und Homöopathie in Bulgarien.

Ppüpöenu Kirow (1868 - 1918) war der zweite Schüler, Todor Stoimenow (1872-1952) der dritte und jüngste. Diese drei äußerst gläubigen Menschen waren an spirituellen Fragen sehr interessiert.
An einem Tag im Jahre 1899 erhielten sie von ihrem Freund Peter Dunov die Einladung, an einer Kongreßversammlung" in Tirnovo teilzunehmen. Sie wandten sich dorthin und fanden einen Raum, in welchem eine große Anzahl von Stühlen bereit stand. Zur vereinbarten Zeit trat Beinsa Duno ein, eine Bibel in der Hand. Zu ihrer großen Überraschung blieben sie mit Duno allein. Todor Stoimenov berichtete über das Treffen: „Ich hörte die Worte der Heiligen Schrift; ich genoß den Frieden, der sich in meiner Seele senkte und ich fühlte, wie sich mein Geist erweiterte. Ich jubelte im Inneren und war doch zugleich mit der Frage beschäftigt: 'Und wo sind die anderen Eingeladenen, für die hier die Stühle stehen?' Als hätte Peter meine Frage erraten, antwortete er mir am Ende der Zusammenkunft: 'Im Augenblick seid ihr nur drei, aber ihr werdet viele werden. Der Raum ist nicht leer; die Stühle sind von unsichtbaren Wesenheiten besetzt. Heute geschah die erste Zusammenkunft der WEIßEN BRUDERSCHAFT in Bulgarien. Jetzt seid ihr nur drei, aber ihr werdet Tausende werden."
Die Treffen in Tirnovo fanden nun nahezu regelmäßig statt. Im Jahre 1909 fanden sich 27 Schüler zusammen ebenso im Jahre 1910. 1912 kamen 58, 1913 fiel das Treffen aus, keiner weiß warum (Anm.d.Setzers: oder doch?).
1914 führte Beinsa Duno seine Zuhörer in die Tiefen der christlichen Lehre. Die in diesen Vorträgen geoffenbarten Wahrheiten wurden Grundlage der esoterischen Schule,

die er im Jahre 1922 eröffnete. Im Jahre 1915 unterbrach Dunov die Treffen in Tirnovo, weil Bulgarien in den Weltkrieg eingetreten war.

9121 hielt er drei Vorträge über Sanftheit und Bescheidenheit; Elektrizität und Magnetismus; Verwirrung und Sorge, die der Eröffnung der esoterischen Schule vorangingen. Diese Schule war ohne Unterbrechungen von 1922 bis 1944 geöffnet. Mittwochs fand die Klassenstunde für alle statt. Sie wurde „allgemeine Klasse" genannt. Sonntags gab es eine Stunde für alle Besucher der Gemeinschaft von IZGREV (= Sonnenaufgang). Diese Gemeinschaft in der Nähe von Sofia bildete sich zu Beginn der 20er Jahre. Über 500 Familien siedelten sich in IZGREV an, darunter Ärzte, Rechtsanwälte, Zahnärzte, Dichter, Schriftsteller, Künstler. Obwohl Beinsa Duno in größter Bescheidenheit immer auf denjenigen hinwies, in dessen Dienst er stand und den er den einzigen Meister nannte, während alle anderen Schüler seien, wurde er selbst mehr und mehr „Meister" genannt. Seine Schülerin Viola Jordanoff Bowmann schreibt über ihn: „He loved to laugh gleefully, and he did so often."

Bis zu seinem Tode am 27. Dezember 1944 hielt Beinsa Duno rund 7.000 Vorträge, die bisher nur zur Hälfte veröffentlicht sind.

Soweit der Artikel in der Zeitschrift NOVALIS 6/98

Stefanie Gemeinhardt und Ulrich Heerd (die beiden Verleger des IN DER TAT Verlages) freuen sich nun von ganzen Herzen, daß sie gemeinsam mit einem befreundeten Verleger (Peter Gmünder vom Oratio Verlag) eine eigene Edition ins Leben rufen dürfen um im Laufe der Zeit dieses Werk zu veröffentlichen.

Die Edition wird den Namen: EDITION ANGELOV tragen.

Wir wünschen uns, daß unsere Arbeit auch an diesem Werk von solch guten Wünschen und Gedanken begleitet wird, wie wir es in der Vergangenheit immer wieder erfahren durften.

Die Herausgabe dieses umfangreichen Werkes stellt an uns die höchsten Ansprüche, sei es inhaltlicher Art, sei es kaufmännischer Art, seien es die Anforderungen an den Übersetzer - wir alle gehen mit dieser großen Herausforderung auch ein großes Risiko ein, aber wir freuen uns gemeinsam auf die Arbeit.

An dieser Stelle sei ein Zitat gestellt, das ebenfalls Zeugnis ablegt für die Genialität und Größe des „Großen heiligen Mannes aus den Bergen“:

„Die Welt verbeugt sich vor mir, und ich verbeuge mich vor dem Lehrer Peter Dunov aus Bulgarien.“

Albert Einstein

Wir planen nun ab sofort die Herausgabe von jährlich 4 Büchern von Beinsa Duno.
Über zahlreiche Vorbestellungen freuen wir uns. Wir können das Risiko dadurch minimieren und gleichzeitig die Auflage eines Buches besser kalkulieren.
Im folgenden geben wir die Bestellnumern / ISBN der ersten Titel bekannt.

Beinsa Duno I* ISBN 3-89539-601-X ca.
DM 30,--
Beinsa Duno II ISBN 3-89539-602-8 ca.
DM 30,--
Beinsa Duno III ISBN 3-89539-603-6 ca.
DM 30,--
Beinsa Duno IV ISBN 3-89539-604-4 ca.
DM 30,--

„Beinsa Duno
Die Fortsetzung zur
Gesamtausgabe"
Je Titel ISBN 3-89539-600-1 ca.
DM 30,--
(jederzeit kündbar)

*Der Titel von Beinsa Duno I, „***Der Weg des Schülers***"
soll noch 1998 erscheinen.